鄱阳湖

生态经济区土地生态系统健康演变机理 预警与调控研究

◎余 敦 付永琦 赵小敏 主编

中国农业科学技术出版社

图书在版编目（CIP）数据

鄱阳湖生态经济区土地生态系统健康演变机理、预警与调控研究／余敦，付永琦，赵小敏主编．—北京：中国农业科学技术出版社，2019.11

ISBN 978-7-5116-4423-7

Ⅰ.①鄱…　Ⅱ.①余…②付…③赵…　Ⅲ.①鄱阳湖-生态区-土地资源-研究　Ⅳ.①F323.211

中国版本图书馆CIP数据核字（2019）第219692号

责任编辑　闫庆健　王思文　马维玲
文字加工　鲁卫泉
责任校对　贾海霞

出 版 者　中国农业科学技术出版社
北京市中关村南大街12号　邮编：100081
电　　话　(010)82106632(编辑室)　(010)82109702(发行部)
(010)82109709(读者服务部)
传　　真　(010)82106625
网　　址　http://www.castp.cn
经 销 者　各地新华书店
印 刷 者　北京建宏印刷有限公司
开　　本　850 mm×1 168 mm　1/32
印　　张　8.625
字　　数　219千字
版　　次　2019年11月第1版　2019年11月第1次印刷
定　　价　30.00元

《鄱阳湖生态经济区土地生态系统健康演变机理、预警与调控研究》

撰写人员

主　编　余　敦　付永琦　赵小敏

副主编　王检萍　吴　杰　孙聪康

　　　　张　田　郑媛媛

编　委　（按拼音排序）

　　　　付永琦　孙聪康　王检萍

　　　　吴　杰　余　敦　张　田

　　　　赵小敏　郑媛媛

前　言

鄱阳湖生态经济区以占中国江西省30%的国土面积承载了全省近50%的人口，创造了全省60%的经济总量，是发展和保护的聚集地。然而近年来，人类活动的加剧和对土地的不合理开发利用，直接威胁着江西省乃至整个长江中下游地区社会经济的可持续发展，而且这种变化或退化往往产生于人类作用之后，当其到达一定程度时，就难以逆转。因此，控制土地生态系统恶化的有效办法是防范于未然，在其发生退化质变之前，及早预警，以及时采取措施，加以有效抑制、减缓、控制、整治，使土地生态系统步入健康轨道。

对于鄱阳湖生态经济区而言，研究其土地生态系统的健康状态，该区域土地生态系统健康演变的机理，对其土地生态系统健康科学预警方法并实现土地生态系统健康警情的调控，这些命题都具有很重要的研究价值。

本研究在遥感与地理信息系统的支持下，对鄱阳湖生态经济区的土地生态系统健康状况进行系统、全面的研究，并构建相应警情调控体系，以期为协调鄱阳湖生态经济区社会经济发展与生态环境保护的矛盾，大力推进新时代背景下的生态文明建设，解决“三农”问题和协调人地关系提供新思路与可操作模式。

本书在国家自然科学基金项目“鄱阳湖生态经济区土地生态系统健康演变机理、预警与调控研究（41561107）”，江西省自然科学基金项目“鄱阳湖生态经济区土地生态系统健康演变机理及其预警评价（20151BAB203039）”，江西省教育厅科技项目（GJJ13263），江西省地方政府合作项目（鄱阳湖生态经济区土地利用规划、九江市低丘陵缓坡利用规划、南昌市土地二级市场试点专题研究）等相关课题成果支持下完成，较系统地论述了鄱阳湖生态经济区土地生态系统健康演变机理、预警与调控研究。

全书共分十一章。第一章介绍了研究的背景、意义与技术路线；第二章主要从土地生态系统健康的概念与内涵、土地生态系统健康定量研究、土地生态系统健康调控研究、鄱阳湖生态经济区土地生态健康研究、预警在土地研究中的进展、物元模型在土地研究中的进展等方面系统介绍土地生态系统健康国内外研究现状与研究进展；第三章主要从系统科学理论、复合生态系统理论、可持续发展理论、生态经济理论、景观生态学理论等方面阐述了土地生态系统健康研究的理论基础；第四章、第五章主要介绍了鄱阳湖生态经济区概况和土地利用空间数据库的构建；第六章在研究鄱阳湖生态经济区土地利用数量变化与结构变化的基础上，分析了该研究区土地利用中存在的问题；第七章探讨了隐患视角下的研究区土地生态系统健康演化的机理；第八章介绍了基于P-S-R模型下的研究区土地生态系统健康时空测度研究；第九章介绍了基于物元模型的研究区土地生态系统健康预警研究；第十章在介绍土地生态系统健康警情调控模式的基础上，探讨了从土地生态系统健康警情调控与土地利用结构调控两方面对该研究区土地生态系统健康警情进行调控研究；第十一章主要探讨了从政策、法律、经济、社会层面来保障研究区土地生态系统健康运行的措施。

本书编撰过程中，得到了江西农业大学国土资源与环境学院的诸多领导、老师、同学与朋友的帮助与支持，在此一并致谢！同时由于水平有限，书中疏漏之处在所难免，恳请有关专家、学者批评、指正！

编 者

2019 年 7 月 26 日

目　　录

第一章　引　言

第一节　选题背景

一、国家经济建设与自然环境和谐发展的需要

土地资源是人类赖以生存的基础条件。当前土地健康问题成为全球共同面临的问题，自然环境与人口以及自然环境与经济发展的冲突在全球工业化进程、城市水平提速后凸显出来。中国于改革开放之后步入了经济发展的快车道，城市化水平从 1978 年的 17.92%激增至 2015 年的 56.10%，增长了 2.13 倍。城市建成区面积也从 1990 年的 1.22 万 km^2 扩大到 2015 年的 5.21 万 km^2。全国水土流失面积达 356 万 km^2，占国土面积的 37.05%，这严重制约着我国经济和社会的可持续发展。面对当前人地矛盾急剧加深的严峻形势，能否保障土地生态系统健康发展，与人类社会能否持续稳定发展息息相关。党的“十六大”提出要全面建设小康社会，重点在于确保可持续发展和社会的全面进步，关注生态环境建设。党的“十七大”将节约利用能源资源和保护生态环境安全当作工作重点。党的“十八大”将生态文明建设置于国家长治久安、民族长远未来、人民安居乐业的基础建设、重中之重。在国家经济建设发展的同时为了保障自然环境和谐发展，有必要重视对自然环境和谐发展的研究，尤其要重视对土地生态

系统健康的研究。

二、新时代生态文明建设的需要

一百多年前，马克思、恩格斯就指出生态问题的核心是人与自然的关系问题，要处理好人与自然和谐共生、良性循环、辩证统一（曾德慧等，1999）。在社会经济发展的不同阶段，人们对生态环境及健康具有不同程度的关注。生态健康是随着社会经济发展而提出的一个概念。生命有机体和自然环境持续发展是构成良好生态环境的根本保障，与人类福祉以及民族的长远未来密切相关。我国从 20 世纪 80 年代开始重视土地生态问题。景贵和、傅伯杰、杨子生等对土地生态研究的理论、方法、功能、重点等发表了专门的论述（傅伯杰，1985；杨子生，2000）。党的十七大首次提出建立“生态文明”的目标；2012 年 11 月，基于新的历史出发点，党的“十八大”又制定了“大力推进生态文明建设”的战略决策，生态文明建设在“五位一体”总体布局中处于突出的位置（黄勤等，2015）。党的“十九大”，习近平同志指出：“加快生态文明体制改革，建设美丽中国”。由此可见，我国对生态文明建设和生态环境保护提出了一系列新思想新论断新要求，为努力建设美丽中国、实现中华民族永续发展、走向社会主义生态文明新时代，指明了前进方向和实现路径，同时对新的历史时期生态文明建设提出了新的要求（龙花楼等，2014）。生态系统健康正成为政府、学术界乃至社会各界持续关注的重点问题，探寻贡献于经济福利、人类健康和生态完整性的有效制度和管理实践是社会各界的持续目标。由此可见，保障土地生态系统健康是生态文明建设得以实现的基石。

三、国家生态文明试验区（江西）加快推进

2017 年，国务院办公厅印发了《国家生态文明试验区（江

西）实施方案》，旨在建成系统性、完整性和具有江西特色的生态文明制度体系，打造“江西样板”，培育绿色发展新动能。近年来，江西省经济总量大幅增长、经济结构不断优化、经济质量明显提高，社会经济发展取得历史性成就。与此同时，由于区域资源禀赋差异，经济发展与环境承载能力不相适应而引发了诸多环境问题，土地荒漠化、大气污染、水域污染等环境问题屡有报道。2005 年，工业废弃排放量为 4 378 亿标 m^3，固体废弃物产生量为 7 007 万 t，工业废水排放量为 53 972 万 t。2015 年，工业废弃排放量为 15 613 亿 m^3，固体废弃物产生量为 10 905 万 t，工业废水排放量 64 869 万 t。由此可见，在大力推进生态文明建设过程中，仍面临着诸多问题和严峻挑战。探索生态绿色发展新路径，构建山水林田湖草生命共同体，是生态文明建设坚定不移的战略定位。在充分顾及人民群众生存环境的基础上，正确处理经济发展与生态环境的关系，探索保持生态环境承载力与经济发展规模基本平衡的发展方式，解决资源危机并体现新型资源价值已成为社会的迫切需要，也是培育新的经济增长点并实现协调、可持续发展的战略抉择。

四、鄱阳湖生态经济区发展的现势需求

鄱阳湖是我国最大的淡水湖，其生物多样性丰富，是一个巨大的物种基因库，孕育着极大生产力。2008 年江西省提出了建立“鄱阳湖生态经济区”的区域发展战略目标，继而上升为国家级发展战略。鄱阳湖生态经济区地处长江中下游南岸，地理坐标为东经 114°29′~117°42′，北纬 27°30′~30°06′，土地面积为 5.12 万 km^2。该区以占江西省 30%的国土面积承载了全省近 50%的人口，创造了全省 60%的经济总量（倪练琪等，2010）。鄱阳湖生态经济区是中国南方经济活跃的地区之一，它是中部地区的重要增长极之一，发挥着维护区域经济稳定的作用，同时也是发展和保护的

聚集地。在鄱阳湖生态经济区工业化、城镇化、农业现代化加速推进的重要时期，能源资源需求将大幅增加，节能减排任务变得更加艰巨，环境保护压力变得更加突出；重开发、轻保护的传统发展模式惯性依然较大。尤其值得重视的是，由于区域内外生态环境的持续变化和全球气候变暖，鄱阳湖水位变化异常，水体污染呈日益加重趋势，保护“一湖清水”的压力不断增大，鄱阳湖的生态功能遭受威胁。鄱阳湖生态经济区土地资源利用与生态保护所面临的突出问题尚未从深层次得到切实有效的解决，需要在鄱阳湖生态经济区建设中予以重视和解决。因此，控制土地生态系统健康恶化的有效办法是防患于未然，在其发生退化质变之前，能及早作出预警，以便及时采取措施，加以有效抑制、减缓、控制、整治，使土地生态系统步入健康轨道。

第二节　研究目的及意义

鄱阳湖生态经济区独特的地理位置和地域特色、独特的土地景观与生态功能使该区成为研究土地和生态问题的中心区。目前大多数研究都是从不同视角对土地健康的概念与内涵进行了探讨，取得了比较丰硕的成果，但很少有学者对土地生态系统健康演变机理进行研究。然而土地生态系统健康演变机理研究有助于掌握土地生态系统健康状态的演变过程，是进行土地生态系统健康预警研究的关键。因此，土地生态系统健康演变的机理有待于深入研究；土地生态系统健康警情调控是土地生态系统健康预警研究的落脚点。然而，当前的大多数研究成果对其涉及较少，少部分成果开始关注这一问题，但也只针对土地生态安全调控的某一方面开展研究，整体上针对未来土地利用与土地资源保护中可能出现的问题进行的全面系统探索仍不多见，对相关调控问题的定性定量结合探讨更少。因此，很有必要对土地生态健康警情进行调控研究。

土地生态系统是在人类土地利用过程中，土地各组成要素之间及其与环境之间相互联系、相互依存和制约所构成的开放的、动态的、分层次的和可反馈的系统，多样化的土地利用方式及生产生活为土地生态安全演变提供了可能。面对资源约束趋紧、环境污染严重、生态系统退化的严峻形势，本研究旨在对鄱阳湖生态经济区 1995—2015 年土地生态系统健康水平进行测度，研究土地生态系统健康的时间变异和空间分异特征，科学剖析土地生态系统健康演变的趋势，厘清土地生态健康演变的推动因子，适宜地提出符合研究区实情的土地生态系统调控措施和对策。

对于鄱阳湖生态经济区而言，研究其土地生态系统究竟处于什么样的健康状态？该区域土地生态系统健康演变的机理是怎样的？如何对其土地生态系统健康进行科学预警？如何对其土地生态系统健康警情进行调控？这些命题都具有很重要的研究价值，而现有的文献对此研究较少。因此，本研究的科学意义在于：

一是阐明在健康隐患触发传递机制与隐患控制响应机制共同作用下的鄱阳湖生态经济区土地生态系统健康演变机理，有助于加深人们对土地生态系统健康内涵的理解，丰富土地生态系统健康理论。

二是探讨借助于物元模型进行土地生态系统健康预警评价研究的可行性，旨在拓展土地生态系统健康预警评价研究的渠道。

三是构建土地生态系统健康警情调控体系，探索大湖流域保护与开发新模式，创新流域与行政机构综合管理协调机制。这为协调鄱阳湖生态经济区社会经济发展与生态环境保护的矛盾，大力推进新时代背景下的生态文明建设，为解决“三农”问题和协调人地关系提供新思路与可操作模式。

第三节 研究方法及技术路线

一、研究方法

1. 资料收集与野外调查相结合

通过互联网和其他途径广泛收集国内外有关土地生态系统健康预警评价方面的相关研究资料，充分了解国内外目前的研究现状。从相关部门收集土壤地质环境、水环境、生物环境、社会经济活动等方面的相关数据资料。对资料进行系统整理和分析，如有部分资料不全，要到实地去调查获取。

2. 理论研究和实证研究相结合

在研究土地生态系统健康演变机理时，主要采用系统科学、可持续发展、生态学等理论，对其演变机理从隐患传递机制与隐患控制响应机制两方面进行研究；同时，又对鄱阳湖生态经济区的土地生态系统健康状况的时空特征进行研究。

3. 多学科理论方法相结合

土地生态系统健康预警评价属于多学科交叉的前沿领域，对于土地生态系统健康演变机理以及土地生态系统健康预警进行研究时，必须综合运用生态学、环境科学、灰色系统、模糊数学、数理统计、管理学等多学科的理论与方法进行系统地分类研究和整理。

4. 定性和定量方法相结合

在土地生态系统健康演变机理研究中，以定性分析为主，定量分析为辅；在土地生态系统健康预警评价过程中，以定量分析为主，定性分析为辅。如在在对土地生态系统健康影响因素（自然子系统因素、环境子系统因素、社会经济子系统因素）分析的基础上，结合变异系数法与熵值法的定量计算，然后选取两种方法共同确定的指标，最终构成土地生态系统健康预警评价指标体系。

二、研究技术路线

本研究在上述研究方法的支撑下，以鄱阳湖生态经济区为研究对象，首先在对土地生态系统健康影响因素分析的基础上，研究在隐患触发传递机制与隐患控制响应机制共同作用下的土地生态系统健康演变机理；其次以此为基础，采用变异系数法与熵值法构建土地生态系统健康预警评价指标体系，并借助于物元模型对土地生态系统健康警情进行时空特征研究；最后在土地生态系统健康警情判定的基础上，构建土地生态系统健康警情调控体系。本研究拟采用的具体研究技术路线见图 1-1。

主要参考文献

傅伯杰 .1985. 土地生态系统的特征及其研究的主要方面［J］. 生态学杂志（1）：35-38.

黄勤，曾元，江琴 .2015. 中国推进生态文明建设的研究进展［J］. 中国人口·资源与环境，25（2）：111-120.

龙花楼，刘永强，李婷婷，等 .2014. 生态文明建设视角下土地利用规划与环境保护规划的空间衔接研究［J］. 经济地理，34（5）：1-8.

倪练琪，甘晓辉 .2010. 鄱阳湖区域土地利用与经济发展时序耦合研究［J］. 价格月刊（12）：19-23.

杨子生 .2000. 试论土地生态学［J］. 中国土地科学，14（2）：38-43.

曾德慧，姜凤岐，范志平，等 .1999. 生态系统健康与人类可持续发展［J］. 应用生态学报，10（6）：751-756.

文献梳理
专家咨询
前期调查
土地生态系统健康演变的机理研究
影响系统健康因素分析
隐患对系统健康的影响过程
隐患触发传递机制
隐患控制响应机制
系统健康演变的机理研究
空间数据库建立
基于物元模型的土地生态系统健康预警评价
预警评价指标体系构建
预警评价物元模型建立
系统健康警情判定
土地生态系统健康的排警调控体系研究
调控目标
调控模拟
调控模式
警情调控
土地利用结构调控
调控措施与对策
土地生态系统健康演变机理、预警与调控研究

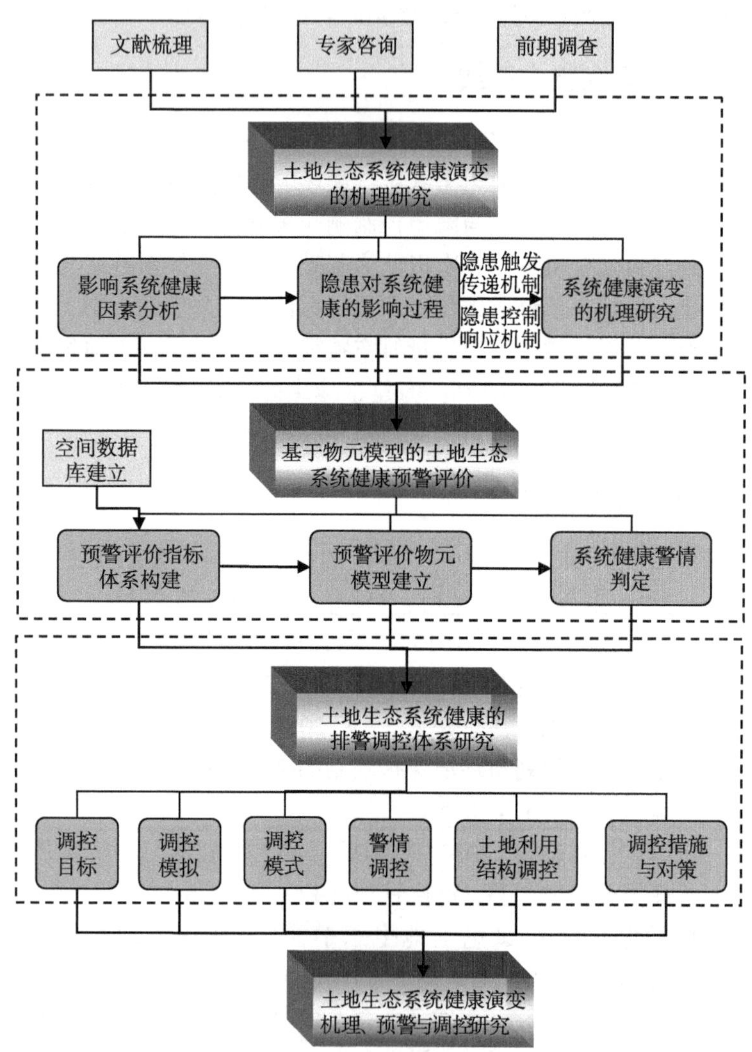

图 1-1　研究技术路线

第二章　研究进展

第一节　土地生态系统健康预警及调控的内涵

一、土地生态系统健康的内涵

“生态系统健康”作为一个概念最早可以追溯到1942年Leopold提出的“土地健康”概念。他认为，健康的土地是被人类占领而没有受到损坏的状态。20世纪60年代，社会快速发展，人类生活水平不断提高，但同时给全球带来了大量生态破坏与环境污染问题，影响着整个生物圈的完整与稳定。在保证经济增长的过程中，学界一般认为需要通过环境管理政策才能维持生态系统的承载力与恢复力，从而实现可持续发展。70年代末，Rapport提出“生态系统医学”的概念。他指出，人类高强度地改造自然，使生态系统受到损害。如何正确地诊断受害症状需要多门学科的交叉分析、综合研究。80年代，东京召开了第八次世界环境与发展委员会会议，会上通过了关于人类未来的报告《我们共同的未来》(Our Common Future)，报告明确了世界环境维护的焦点应集中于人口、资源和人类居住等方面。报告以“持续发展”概念为基本纲领，以丰富的资料论述了当今世界环境与发展方面存在的问题，鲜明地指出了人类发展过程中可能遇到的环境能源危机，同时提出了具体的和现实的行动建议。80

年代末，经济合作和开发组织（OECD）以及联合国环境规划署（UNEP）两大机构一同提出了环境安全指标模型，即压力（pressure）—状态（state）—响应（response）模型，简写为PSR 模型。在 PSR 系统中，将环境一类问题划分为三个概念不同却又相互紧密联系的子系统，通过建立适宜的指标体系来刻画人类活动圈与环境系统之间的作用关系。如今，生态环境统一整体的观念已逐步形成并得到普遍接受，将 PSR 模型运用至土地生态健康研究中得到国内外学者广泛认可与应用。Phillis 等（2011）从人类社会发展与自然碰撞的角度基于可持续性发展的思想，使用模糊逻辑构建了 PSR 评价模型对全球 128 个国家可持续性发展水平进行了定义和衡量。Lee（2007）针对韩国市安阳川上游流域快速城市化进程中遭受的径流枯竭、洪水灾害频繁和水质差的问题，并采用了潜在洪水损害（PFD）、潜在消耗（PSD）、和潜在的水质恶化（PWQD）三个指标对流域生态状况进行估计，并提出了流域可持续发展管理的七步法。1988 年，Schaeffer（1988）等对生态系统健康度量的问题进行了详细论述，但对生态系统健康未明确定义。Rapport（1989）在已有研究的基础上深入剖析了生态系统健康的内涵。Schaeffer 和 Rapport 的文献论著成为了生态健康方面研究的先导。至此，国内外学者对生态系统健康研究的关注程度日益上升，学者对生态系统健康的概念也并不唯一。Mageau（1998）认为生态系统健康为内稳定、没有疾病、多样性或复杂性、有活力或有增长空间、稳定性或可恢复性、系统要素之间保持平衡的生态系统；Vilchek（1998）则将生态系统健康拆分为自然生态系统为核心的地球中心论方法（geocentric approach）和更加注重系统健康对人类自身及其环境作用的人类中心论方法（anthropocentric approach）。

20 世纪 90 年代，国际环境伦理学会（International Society

for Environmental Ethics）与国际生态工程学会（International Ecological Engineering Society）相继成立，这两大学术团体的成立对于生态环境的保护和管理起到了推动作用。1992 年美国国家环保局构建了全球第一个生态风险评价框架，此框架首次明确了生态风险评价的准则（Norton S B，*et al.* 2010）。1998 年 USEPA 正式发布了《生态风险评价指南》，这标志着国际上关于生态评价的体系基本形成。此后，加拿大（Claassen M *et al.* 2001）、新西兰（Taylor K W，1999）、南非等国家关于生态风险的评价方法和流程都以《生态风险评价指南》为基础，并根据本国国情进行适宜地调整和改进。1999 年 8 月，堪称生态系统健康学发展里程碑的“国际生态系统健康大会—生态系统健康的管理”在美国加州召开。在这一时期内，严峻的环境问题引起广泛关注，同时环境经济学、生态经济学等学科逐渐进入交叉领域，学者对生态系统服务功能的研究给予了较多关注，重点从生态系统过程、生态系统服务功能及其间接经济价值等多个方面开展综合研究，土地生态系统健康就是其中一方面。与此同时，Aldo Leopold（1993）在区分土地疾症时提出“土地共同体”概念。他认为，土地共同体不仅只是土地、植物与人类等自然要素，更是人类生活等社会经济要素的综合体现。真正意义的生态文明不只是动物、植物、土壤等自然要素互相依存的合作状态，而是要把人从征服自然的角色转变为土地共同体中与其他要素平等的一员。“土地生态健康”的概念基于“土地共同体”及生态整体的宏观视野中产生。加拿大著名生态学家 William Rees 等（1992）最先提出生态足迹的概念。在他带领下，生态足迹的研究得到完善和发展。Wackernagel（2014）基于生态足迹的思想完善了衡量人类对自然资源利用程度的方法，并且广泛应用于生态环境研究中。

进入 21 世纪，国外学者对生态系统安全的关注程度日益提升，土地生态研究经历了较长时间的发展，步入成熟阶段。2001年6月，联合国正式启动“千年生态系统评估”，旨在通过收集和整合已有的生态学数据、信息和知识，对全球、区域、国家、局地不同尺度的生态系统进行评估，为决策者提供生态系统变化后保证正常运行方面在支撑生命系统所需物品和服务的科学信息，指导和影响决策者的行动，最终目的在于改善生态系统的管理状况。“千年生态系统评估”的提出标志着全球对可持续发展战略的认识和实施已经进入一个新阶段。随着社会经济的进一步发展，土地生态健康与各学科之间的交叉越来越密切。有部分学者从水污染、重金属污染、物种基因多样性等角度阐述了生态环境健康的重要性。如 Jodi Hilty 等（2000）学者认为生态系统的复杂性是迫使生物保护学家开发替代的方法来监测或直接测量生态系统的变化的主要因素，他指出监测指标的选取是一个循序渐进的过程，并利用类群作为评价生态系统健康的适宜指标。Charles Eason 等（2002）通过生物标记的方法分析了药物、杀虫剂及有害化合物对人类产生的影响。Sheldon 等（2012）认为土地利用的空间规模或组合的空间尺度对水质、营养物和生态系统过程具有显著影响，致使流域和河岸退化，从而导致流域生态系统健康的下降。Parkes（2016）认为对于健康的社会生态环境，一些新的政策和研究领域正在关注土地和水资源的动态及其对健康决定因素的联合影响，重点是处理陆地—水、生态—社会之间的关联。此后，随着研究的深入，Rapport 提出了生态文化健康这一自然与文化多指标融合的概念，土地生态系统健康的概念得到进一步深化。

二、土地生态系统健康预警的内涵

预警一词最早起源于军事，指对某一警素的现状和未来进行测度，预报不正常状态出现的危险程度和时空范围以及提出防范措施（徐美等，2012）。区域生态环境预警是对区域环境的质量变化、资源开发利用造成的生态后果及生态环境与社会经济协调发展状况的评价、预测和警报。它既是生态系统健康研究的手段，也是近年来生态系统健康研究的重点。

依据区域生态预警的定义，结合土地生态系统健康的含义与特点，本研究认为，土地生态系统健康预警即对区域土地生态系统现状及未来发展状态的评价、预测和警报，以明确区域土地资源开发利用的生态后果，区域土地生态系统的变化趋势、速度及其与社会经济协调发展的状况，以实现土地生态系统健康。

土地生态系统健康预警具有以下几个特点：一是警源的复杂性。警源是警情的源头，由于土地生态系统健康是一个复杂的巨系统，其运行与发展过程中遇到的各种问题、矛盾、冲突等都是经济、环境、社会、资源等多方面因素共同作用的结果，具有复杂性；二是警情的累积性与突发性。土地生态系统是经济、环境、社会、资源等子系统的综合体。因此，该系统运行与发展受阻并不是单个，而是来自各子系统自身运行与发展中发生的困难问题，或来自各子系统之间的物质、能量与信息的流通与交换受阻从而引起的非协调发展问题。这些问题可能是累积性问题，如人口累积加重环境压力，超过土地承载力，导致人均耕地不足、环境污染等问题；也可能是突发性问题，如地质灾害等；三是警兆的滞后性。由警情的累积性可知，区域土地系统运行及显露警情比实际发生时间会滞后一段时间，往往当人们意识到警兆的出现时，其实际警情的危害性已相当严重了。

土地生态系统健康预警可根据时间长短分为短期、中期及长期预警。其中，1 年左右的预警可称为短期预警，3~5 年的预警可称为中期预警，5 年以上的预警称为长期预警。由于土地生态系统是一个长期、复杂的综合系统，其健康状态都是经过较长时间的发展作用形成的，因此土地生态系统健康预警应该尤其重视中长期预警，且应把中长期预警与短期预警结合起来，以对研究区域的警源跟踪更为密切。

三、土地生态系统健康调控的内涵

生态调控是将控制论的方法引入生态学中，通过生态规划、生态工程设计、生态与环境建设、生态与环境管理、生态意识的普及和提高等方法达到生态系统高效、和谐和优化的目标。当前，关于土地生态系统健康调控内涵的相关理论探讨十分少见。本研究在土地生态系统健康的概念上，结合生态调控的基本原理，认为土地生态系统健康调控为：依据现在或将来土地生态系统发展中已经出现或可能出现的问题，采取一系列方法、手段或措施，对其生态过程和生态结构进行全面、合理的管理与干预，以促进土地生态系统的健康发展，实现经济效益、社会效益和环境效益的统一。

土地生态系统健康调控具有以下几方面的特点：一是调控目标的明确性。土地生态系统健康调控的目的就是针对土地生态系统发展存在的问题，推动土地生态系统恢复到协调、健康发展的状态；二是调控手段的多样性。由于土地生态系统的变化是多方面因素综合作用的结果，其调控也应充分考虑多方面可能产生的危害，采取多种措施加以防范，以推动土地生态系统朝健康的方向发展；三是调控机理的复杂性。土地生态系统的复杂性，决定了土地生态健康调控的复杂性，需要多方面因素综合考虑，最终推动土地生态系统健康的恢复。

为更好地保护土地生态，促使土地生态系统走上健康发展的道路，本研究认为，土地生态健康调控应遵循以下几条基本原则：一是持续性原则。持续性原则就是要求做土地生态系统健康调控要有长远观念，不能为了短期利益而牺牲后代的利益，确保土地资源的开发利用限定在一定的弹性范围之内，保持区域土地资源系统的长期健康；二是创新性原则。现今是互联网时代，科学技术发展迅速，土地生态系统健康调控可充分运用互联网等现代科学技术，积极推进制度创新，提高管理和调控水平，为土地资源健康的有效管理提供必要的技术和制度支撑实现土地资源利用与保护的统一；三是区域性原则。受自然、社会、经济等多方面因素的综合影响，不同地区面临的土地生态安全问题也有所区别，应区别对待，因地制宜地采取不同的调控措施和策略；四是协调性原则。土地生态系统是一个复杂的系统，不能单一追求系统某一方面的调控效果，而应着眼于系统内各子系统之间的相互协调，寻求整体的综合平衡，才能促进土地生态系统整体健康；五是关键性原则。土地生态系统健康预警涉及面广，其调控预警不可能面面俱到，而应找出影响土地生态健康的关键因素，集中力量重点突破。

第二节 生态系统健康定量研究

生态系统健康是建立在自然科学、社会科学和健康科学基础上，多学科融合而产生的一门新兴学科。纵观国内外相关研究成果，生态系统健康定量研究主要集中在生态系统健康评价标准与方法及影响因素两个方面。

生态系统健康概念的意义唯有通过生态系统健康评价才能得以体现，同时，生态系统健康评价又是生态系统变化趋势预测的基础，因此，生态系统评价具有较高的现实意义。国内外学者对生态系统健康评价与方法上作出了较多研究。Ulanowicz（1986）和 Rapport（1998）较早作出了研究，他们将计算结果作为评价生态系统健康的程度。活力的测量主要根据 Ulanowicz（1986）提出的网络分析法进行预测，主要包括计算系统的总产量与净收入。在此基础上，根据生态系统演替和进化过程中与胁迫之间的关系，并结合网络分析方法建立组织测量及预测方程。恢复力的测量主要是通过计算机模型及生物地球化学循环模型，进行估算恢复时间（RT）和该生态系统可以承受的最大胁迫（MS），表达为 MS/RT。任海等（2000）分析了生态系统在胁迫下的反应，及其对胁迫反应的过程和结果，制定了生态系统健康的评价标准，其中，活力、恢复力和组织是重要的指标。针对国际生态热点问题，国内学者在借鉴国外优秀研究成果的同时，结合本国具体情况，对本国生态系统健康水平进行了评价、管理及预测等研究工作。如袁兴中等（2001）在详细分析生态系统健康概念的基础上，指出应从大气、水、土壤等生物物理方面及人口动态、人类健康、经济状况、人类活动影响等社会经济学方面建立生态系统健康评价指标体系；郭秀锐等（2002）构建了完整的城市生态系统健康评价指标体系，并用模糊综合评价法比较分析了广州、上海、北京的城市总体健康状况。目前，随着“3S”技术与数学模型的大量应用，生态系统健康评价得到进一步发展。王玮等（2012）应用“3S”技术和地面光谱一生物量建模方法，对 2002—2010 年的 MODIS NDVI 数据进行了分析，从生产力角度对新疆天山中部巴音布鲁克草原的生态系统健康状况进行了评价，研究表明气候变化波动直接影响草原湿地生态系统健康；郝敦元（2004）、王立新等（2008）及吴漩（2011）都对内蒙古自治区进行了生态系统健康评价，并运用不同生态模型使得评价结果更为科学合理；周传猛等（2014）则采用层次分析法和熵权法两种分析方法，选取 13 个草地生态系统健康指标，构建当地的“活力-组织机构力-恢复力-人文”体系草地评价系统，对甘肃省的草原生态系统进行了评价并得出有价值的结论，有利于促进草原生态系统健康的长远发展；魏建洲等（2012）应用 VOR 指标对草原生态系统健康进行评价，利用多属性决策理论分解

VOR 指标为草原生态系统评价的 28 个可测量目标，根据实际需要建立草原生态系统健康评价的多属性模型，为实现草原生态系统健康评价提供新的思路；张艳会（2014）根据长时间的相关调研成果，从时间尺度、评价方法、富营养化等方面，系统梳理、分析了湖泊生态健康评价方法，并对湖泊生态系统代表性指标的内涵及影响机制进行梳理；解雪峰等（2014）借助 GIS 和 RS 手段，利用模糊物元模型，并结合遥感影像数据、环境监测数据和社会经济数据，对西苕溪流域生态系统健康状况的进行了探讨，认为水域生态系统优于陆域生态系统，水陆交错带生态系统最差；张玉珍等（2015）采用指标体系评估方法对福建省敖江流域的生态系统健康状况进行了评估。

生态系统健康的影响因素主要包括干扰和胁迫。在可承受的外界条件下，生态系统对干扰经过的三个阶段分别为：初期反应阶段、抵抗阶段、恢复阶段。其结果为消亡、退化、恢复、进入新的状态四种类型。干扰产生的结果主要表现为，一个群落或生态系统特征超出其正常波动范围的因子干扰体系（包括干扰类型、频率、强度及时间等)。胁迫是指生态系统在受到压力情况下健康会产生风险。这里的胁迫通常表现在给生态系统造成负面效应的逆向胁迫。其表现形式随同一因子对不同生态系统的影响强度和程度的不同而不同，具有多样性。如草原生态系统的胁迫因子主要有放牧干扰、干旱、盐碱等；对于水生生态系统来说，其胁迫因子主要包括水资源的不合理利用、捕捞过度、水土流失、水污染、围湖造田等。李静芝等（2019）从自然生态条件、资源利用与环境保护、社会经济与发展 3 个方面，构建生态系统健康评价指标体系，运用模糊综合评判法对长江中游荆南三口河 2001—2014 年的生态系统健康状况进行了评价分析，发现脆弱的自然生态条件是关键性制约因素；李元超等（2015）利用健康指数（CI）评估了后海珊瑚礁生态系统的健康状况，并在此基础上发现后海海域的珊瑚礁生态系统处于非常健康的状态与大面积的海草床和海藻床，高密度的植食性动物以及夏季上升流的存在有关；王凤珍等（2014）以武汉市典型城市湖泊墨水湖不同类型湖滨带为研究对象，综合运用数法和潜在生态风险指数法，发现林田型湖滨带具有较好的生态修复功能，而堤岸型湖滨带对污水的耐受能力和净化降解效果相对较弱。

第三节　土地生态系统健康定量研究

土地生态系统健康定量研究较集中于土地生态系统健康评价，而生态系统健康评价当前主要有两种方法：一是指示物种评价，二是结构功能指标评价。指示物种评价法，顾名思义，多用于指标易量化、数据便于采集的自然科学领域的系统健康评价。结构功能指标评价包括单指标评价、复合指标评价和指标体系评价，指标体系评价中又包括自然指标体系评价、社会-经济-自然复合生态系统指标体系评价。而结构功能指标评价中的指标体系评价法则广泛用以评价研究范围难以界定、指标难以量化、健康影响因子繁多、作用机理过于复杂等社会科学领域的系统。评价方法则可综合采用德尔菲法、AHP 法、聚类分析法、模糊分析法、综合分析法等计算健康值；近年来 RS 与 GIS 技术的应用也极大地增强了评价的真实性和可靠性。

近年来，国内外部分学者也尝试运用这些方法对多类土地生态系统进行了评价研究。国外 Josephine 等（2003）探究管理制度方法的革新来改善耕地的退化；Schaeffer 和 Cox（1993）指出社会经济发展不能超过生态系统功能阈值；DeLange 等（2010）从生态脆弱性的视角出发作出了土地生态风险评价；Kathleen 等（2011）采用环境足迹视角法作出生态系统健康评价；Emdad

(2000) 基于流域系统内部的物质和能量循环的视角作出了生态系统的实证评价；Su 等（2011）采用突变模型方法作出了安全评价；Salvati 等（2008）基于土地脆弱性视角探究区域土地退化原因；Chen 等（2006）采用遥感方法优化土地覆被格局；Wynet 等（1999）采用 RS 技术、GIS 技术和统计分析方法研究土地利用问题；Leana（1999）采用景观分类方法，进行了多地区生态可持性续评估。

国内任海等（2004）从时空格局上划分了健康等级，并探讨了保持土地健康的相关重要性；林斌等（2010）从资源环境、社会经济应和生态功能三方面构建了生态系统的评价指标体系；曹欢等（2010）从结构功能、可持续能力、动态变化三方面构建评价体系，并采取了多种方法评价生态系统健康；吴欢等(2011) 利用两种分析方法，指标体系分析法和专家咨询法分别对河流生态进行健康评价；张良等（2012）从活力、组织结构、恢复力、农业生态系统服务价值四方面构建评价指标体系，并采取多种方法对生态系统健康现状进行评价；何新等（2015）基于“活力-组织-弹性-功能”理论，采用 PSR 模型、景观生态学方法和网格分析法构建了土地健康评价指标体系；陆丽珍等(2010) 采用 GIS 技术和 RS 技术，作出了从 1970 年到 2005 年的舟山岛土地健康时空动态评价；王菲等（2012）利用物元分析方法对枣阳市土地健康进行评价；洪惠坤等（2015）利用改进的 TOPSIS 方法进行了土地健康的评价，并找出了影响健康的障碍因子；方庆、董增川等（2012）基于景观格局构建了湿地生态系统健康评价指标体系，以期丰富相关的研究理论。

评价指标体系的建立是生态系统健康评价的基础和核心。其中，蔡为民等（2004）提出了“系统结构-系统功能-系统效益”的指标体系分解方案；崔保山等提出“生态特征-功能整合性-社会环境”指标体系；戴全厚等（2006）提出“资源环境-

社会经济人文影响-生态综合功能”指标体系分解方案。在这些分解方案中，以“活力-组织力-恢复力”分解框架为基础的评价指标体系得到了广泛认可（陈铭等，2006；郭秀锐等，2002；刘明华等，2006）；在土地条件变化指标体系框架中，Vieira M等人提出了定性和定量两种土地条件变化指标，其中定性变化指标要求直观、易于获取，如土壤颜色、地表形态等；定量指标应强调计算方法的规范与统一，该方法曾用于哥斯达黎加的土地健康评价，取得了较为满意的结果；朱锦（2019）为了解中国图们江流域的湿地生态系统健康情况，运用中国图们江流域已有的资料和实地监测数据，建立了以生态特征、服务功能和社会政治环境为项目层包括 22 个指标的湿地健康评价体系；游清徽等（2019）基于大型低栖无脊椎动物完整性指数这一视角，选择了丰富度和组成、多样性、丰度、耐污能力、功能摄食类群 5 种类型共 49 个候选参数用于构建鄱阳湖湿地 B-IBI 指数，以此进行鄱阳湖湿地生态健康评价；雷冬梅等（2018）学者根据流域生态系统健康的概念与特征，基于滇池流域城镇化的背景，以“自然条件限制因子—城镇化影响因子—流域生态健康指示因子”为评价指标，建立了流域生态系统健康评价体系。

第四节　土地生态系统健康调控研究

土地生态健康调控的实质是通过构建模拟模型或数学模型对土地生态系统内土地利用结构、水文条件、土地生产力、经济发展等对象进行定量模拟实验，根据实验得出的规律和现象提出正确的调控措施。在这方面，国外研究得较早，且已取得众多研究成果。但是，关于土地生态健康开展的全面系统研究鲜有报道，诸多研究都是基于对土地生态健康的某方面提出管控措施。

Louda 等（2003）基于生物多样性安全的角度对生态系统生物多样性保护提出了管护措施。Maksimenko 等（2016）分析了俄罗斯现代环境规制在立法和行政壁垒方面造成的矛盾，并针对当前宪法对生态系统健康的管控盲区提出了一种新的环境规制的依据和环境改革的途径。Aronson 等（2011）认为政府部门应该建立标准化的技术、完善现有的生态恢复法和制定新的立法才能成功有效的大规模恢复。Herrann 等（1999）应用系统工程方法，以土壤肥力等五方面指标作为生态约束条件，进行乡村土地利用结构优化设计。Makowski（2000）以欧共体农用土地资源面临的最主要的污染问题为导向，以最小化模型中的氮损失为纽带，通过面积、水用量、产品平衡和粪肥平衡氮流失量最小为规划目标，建立了欧共体农业土地利用结构优化模型。Bouma 等（1998）预测了欧洲主要的土地利用变化趋势，认为随着现代技术和社会经济的发展及全球环境的变化，土地利用需要提高农业生产率、保护生物多样性和生态环境、生产高质量的产品并推行环境友好型管理方式等。

国内关于土地生态健康调控的研究也进行了一系列探索，生态健康调控一直是生态健康研究的本质目标。吴冠岑（2010）对土地生态系统排警调控的内涵、原则、结构与手段等方面进行了详细阐述，他认为需要按照系统运动的规律，根据事物发展的必要性和系统运行的状态，对系统进行干预，使之有序运行。孟兆鑫等（2009）对沱江流域域 2010—2020 年的生态安全状况进行了评价及预警研究，并根据沱江流域生态安全的状态特点提出了生态调控对策。张秋霞等（2017）基于改进的物元可拓模型对粮食主产区河南新郑市耕地生态安全进行了研究，并采用障碍度分析模型探究影响耕地生态安全的障碍因子特征，以此提出警情调控措施。邓慧（2015）基于层次分析法、障碍度模型方法对长株潭地区耕地资源生态安全的主要障碍因素进行诊断研究，并设计了符合长株潭地区耕地资源生态安全发展状况的生态农业模式、耕地资源整理模式、耕地资源生态修复模式和耕地资源环境治理模式。李扬帆（2017）基于2006—2015年厦门市城市不透水面变化率、风险受体敏感指标和生态红线管控的景观生态风险空间预警模型，揭示厦门市景观生态安全格局在快速城市化的胁迫下现状与未来潜在风险，将生态风险预警方法与景观生态安全格局调控设计相结合，为城市区域环境管理与景观调控提供科学支撑。谢华林（2011）为探讨京津翼地区的生态调控问题，运用CA模型模拟了自然发展、目标导向和生态优先等不同情景下的生态用地调控格局。另外，还有学者运用多目标模糊优选决策模型，有学者采用神经网络模型进行调控研究，情景分析法（赵莉等，2012）是运用较为成熟的方法。

第五节　鄱阳湖生态经济区土地研究进展

自鄱阳湖生态经济区在2009年上升为国家级发展战略，关于该区域在土地方面的研究逐渐增多。纵观国内外相关研究，学者们主要从土地利用变化、湿地生态安全、生态系统服务价值及土地生态系统健康四个方面进行研究。

土地利用变化上，相关研究起步较早。饶胜（2002）在2002年就开始对鄱阳湖生态经济区进行土地利用方面的研究，他基于1988—1998年的TM影像，利用Idrisi软件的最大似然法对鄱阳湖区的土地利用遥感影像进行分类，得到林地、灌草坡、水体、湖滩洲地、耕地、城镇用地和裸地七种地类分类图，再运用转移矩阵发现，林地、水体、城镇的面积增加，灌草坡的面积减少，且土地利用的变化受到自然和人文因子的双重影响。樊哲文等（2009）则结合鄱阳湖流域土地利用空间数据与土壤侵蚀数据，引入土地利用变化转移矩阵指数和土壤侵蚀强度指——对鄱阳湖流域土地利用变化和土壤侵蚀效应空间关系进行定量分析，发现影响鄱阳湖流域土壤侵蚀强度变化的土地类型和原因。余敦等（2010）则从生产力、稳定性、保护性、经济可行性和社会可接受性5个方面选取24个评价因子对鄱阳湖生态经济区土地利用可持续性进行评价，并对其评价指数的时空特征进行研究。徐雨等（2016）借助空间自相关、地统计分析等方法，定量分析鄱阳湖流域土地利用变化下生态风险时空演变特征。王飞等（2018）以鄱阳湖生态经济区为例，通过构建乡村性指数模型、土地利用综合变动系数，运用耦合度模型开展了乡村转型与土地利用变化的耦合关系研究，发现两者协调度较低。目前，该方面研究依旧为广大学者研究热点。

也有较多学者关注鄱阳湖生态经济区的湿地生态安全，他们主要重视湿地变化及评价研究。如游海等（2006）通过解译1976年和1999年两景遥感影像，分析鄱阳湖典型湿地土地覆盖变化，进而探讨湿地覆盖变化的成因，发现人类活动、三角洲发育、鄱阳湖水位季节性涨落及其相关的气候条件导致的鄱阳湖典型湿地生物多样性季节性变化是鄱阳湖典型湿地覆盖动态变化的重要影响因子。崔丽娟等（2006）通过3S技术建立了鄱阳湖湿地区新建县1996—2000年土地利用数据库，再运用马尔科夫与灰色预测2种预测方法对研究区未来的土地利用变化趋势进行了预测。蔡海生等（2008）运用20年影像进行人机交互解译得到数据，然后从湿地景观类型面积变化和湿地景观格局指数2方面对鄱阳湖湿地景观格局进行动态分析，并从自然、社会、经济、政策等进行驱动因素分析。王卷乐等（2013）针对鄱阳湖湿地2012年发生的多起火烧事件，结合遥感快速监测、植物地面调查和GIS缓冲区分析等方法，及时掌握了第一手的烧荒区域面积、分布和地面火烧区域与非火烧区域植被生长状况。雷维

（2018）与徐丽婷（2017）则对鄱阳湖湿地生态安全进行了评价，均得到鄱阳湖湿地生态健康具有显著的空间差异，与人类活动干扰的类型和强度密切相关的结论。

关于生态系统服务价值方面，较多学者也作了相关研究，他们主要集中于对鄱阳湖流域的生态系统服务价值研究及驱动力分析。涂小松等（2015）基于专家知识的生态系统服务价值评估模型及相关分维、空间统计等分析方法，发现鄱阳湖地区在2000—2010年生态系统服务价值总量较高，但价值净损失趋于加速。刘海等（2016）运用生态系统服务价值分析方法，测算了鄱阳湖全流域与子区域的生态系统服务价值，并针对鄱阳湖流域在3个时期生态系统服务价值量持续增大，全流域的可持续性向有利的方向发展这一结果提出未来对于山地丘陵区，应该加大对生态环境的维护，且推进资源消耗少、污染排放小的高科技产业。赵志刚等（2017）利用鄱阳湖生态经济区2004年、2008年、2012年、2016年的MODIS数据，获得4个对应期的土地利用/覆盖数据，参照修订的单位面积生态系统服务价值当量表与灰色GM（1，1）模型，预测了研究区2016—2024年的生态系统服务价值，并对生态系统服务价值动态变化原因进行了分析。车育婧等（2018）利用Costanza等提出来的生态系统服务价值的计算公式，估算了鄱阳湖生态经济区的生态系统服务价值，分析了2005—2013年的时空变化。

土地生态系统健康上，相关研究逐渐从单一土地生态安全探索拓展为生态安全多元化研究，尤其重视生态健康与社会经济协同发展的剖析。刘滨（2009）基于资源环境承载能力、开发密度与发展潜力进行聚类分析，以此作为该区进行主体功能分区的依据。余敦（2012）从压力-状态-社会响应3方面构建了土地生态安全预警指标体系，运用物元模型对鄱阳湖生态经济区2001—2005年的土地生态安全的警情进行分析。吕添贵（2013）

探讨了该区域内各县（市、区）水土资源承载力与经济发展耦合差异水平。宋艳春（2014）以县为评价单元，采用状态空间法对该区资源环境承载能力进行了综合评价。陈小平（2016）从景观生态学的角度，通过 GIS 手段，对该区生态网络结构构建进行了尝试，在此基础上对生态网络结构进行了评价。赵小敏（2012）对该区耕地资源可持续利用水平进行了评价，以期为耕地资源保护、优化农业产业结构提供参考依据。谢花林（2015）对该区土地利用可持续水平的空间差异进行了探讨。赵志刚等（2017）对该区土地利用变化及生态系统服务价值进行了时空变化分析。刘满凤（2017）基于多目标规划模型对该区资源环境与社会经济发展的协调性进行了研究。这些研究呈现多目标、多尺度、多等级系统的特点，一定程度上突破了传统生态健康研究的固有模式。一方面，加强了宏观理论的深入探索，为研究的开展提供了支撑；另一方面，相关模型的构建和方法的改进大大提高了研究的科学性。

第六节 预警在土地研究中的进展

预警自起源于军事后，随着系统科学的不断发展，预警系统在各个行业已经得到了广泛的应用，并逐步实现智能化、集成化。国外研究预警较早，它源于 1917 年，以 Peasons（2010）为首的哈佛研究会运用项景气指标对美国经济发展趋势进行研究为标志。1975 年，全球环境监测系统（GEMS）建立，其主要监测全球环境并对环境组成要素的状况进行定期评价、监测，实施比较、排序和预警。自此，生态安全预警的研究开始得到广泛关注。许多欧美国家从不同的角度进行了研究，如布内拉斯加大学（美国）研制的 AGENT 系统、White（2010）提出的洪水泛滥风险决策预警体系及罗马俱乐部发布的全球发展综合预测模型。法国经济学家 Alfred Fourille（福里利）首次提出经济预警的概念，将预警思想引入经济领域。经过 Babson、Person 及 Moore 等（1997）该理论、方法得到不断完善。在这一阶段中，生态环境预警理论不断完善，技术方法也推陈出新，已从单项预警发展到综合预警，从专题预警发展到区域预警，形成了较为完整的研究方法与操作体系（2001）。

在土地生态健康预警方面，国外的相关预警研究主要包括三个方面：一是针对耕地水土流失、土壤结构恶化等问题探讨土壤监测系统的建设。如加拿大在 1989 年就开始将监测由土地利用管理原因造成的农业土壤健康变化，这被列为国家基准项目之一。另外，Vijendra 等（1998）学者也对土壤退化、土壤荒漠化进行监测预警研究。二是建立相关模型再进行综合性的土地利用动态变化监测。如 Stephenne（2001）等对非洲萨赫勒地区土地利用变化动态模拟监测。三是从土地生态环境、农业资源环境等方面进行预警预测研究。如 Herrick 等（2008）学者基于土壤质量可持续利用性，提出建立耕地预警系统；Jongschap 等（2006）学者通过 Rotask 模型做出了关于土壤质量与粮食产量的预警分析；Giovanna（2010）对意大利皮埃蒙特地区降雨引起的山体滑坡进行的预警研究。

国内对预警相关研究较国外较晚，20 世纪 80 年代，我国开始进行预警理论的研究工作，主要侧重于宏观上的预警研究。90 年代后期，随着生态安全的研究深入，生态安全预警研究也逐步增加。研究内容主要包括地生态安全预警的理论、指标、方法、机制、预警信息系统建设等方面。

在理论方面，较多学者较早进行了研究。其中顾海兵等（1989）学者系统地阐述了国内外宏观经济预警的发展历程；叶正波等（2002）学者基于可持续发展的视角探讨了预警系统建立的理论依据和方法，并开展了实证研究；姜爱林（1997）针对人地矛盾提出了耕地预警的内涵、分类与方法，并指出我国耕地存在数量警情和质量警情两种警情；黄贤金等（1998）探讨了耕地生态经济预警的理论，阐述了耕地生态经济预警系统所包含的警义、警源、警兆、警度四个方面的基本内容，并提出构建我国耕地生态经济预警系统的基本思路及方法；陈国阶（1999）认为生态环境预警是对人类活动引起的生态系统退化与环境质量恶化进行预测，并对其特点及环境预警的不同状态的表达；刘友兆（2003）运用文献资料法研究了耕地质量预警的理论与方法，以求为开展耕地质量的预警与消警提供依据；吴次芳（2004）、吴冠岑（2008）先后探讨了土地生态安全预警的理论基础和研究方法，吴冠岑还对土地生态安全预警的原则、特征、功能和框架进行了详细说明。

在预警指标方面，总体来说有三类写法：一是基于“自然-社会-经济”人工复合生态系统理论，即从自然、社会、经济三方面建立指标体系，如吴冠岑（2010）从自然、社会、经济三方面选取指标，对淮安市 1996—2010 年土地生态安全警情变动趋势进行了综合评价和深入分析；李扬帆（2010）构建了包括化工风险压力指数、区域环境状态指数、区域生态风险管理指数的区域化工生态风险的评价指标体系，提出了根据连云港生态风险评价结果进行生态风险状态以及趋势预警的具体方法。二是基于联合国环境规划署等单位共同提出的理论从压力、状态、响应三方面建立指标体系，如韩天放（2009）运用层次分析法从环境状态、环境压力和人文环境响应三方面构建了 23 个指标体系，对辽宁省 13 个城市 1995—2005 年城市进行生态安全评价；余敦（2012）也从状态、压力和响应三方面构建了土地生态安全预警指标体系，运用物元模型对鄱阳湖生态经济区 2001—2008 年的土地生态安全的警情进行分析。三是基于生态系统预警自身的特征，从警情、警源、警兆三方面构建指标体系。毛子龙（2007）从警情、警源、警兆三方面构建评价吉林省通榆县的指标体系，预测了研究区 20 年的土地生态安全警度；黎德川（2009）采用 DPS 软件进行灰色模型预测及其关联性分析，根据预警原理及过程，即明确警义、寻找警源、分析警情、预报警度和排除警患等五个步骤对乐山市进行土地生态安全预警研究，并提出政策措施及建议。

在预警方法方面，大多数学者采取先建立指标体系然后运用数学模型进行评估的方式进行预警研究，主要包括综合指数法、BP 神经网络法、系统动力学、灰色预测模型等方法。如周健（2011）利用 GM（1，1）模型对兰州市 1998—2005 年的生态安全状态进行预警与分析，发现兰州生态安全对压力子系统依赖程度较高，对压力因子的变化较为敏感，说明在现有生态环境约束下，兰州生态环境结构较脆弱，非常不稳定，并且找出了影响兰州生态系统压力子系统、状态子系统、响应子系统和总系统的敏感因子。江勇（2011）同样采用灰色预测系统模型，基于农业生态系统的能值分析，预测武安市生态安全能够为农业生态安全提供借鉴和预警。宫继萍（2012）采用 BP 神经网络模型对甘肃省 1997—2009 年生态安全进行定量评估，并对 2010—2015 年生态环境安全进行动态预警。代路（2010）从生态经济系统的角度出发，以人地关系、耕地利用投入水平、生态环境背景和耕地效果及投资潜力四个方面为主要因素，构建佳木斯市耕地质量预警分析模型，运用回归分析法和指数和法对 2008—2020 年的耕地质量进行预测预警。刘志强等（2010）采用 AHP 法和动态预警模型对东北农业进行预警和评价；傅伯杰等（1993）学者根据区域生态环境预警的原理，探讨了 AHP 法在区域生态环境预警中的应用；贾仁甫等（2008）利用 ANN 模型，结合从水资源利用、开发、管理和环境构建的评价指标体系进行了预警研究；

王月霞等（2001）运用定性、定量相结合的方法，基于耕地数量和生态环境进行了河北省耕地资源安全预警；吴文盛等（2003）基于评价指标体系视角分析我国耕地资源安全状态；郑荣宝等（2009）利用 RBF（人工神经网络改进模型）评价了广州市土地安全状况；李广文（2009）结合主成分分析法和 DEA 模型对我国城市发展进行了可持续发展衡量、调控和预警。

在预警机制研究方面，2000 年后较多学者进行了相关研究。吴次芳（2004）首先对土地资源安全预警的运行机制进行了阐述，他认为土地利用中人与自然的双向反馈关系是土地资源安全运行的基础，土地利用中以利益平衡为中心的人际关系是土地资源安全运行的核心。李凤全等（2005）对城乡交错带土地利用预警原理和指标体系进行了探讨，认为城乡交错带的土地利用预警就是生态经济系统的发展过程是一个波动式的动态过程，必然会受到各种内外因素的影响。如果这种变化发生在一定的阈值内，系统通过与环境的物质、能量和信息的交换，通过内部的自组织和自调节可以恢复到原始状态，并使系统向稳定有序的方向发展；如果这种变化超过一定的阈值，也就是突破稳定性的临界点，即有警或无警的分界线，就会引起系统的生物量下降、生产力衰退、结构功能失调、物质循环和能量变换受阻，最终导致系统的退化甚至崩溃。

第七节 物元模型在土地研究中的进展

可拓学是由我国学者蔡文等在 20 世纪 80 年代提出来的一门新学科（蔡文，1991），旨在研究事物拓展的可能性，以及事物在发展过程中开拓创新的规律和方法，它的实质就是以各种矛盾问题为研究对象，并把它们具象化，探讨解决问题的方法以及问题在转变过程中的规律和逻辑关系（蔡文，1998）。作为一门学科，可拓学正在逐渐完善以物元理论和可拓数学为基础的可拓理论框架，也不断提出拓展分析、可拓变换、可拓集合等可拓创新方法，以及现在已广泛应用于各个研究领域的可拓工程技术（蔡文，2006）。可拓学的研究目标是形成一套具有自身研究特点的理论和方法，并将其发展成计算机能操作的推理方法和技术，可以为人们在解决各种矛盾问题时提供帮助（蔡文，1999）。由此可见，可拓学并不局限于当前的发展模式，它的发展方向与理想状态就是，在针对每一个不同领域的不同矛盾问题，研究出一套合适的可拓智能系统。可拓学从 70 年代末开始着手研究，80 年代发表第一篇论文，迄今为止已发展了将近 40 年的时间，形成了以可拓理论、可拓方法以及可拓工程。物元理论是可拓理论的基本理论，它最早由研究员蔡英文先生创立，该项研究是我国的原创性研究，在世界上具有极重要的地位（蔡文，1996）。物元模型通过分析物元结构和相互关系，找出变换及转化的相互关系和规律，从而解决实际问题。所谓解决一个实际问题，就是在一定条件下达到某种目的。在解决实际问题时，可以通过变换目的、变换条件及同时变换目的和条件这种途径，在利用置换、组分、扩缩、增删等种基本变换，使用“或”“与”“逆”种组合方式形成各种解决问题的方法，这就是物元分析解决实际问题的“三四三”法。

物元模型自创立之后，被许多学者广泛应用于多学科的研究。张又等（2012）基于物元模型分析原理建立了河流健康评价模型；武高洁等（2011）利用物元模型评价了森林资源质量；梁志刚等（2011）采用物元模型，对比了不同的节水灌溉方案；张锐等（2013）采用物元模型进行了我国 1996—2001 年的耕地生态安全评价；范树平等（2015）利用物元模型和层次分析法，构建了产业用地适宜指标体系；魏宏杰等（2011）应用物元分析理论，构建了胶园风灾情评价模型，并进行了实证研究；李婷婷等（2011）通过建立山区公路安全评价物元模型进行相关评价；余敦等（2011）借助物元模型，对鄱阳湖生态经济区2001—2007年的土地生态安全状况进行定量评价；张详义等（2014）基于熵权物元模型构建了河北省肥乡县耕地生态安全评价模型；王明全等（2008）基于物元模型和熵权法进行了吉林西部各县市的生态环境脆弱性评价。

主要参考文献

蔡为民，唐华俊 . 2004. 土地利用系统健康评价的框架与指标选择［J］. 中国人口·资源与环境，4（1）：31-35.

蔡文，石勇 . 2006. 可拓学的科学意义与未来发展［J］. 哈尔滨工业大学学报，38（7）：1079-1086.

蔡文 . 1991. 可拓论及其应用［J］. 科学通报，44（7）.

蔡文 . 1996. 从物元分析到可拓学［J］. 吕梁学刊：自然科学版（2）：1-9.

蔡文 . 1998. 可拓学概述［J］. 系统工程理论与实践，18（1）：76-84.

蔡文 . 1999. 可拓论及其应用［J］. 科学通报，44（7）：673-682.

曹欢，苏维词 . 2010. 喀斯特生态系统健康评价方法比较研究［J］. 环境科学与技术，33（1）：183-187.

车育婧，蒋梅鑫，钟业喜 . 2018. 基于土地利用变化的鄱阳湖生态经济区生态系统服务价值时空变化研究［J］. 江西师范大学学报（自然科学版），42（01）：45-51.

陈东方，陈建国 . 2010. 建设工程进度预警及其模型构建的研究［J］. 应用工程管理学报，24（3）：318-322.

陈国阶，何锦峰 . 1998. 生态环境预替的理论和方法探讨

[J]. 重庆环境科学，21 (4)：8-11.
陈铭，张树清，王志强，等.2006. 基于GIS的蛟流河流域湿地生态系统健康评价 [J]. 农业系统科学与综合研究，22 (3)：165-168.
陈小平，陈文波.2016. 鄱阳湖生态经济区生态网络构建与评价 [J]. 应用生态学报，27 (5)：1611-1618.
崔保山，杨志峰.2001. 湿地生态系统健康研究进展 [J]. 生态学杂志，20 (3)：31-36.
崔丽娟，陈文波，赵小汎，等.2006. 鄱阳湖湿地区土地利用变化分析与预测 [J]. 福建林学院学报 (03)：240-246.
代路，雷国平，姜博，等.2010. 基于生态经济系统的佳木斯市耕地质量预警分析 [J]. 东北农业大学学报 (社会科学版)，8 (2)：6-10.
邓慧.2015. 长株潭地区耕地资源生态安全评价与调控模式研究 [D]. 长沙：湖南师范大学.
樊哲文，黄灵光，钱海燕，等.2009. 鄱阳湖流域土地利用变化的土壤侵蚀效应 [J]. 资源科学，31 (10)：1787-1792.
范树平，刘友兆，张红梅，等.2015. 基于层次模糊物元模型的承接产业用地空间适宜评价 [J]. 农业工程学报 (6)：266-276.
方庆，董增川，刘晨，等.2012. 基于景观格局的区域生态系统健康评价：以滦河流域行政区为例 [J]. 南水北调与水利科技 (6)：37-41.
傅伯杰.1993. 区域生态环境预警的理论及其应用 [J]. 应用生态学报 (4)：436-439.
宫继萍，石培基，魏伟.2012. 基于BP人工神经网络的区域生态安全预警：以甘肃省为例［J］. 干旱地区农业研究，32（1）：211-223.
顾海兵 . 1989. 美国经济循环：转折点及持续时间［M］. 北京：经济学译丛.
郭秀锐，杨居荣，毛显强 . 2002. 城市生态系统健康评价初探［J］. 中国环境科学，22（6）：525-529.
韩天放 . 2010. 辽宁省土地利用变化生态安全评价及预警研究［D］. 沈阳：东北大学.
郝敦元，高霞，刘钟龄，等 . 2004. 内蒙古草原生态系统健康评价的植物群落组织力测定［J］. 生态学报（08）：1672-1678.
何新，姜广辉，张瑞娟，等 . 2015. 基于 PSR 模型的土地生态系统健康时空变化分析：以北京市平谷区为例［J］. 自然资源学报（12）：2057-2068.
洪惠坤，廖和平，魏朝富，等 . 2015. 基于改进 TOPSIS 方法的三峡库区生态敏感区土地利用系统健康评价［J］. 生态学报（24）：8016-8027.
黄贤金，曲福田 . 1998. 耕地生态经济预警的理论与方法［J］. 生态经济（5）：14-22.
贾仁甫，陈守伦，袁明，等 . 2008. 区域水资源可持续利用预警的 ANN 模型［J］. 水资源保护（3）：39-41，90.
姜爱林 . 1997. 耕地预警，扭转人地失衡趋势之良策［J］. 湖北经济（6）：15-17.
解雪峰，蒋国俊，肖翠，等 . 2015. 基于模糊物元模型的西苕溪流域生态系统健康评价［J］. 环境科学学报（4）：1250-1258.
雷冬梅，徐晓勇 . 2018. 城镇化背景下滇池流域生态系统健康评价指标体系研究［J］. 资源开发与市场，34（07）：

902-906.

雷维 . 2018. 生态文明视觉下的鄱阳湖湿地生态安全识别与评价研究［D］. 南昌：东华理工大学.

黎德川，廖铁军，刘洪 . 2009. 乐山市土地生态安全预警研究［J］. 西南大学学报（自然科学版），31（3）：141-147.

李凤全，章明卓，胡忠行，等 . 2005. 城乡交错带土地利用生态经济预警研究［J］. 浙江大学学报（自然科学版），28（3）：330-334.

李广文 . 2009. 城市可持续发展衡量、调控和预警：基于DEA的城市可持续发展能力评价、调控分析和预警［J］. 市场周刊（理论研究）（1）：93-95.

李静芝，闫雪，李景保 . 2019. 长江中游荆南三口河网地区生态系统健康评价［J］. 水土保持研究，26（4）：272-279.

李婷婷 . 2011. 基于物元模型的山区公路安全评价研究［J］. 西南大学学报（自然科学版），33（7）：109-113.

李杨帆，林静玉，孙翔 . 2017. 城市区域生态风险预警方法及其在景观生态安全格局调控中的应用［J］. 地理研究，36（3）：485-494.

梁志刚，王磊 . 2011. 模型物元模型在节水灌溉工程中的应用［J］. 水利科技与经济，17（4）：83-85.

林斌，邸利，张富，等 . 2010. 黄土丘陵小流域生态系统健康评价指标体系研究：以安家沟小流域为例［J］. 干旱区资源与环境，24（5）：31-36.

凌虹，孙翔，朱晓东，等 . 2010. 基于化工发展胁迫的连云港生态风险预警研究［J］. 安全与环境学报，10（4）：111-116.

刘滨，陈美球，罗志军，等 . 2009. 鄱阳湖生态经济区主体功能分区研究［J］. 中国土地科学，23（7）：55-60.
刘海，殷杰，林苗，等 . 2017. 基于 GIS 的鄱阳湖流域生态系统服务价值结构变化研究［J］. 生态学报，37（8）：2575-2587.
刘满凤，刘玉凤 . 2017. 基于多目标规划的鄱阳湖生态经济区资源环境与社会经济协调发展研究［J］. 生态经济（中文版），33（5）：100-105.
刘明华，董贵华 . 2006. RS 和 GIS 支持下的秦皇岛地区生态系统健康评价［J］. 地理研究，25（5）：930-938.
刘友兆，马欣，徐茂 . 2003. 耕地质量预警［J］. 中国土地科学，17（6）：9-12.
刘志强，金晶，陈渊 . 2010. 基于 AHP 层次分析法的东北农业可持续发展能力的动态评价及分区预警［J］. 农业系统科学与综合研究（2）：240-247.
陆丽珍，詹远增，叶艳妹，等 . 2010. 基于土地利用空间格局的区域生态系统健康评价：以舟山岛为例［J］. 生态学报（1）：245-252.
吕添贵，吴次芳，游和远 . 2013. 鄱阳湖生态经济区水土资源与经济发展耦合分析及优化路径［J］. 中国土地科学（9）：3-10.
罗停文，苏墨，徐雅莉 . 2010. 生态环境预警研究进展及在土地领域的应用［J］. 现代经济信息（8）：202-204.
毛建华，游海，邱小剑，等 . 2006. 鄱阳湖典型湿地土地覆盖动态变化及其影响因子分析［J］. 江西师范大学学报（自然科学版）（2）：197-200.
毛子龙 . 2007. 吉林省通榆县土地生态安全预预警与土地资源利用优化研究［D］. 长春：吉林大学.

孟兆鑫，李春艳，邓玉林 . 2009. 沱江流域生态安全预警及其生态调控对策［J］. 生态与农村环境学报，25（2）：1-8.

饶胜，方精云，崔海亭，等 . 2002. 最近 10 年鄱阳湖区土地利用格局的时空变化［J］. 长江流域资源与环境（5）：421-426.

任海，乌仔建国，彭少麟 . 2000. 生态系统健康的评估［J］. 热带地理（4）：310-316.

宋艳春，余敦 . 2014. 鄱阳湖生态经济区资源环境综合承载力评价［J］. 应用生态学报，25（10）：2975-2984.

涂小松，龙花楼 . 2015. 2000—2010 年鄱阳湖地区生态系统服务价值空间格局及其动态演化［J］. 资源科学，37（12）：2451-2460.

王飞，叶长盛 . 2018. 鄱阳湖生态经济区乡村转型与土地利用变化的耦合关系［J］. 水土保持研究，25（6）：284-291.

王菲，杨乐，马才学 . 2012. 基于物元分析法的土地健康评价——以湖北省枣阳市为例［J］. 农业工程（2）：72-77.

王凤珍，宋新娟，林中和，等 . 2014. 对城市湖泊健康生态系统的影响研究［J］. 武汉理工大学学报，36（12）：117-121.

王卷乐，胡振鹏，冉盈盈，等 . 2013. 鄱阳湖湿地烧荒遥感监测及其影响分析［J］. 自然资源学报，28（4）：656-667.

王立新，刘钟龄，刘华民，等 . 2008. 内蒙古典型草原生态系统健康评价［J］. 生态学报（2）：544-550.

王明全，王金达，刘景双 . 2008. 基于主成分分析和熵权的吉林西部生态承载力演变［J］. 中国科学院研究生院学报

(6): 764-770.

王玮，常学礼，吕世海等. 2013. 高寒草原湿地自然保护区生态系统健康评价 [J]. 生态学杂志，32 (10): 2780-2787.

王月霞. 2001. 河北省耕地资源预警研究 [D]. 石家庄: 河北师范大学.

魏宏杰，杨琳，刘锐金. 2011. 物元模型在胶园风害灾情评估中的应用 [J]. 广东农业科学 (3): 168-171.

魏建洲，王万雄，李亚红. 2012. 基于多属性决策的草原生态系统健康评价 [J]. 广东农业科学 (16): 48-50.

吴次芳，鲍海君. 2004. 土地资源安全研究的理论与方法 [M]. 北京: 气象出版社.

吴冠岑，牛星. 2010. 土地生态安全预警的惩罚型变权评价模型及应用: 以淮安市为例 [J]. 资源科学，32 (5): 992-999.

吴冠岑. 2008. 区域土地生态安全预警研究 [D]. 南京: 南京农业大学.

吴欢，敖良根，李可为，等. 2011. 梁滩河生态系统健康评价研究 [J]. 水资源研究，32 (1): 18-29, 49.

吴文盛，朱军，郝志军. 2003. 耕地资源的安全评价与预警 [J]. 地域研究与开发 (5): 46-49.

吴漩，王立新，刘华民，等. 2011. 内蒙古高原典型草原生态系统健康评价和退化分级研究 [J]. 干旱区资源与环境 (OS): 47-51.

武高洁，赵天忠. 2011. 基于物元模型的森林资源质量评价研究 [J]. 南方农业学报，42 (1): 109-113.

谢花林，刘曲，姚冠荣，等. 2015. 基于 PSR 模型的区域土地利用可持续性水平测度: 以鄱阳湖生态经济区为例

[J]. 资源科学，37（3）：449-457.
谢花林.2011. 区域生态用地的演变机制与调控研究［M］. 北京：中国环境科学出版社.
徐丽婷.2017. 鄱阳湖湿地生态健康评价研究［D］. 南昌：江西师范大学.
徐羽，钟业喜，冯兴华，等.2016. 鄱阳湖流域土地利用生态风险格局［J］. 生态学报，36（23）：7850-7857.
叶正波.2002. 可持续发展预警系统理论及实践［M］. 北京：经济科学出版社.
游清徽，刘玲玲，方娜，等.2019. 基于大型低栖无脊椎动物完整性指数的鄱阳湖湿地生态健康评价［J/OL］. 生态学报（18）：1-11.
余敦，陈文波.2011. 基于物元模型的鄱阳湖生态经济区土地生态安全评价［J］. 应用生态学报，22（10）：2681-2685.
余敦，董灵燕.2010. 鄱阳湖生态经济区土地利用可持续性指数的时空特征研究［J］. 江西农业大学学报（社会科学版），9（3）：61-65.
余敦，高群，欧阳龙华.2012. 鄱阳湖生态经济区土地生态安全警情研究［J］. 长江流域资源与环境，21（6）：678-683.
袁兴中，刘红，陆健健.2001. 生态系统健康评价：概念构架与指标选择［J］. 应用生态学报，12（4）：627-629.
张良，陈克龙，曹生奎，等.2012. 青海东部主要农业区县域农业生态系统健康评价［J］. 干旱地区农业研究，30（1）：204-210.
张秋霞，张合兵，刘文锴，等.2017. 新郑市耕地生态安全动态预警研究［J］. 水土保持研究，24（1）：256-264.

张锐，郑华伟，刘友兆 . 2013. 基于熵权可拓物元模型的耕地生态安全评价 [J]. 水土保持通报 (4)：149-154.

张祥义，许皞，刘名冲，等 . 2014. 基于熵权物元模型的耕地生态安全评价研究：以河北省肥乡县为例 [J]. 土壤通报 (1)：18-23.

张学玲，蔡海生，丁思统，等 . 2008. 鄱阳湖湿地景观格局变化及其驱动力分析 [J]. 安徽农业科学，36 (36)：16066-16070.

张艳会，杨桂山，万荣荣 . 2014. 湖泊水生态系统健康评价指标研究 [J]. 资源科学，36 (6)：1306-1315.

张赢月 . 2017. 吉林省辽河流域生态安全预警与调控措施研究 [D]. 长春：吉林大学.

张又，刘凌，闫峰 . 2012. 基于模糊物元模型的河流健康评价研究 [J]. 安徽农业科学，(1)：382-384，453.

张玉珍，黄文丹，王智苑，等 . 2015. 福建敖江流域水域生态系统健康评估 [J]. 湖泊科学 (6)：1079-1086.

赵莉，葛京凤，梁彦庆，等 . 2012. 河北省山区生态安全预警及调控对策：以燕山东段为例 [J]. 资源与产业，14 (3)：128-133.

赵小敏，张军 . 2012. GIS 支持下的鄱阳湖生态经济区耕地资源可持续利用评价 [J]. 土壤学报，49 (1)：1-8.

赵志刚，余德，韩成云，等 . 2017. 2008—2016 年鄱阳湖生态经济区生态系统服务价值的时空变化研究 [J]. 长江流域资源与环境，26 (2)：198-208.

赵志刚，余德，韩成云，等 . 2017. 鄱阳湖生态经济区生态系统服务价值预测与驱动力 [J]. 生态学报，37 (24)：8411-8421.

郑荣宝，刘毅华，董玉祥 . 2009. 广州市土地资源安全预警及耕地安全警度判定［J］. 资源科学（8）：1362-1368.

周传猛，蒲小鹏，陈垣，等 . 2014. 天然草地生态系统健康评价体系构建及定量评估：以甘肃省甘南藏族自治州草原为例［J］. 甘肃农业大学学报（6）：114-118.

周健，刘占才 . 2011. 基于 GM（1，1）预测模型的兰州市生态安全预警与调控研究［J］. 干旱区资源与环境，25（1）：15-19.

朱锦，朱卫红，金日，等 . 2019. 中国图们江流域湿地生态系统健康评价研究［J］. 湿地科学，17（3）：344-351.

Aronson J，Brancalion P H S，Durigan G，et al. 2011. What Role Should Government Regulation Play in Ecological Restoration? Ongoing Debate in São Paulo State，Brazil［J］. Restoration Ecology，19（6）：690-695.

Baldwin A. 2013. Vital ecosystem security：Emergence，circulation，and the biopolitical environmental citizen［J］. Geoforum，45：52-61.

Bouma J，Varallyay G，Batjesc N H. 1998. Principal land use changes anticipated in Europe［J］. Agriculture Ecosystems and Environment（67）：103-119.

Claassen M，Strydom W F，Murr K，et al. 2001. The Development and Application of Guidelines for ecological risk assessment in South Africa［M］. Assessment and Management of Environmental Risks. Springer Netherlands：49-54.

Clark J S，Carpenter S R，Barber M，et al. 2001. Ecological forecasts：An emerging imperative［J］. Science（293）：657-660.

Eason C，O'Halloran K. 2002. Biomarkers in toxicology versus ecological risk assessment［J］. Toxicology，181- 182

(24): 517.

Emdad H C. 2000. Risk assessment, emergency preparedness and response to hazards: the case of the 1997 Red River Valley Flood, Canada [J]. Natural Hazards, 21 (2): 225-245.

Fang K, Heijungs R, Snoo G R D. 2014. Theoretical exploration for the combination of the ecological, energy, carbon, and water footprints: Overview of a footprint family [J]. Ecological Indicators, 36 (1): 508-518.

Giovanna C, Davide T. 2010. Application of the MoniFLaIR ready warning system for rainfall-induced landslides in Piedmont region (Italy) [J]. Landslides (7): 401-410.

Herrick JE, Brown JR, Trugel AJ, et al. 2002. Application of soil quality to monitoring and management paradigms from range land ecology [J]. Agronomy Journal (94): 3-11.

Herrmann S, Osinski E. 1999. Planning sustainable land use in rural areas at different spatial levels using GIS and modelling tools [J]. Landscape & Urban Planning, 46 (1-3): 93-101.

Hilty J, Merenlender A. 2000. Faunal indicator taxa selection for monitoring ecosystem health. [J]. Biological Conservation, 92 (2): 185-197.

Jongschaap, Raymond E. E. 2006. Run-time calibration of simulation models by integrating remote sensing estimates of leaf area index and canopy nitrogen [J]. European Journal of Agronomy, 24 (4): 316-32.

Kathleen L W, Dale J B, Weston B, et al. 2011.Environmental stewardship footprint research: linking human agency and ecosystem health in the Puget sound region [J]. Urban ecosystem.

Leana E. 1999. Land use planning for the Guadalupe Valle, Baja Callfornia, Mexieo [J]. Land scape and Urban Planning, 45 (14): 219-232.

Lee K S, Chung E S. 2007. Development of integrated watershed management schemes for an intensively urbanized region in Korea [J]. Journal of Hydro - environment Research, 1 (2): 95-109.

Leopold A. 1941. Wilderness as a land laboratory [J]. Living Wilderness, 6: 3-4.

Louda S M, Arnett A E, Rand T A, et al. 2003. Invasiveness of Some Biological Control Insects and Adequacy of Their Ecological Risk Assessment and Regulation [J]. Conservation Biology, 17 (1): 73-82.

Mageau M T, Costanza R Ulanowicz R E. 1998. Quantifying the trends expected in developing ecosystems. Ecological Modelling, 112 (1): 1-22.

Makowski D, Hendrix E M T, Ittersum M K V, et al. 2000. A framework to study nearly optimal solutions of linear programming models developed for agricultural land use exploration [J]. Ecological Modelling, 131 (1): 65-77.

Maksimenko Y L, Gorkina I D, Kuchkarov Z A, et al. 2016. Ecological Relationships-A New Subject of Legal Regulation [J]. 20 (10): 42-45.

Norton S B, Rodier D J, Van d S W H, et al. 2010. A framework for ecological risk assessment at the EPA [J]. Environmental Toxicology & Chemistry, 11 (12): 1663-1672.

Parkes M W. 2016. Pacific connections for health, ecosystems and society: new approaches to the land-water-health nexus [J]. Reviews on Environmental Health, 31 (1): 125-130.

Phillis Y A, Grigoroudis E, Kouikoglou V S.2011. Sustainability ranking and improvement of countries [J]. Ecological Economics, 70 (3): 542-553.

Rapport D J. 1989. What Constitutes Ecosystem Health? [J]. Perspectives in Biology & Medicine, 33 (1): 120-132.

Rapport D J. 1993. Ecosystems not, optimized: a reply [J]. Journal of Aquatic Ecosystem Health, 2 (1): 57.

Rapport D J. Thorpe C, Costanza R, Epstein P R. 1979.Ecosystem medicine [J]. Ecol Evol, 60: 180-192.

Rapport, D. , Costanza, R. , Epstein, P. et al.1998. Dimensions of ecosystem health. Ecosystem Health.London: Blackwell Science, Title, 34-40.

Rees W E. 1992. Ecological footprints and appropriated carrying capacity: what urban economics leaves out [J]. Focus, 6 (2): 121-130.

Salvati L, Zitti M. 2008. Assessing the impact of economic factors on land degradation vulnerability through multiway analysis [J]. Ecological Economics, 68 (1): 162-168.

Schaeffer D J, Herricks E E, Kerster H W. 1988. Ecosystem health: I. Measuring ecosystem health [J]. Environmental Management, 12 (4): 445-455.

Sheldon F, Peterson E E, Boone E L, et al. 2012. Identifying the spatial scale of land use that most strongly influences overall river ecosystem health score. [J]. Ecological Applications, 22 (8): 2188-2203.

Shi-liang Su, Li Dan, Xiang Yu, et al. 2011. Assessing land ecological security in shanghai (China) based on catastrophe theory [J]. Stochastic Enviromental Research and Risk Assessment, 25 (6): 737-746.

Stephenne N, Lambin. EF. 2001. A dynamic simulation model for Land use changes in Sudano-sahelian countries of Africa (SALU) [J]. Agric Ecosyst Environ, 85 (1-3): 145-162.

Taylor K W, Chã Nier R. 2003. Introduction to Ecological Risk Assessments of Priority Substances Under the Canadian Environmental Protection Act, 1999 [J]. Human & Ecological Risk Assessment An International Journal, 9 (2): 447-451.

Tsui M M P, Leung H W, Wai T C, et al.2014. Occurrence, distribution and ecological risk assessment of multiple classes of UV filters in surface waters from different countries [J]. Water Research, 67: 55-65.

Ulanowicz R E, Platt T, Peterson W T. 1986. Ecosystem Theory for Biological Oceanography. Proceedings of a Symposium Held March 16 - 23, 1984, in Quebec, Canada [J]. The Quarterly Review of Biology.

Vijendra K. 1998. An early warning system for agricultural drought in an arid region using limited data [J]. Journal of Arid Environments. (2): 199-209.

Vilchek G E. 1998. Ecosystem health, landscape vulnerability, and environmental risk assessment. Ecosystem Health, 4 (1): 52-60.

Wynet S, Meredith T C, Johns T. 1999. Exploring methods for rapid assessment of woody vegetation in the Batemi Valley,

Northcentral Tanzania [J]. Biodiversity and Conservation, 8 (4): 447-450.

Yong Jiang, Mei - Chen Fu, Zeng Wang, et al. 2011. Early warning of agricultural ecological security based on the emergy analysis in Wu'an city [J]. Transactions of the CSAE, 27 (6): 319-323.

Yun-hao Chen, Xiao-bing Li, Pei-jun Shi, et al.2006. Land cover pattern optimization for local ecological security using remotely sensed data [J]. International Journal of Remote Sensing, 27 (9): 2003-2010.

第三章　研究理论基础

第一节　系统科学理论

系统科学理论是指“三论”（系统论、信息论和控制论）和“新三论”（耗散结构论、协同论和突变论）的总称。“三论”以系统论为核心，“新三论”是系统论的新发展。系统科学成为了横跨自然科学和社会科学的一门综合性学科，具有方法论的意义，指导着经济学、管理学、社会学等各个学科的发展。

系统科学理论包括了三大基本原理：一是立体原理。立体原理是指世界上任何事物都是一个立体系统。一方面，事物在整体的趋效下依照一定规律而存在，观察事物首先要从整体的角度去认识，把握其综合效应；另一方面，构成整体的各要素是相互联系、相互影响、相互制约的，人们应看到事物的巧妙组合，了解事物要素之间的结合，并在此基础上理解整体功能，加深立体现象。二是顺序原理。所谓顺序原理指的是任何事物的结合都不可能是杂乱无章的凑合，而是存在一定的规律性。因此，在分析处理某一具体问题的时候，既要考虑事物的次序结构，也要充分着眼各部分的条件、规模与功效。要估价各个要素在系统中的轻重缓急，从而抓住重点，保证系统的正态分布。三是反馈原理。反馈原理是指观察事物的目的在于调整，即是说，要通过控制将信息作用所造成的后果再输送回来，实现影响效益。这种系统的反馈是观察的最终目的，是系统进一步更新的保障。

系统科学理论产生于20世纪40年代前后，70年代以来以一种新的科学方法论流派活跃于国际学术论坛的系统论、控制论、信息论以及耗散结构理论、协同学等，提供了一种崭新的思维方式，对现代科学技术的发展和克服机械唯物论思想，丰富和发展哲学认识论与方法论产生了积极的影自身发展响。但是，人们也必须看到，系统科学从产生至今不过只有区区几十年的历史，它仍然处在的初级阶段，其理论体系尚不完善，还存在不少的弱点。因此，仍然有必要结合实践给我们提出的新课题，批判地继承整个料学领域的丰富成果，在新形势下进行新的综合，深化系统科学理论的研究，创造出在更高的层次上综合统一的理论学说。

像任何科学理论一样，系统科学理论的发展和完善也必然有一个历史的过程。对在科学理论发展的一定阶级表现出的缺陷、不足进行中肯而深入的分析，正是克服不足、促进发展的真正起点。我们认为，当前系统科学理论发展中存在的问题主要表现在以下几个方面：一是系统科学理论正从确定一般原理、原则、概念的定性阶段（这个阶段由贝塔朗菲开始，至今仍在发展和完善）走向定量化描述的阶段，但还未形成为形式化、公理化、精密定量的统一的理论形态。二是目前，控制、反馈、信息等概念已经在科学的各个领域中得到了广泛的应用。但控制论在本质上仍然没有完全摆脱机器理论的框架。三是信息论以信息概念为基础，并且提出了信息量的定量计算公式，在通讯工程中获得了重要的应用。四是普里高津的耗散结构理论，对于热力学第二定律作出了引人注目的新解释，从而“重新发现了时间”，开辟了“从存在到演化”“从无序到有序”的道路，打开了通向生命的大门。五是协同学是当代系统科学理论最新进展的另一个重要标志。

总之，系统科学理论是基于数学方法或模型从系统的角度揭示客观事物和现象之间的相互联系、相互作用的共同本质和内在规律性。土地生态系统是由大气、土壤、基础地质、水文和生物群落等诸多要素组成的复杂系统，关于它的研究必须要符合系统科学理论的思想。系统科学不仅为土地生态系统和安全预警的研究提供了定性的理论指导，而且为研究的实现提供了定量的数学分析手段。系统科学理论强调整体性、层次性、开放性和动态性（Bertalanffy，1987）。同时，土地生态系统是一个耗散结构体系，具备从混沌向有序转化的机理、条件和规律。土地生态系统子系统、子系统各要素之间，以及系统与环境之间普遍存在着相互联系、相互制约、相互促进、协同发展的规律。土地生态系统健康研究必须以系统科学理论作为理论基础，从系统的角度出发，科学、全面选取评价指标和评价方法，分析研究区域土地生态健康现状以及警情时空变异特征。

第二节　复合生态系统理论

人类社会是一类以人的行为为主导、自然环境为依托、资源流动为命脉、社会文化为经络的社会-经济-自然复合生态系统（彭天杰，1999）。20 世纪 80 年代初，我国著名生态学家马世骏等中国生态学家在总结了整体、协调、循环、自生为核心的生态控制论原理的基础上，提出了社会-经济-自然复合生态系统的理论，指出可持续发展问题的实质是以人为主体的生命与其栖息劳作环境、物质生产环境及社会文化环境间的协调发展，它们在一起构成社会-经济-自然复合生态系统（王如松，2000）。其中，自然子系统，由土（土壤、土地和景观）、金（矿物质和营养物）、火（能和光、大气和气候）、水（水资源和水环境）、木

（植物、动物和微生物）等五行相生相克的基本关系所组成，为生物地球化学循环过程和以太阳能为基础的能量转换过程所主导；经济子系统，由生产者、流通者、消费者、还原者和调控者等五类功能实体间相辅相成的基本关系耦合而成，由商品流和价值流所主导；社会子系统，由社会的知识网、体制网和文化网等三类功能网络间错综复杂的系统关系所组成，由体制网和信息流所主导。

马世骏以城市与区域为研究对象限定了复合生态系统的结构和功能。复合生态系统具有系统内部的层次性、系统的整体性和系统间动态相关性等特征。不仅要求充分利用自然资源，而且强调人与自然之间、不同人类活动之间以及个体与整体间的协同共生和公平性原则。共生和公平性主要强调发展的整体性、平稳性和和谐性，注重协调局部和整体利益、短期与长期利益、经济发展与生态保护、物质文明和精神文明的相互关系，凸显体制、法规和规划的权威性，倡导合作共生。同时社会、经济、自然三个子系统间通过生态流、生态场在一定的时空尺度上耦合，形成一定的生态格局和生态秩序。复合生态系统内部各要素之间、各部分之间的相互作用是通过物流、能流、价值流和信息流的形式实现的。但是，系统内各要素在相互作用的同时也存在着内部矛盾，主要是以下四个矛盾：

——人类生活对自然生态环境条件的相对稳定性的要求与当前自然生态环境急剧变化的矛盾。

——人类改变自然环境的快速性与自然环境恢复和调节的缓慢性之间的矛盾。

——地球上蕴藏的矿产和地下水资源等的有限性与人类的需要及开采能力的无限性之间的矛盾。

——地球的体积是有限的，物质的生产也是有一定限度的，人口的发展如无计划则是无限的。

复合生态系统最终的目的是缓和、解决以上矛盾，在保护环境的过程中发展经济与社会。在复合生态系统中最活跃的因素是社会系统，也就是人类的生活。一方面，人类是经济活动的主人，以其特有的文明和智慧让大自然为人类服务，从而提高自己的物质文化水平。另一方面，人是大自然中的一员，其所有宏观性质的活动，都不能违背生态系统的规则。

土地生态系统是一个典型的复杂系统，位于岩石圈、大气圈、水圈、生物圈的复合界面，是自然界各种物理过程、化学过程、生物过程、物质与能量的转化与交换过程最活跃的场所，同时又是人类长期活动的历史产物，包含文化、意识、制度、政策、科技、信息、交通等多种社会经济因素，各种自然过程和社会经济过程包含于土地生态系统之中。土地生态系统作为一个庞大的系统，具有多在土地生态系统中，人类是自然环境和社会经济的连接点，人类的生存与活动构成错综复杂的生态关系，环境的变化状况也在一定程度上反映了人类活动的规律和趋势。复合生态系统理论为土地生态健康预警研究提供了定性的理论指导，而且为研究的实现提供了定量的数学分析手段。从复合系统论角度分析土地生态系统健康演化过程中的复杂关系，对于正确把握其演变规律，更好地开展土地生态健康研究具有重要意义。

第三节　可持续发展理论

工业革命的到来，使得人类的生活方式发生了极大的改变，由此而来的“高消耗、高污染、高排放”的发展模式引发了人口膨胀、资源短缺、环境污染、生态破坏等全球性的问题，人口、资源和环境之间的矛盾日益尖锐，因此引起了国际社会的普遍关注，人类走上可持续发展的道路刻不容缓。1987 年，世界环境与发展委员会发表的《我们共同的未来》报告正式提出可持续发展概念：既满足当代人的需求，又不对后代人满足其需求的能力构成危害的发展（李智国，2007）。根据该报告，可持续发展包含两个基本要素或两个关键组成部分："需要"和对需要的"限制"。满足需要，首先是要满足贫困人民的基本需要。对需要的限制主要是指对未来环境需要的能力构成危害的限制。1992 年在里约热内卢召开的世界环境与发展大会通过的《环境与发展宣言》《全球世纪议程》确立了可持续发展的概念，并将其作为人类社会发展的共同战略。可持续发展理论逐渐成为指导和协调人与自然关系的核心理论之一。

可持续发展观点以保护自然为基础，与资源和环境的承载力相协调的发展，不仅重视数量的增长，更追求质量的改善、效益的提高、能源的节约，是与社会进步相适应的发展，并提出了公平性、可持续性、共同性等原则，体现了经济效益、社会效益、生态环境效益有机的结合。可持续发展的内容包括三方面：经济可持续、生态可持续和社会可持续。其中生态可持续是基础，经济可持续是条件，社会可持续才是目的。只有做到三者协调统一发展，才能促使资源的有序可持续以及社会环境的公平发展。

可持续发展理论被人们普遍定义为寻求社会、经济和自然环境的平衡协调发展，解决城市发展过程中出现的环境污染和生态恶化等环境问题，并有助于控制重大自然灾害的发生。从传统的重视数量增长的经济发展模式转变为注重改善经济发展质量的协调发展模式是实现可持续发展的最终目标。

随着可持续发展的提出，各国开展相关研究，并延伸至土地领域。土地可持续利用是可持续发展的重要组成部分，它要求在保护资源环境的基础上，维持土地的生产和承载能力不降低。土地可持续利用即在满足当代人多样化的动态需求的同时，保障土地的长期生产潜力。土地可持续利用这一概念是在 1990 年于印度新德里召开的国际土地可持续利用系统研讨会中首次提出的，其作为可持续发展的重要延伸一直是政府管理、学术研究和公众所广泛关注的热点。学术界在土地可持续利用的概念界定上仍存在分歧侧重点各不相同，没有形成统一的定义。但 1993 年 FAO 发布的《可持续土地管理评价纲要》（FESLM）提出可持续的土地利用管理必须遵循“保持提高生产能力、降低生产风险、维护自然资源潜力、防止土壤和水质退化、经济社会上可行”五项基本原则，这五项基本原则为学术界所广泛接受，并成为各国指导土地利用和管理的基本纲领。具体来讲，生态方面应该积极保护土地资源环境，避免土地退化、破坏、污染等带来的不良后果，保持土地高水平的生产力；经济方面合理规划、高效配置、优化结构，实现有限的资源产生最高的效益；社会方面既能使人类最低生活得到保障，也要满足社会不断进步发展的需要；伦理方面不仅应满足当代人、某一区域的生存发展需要，同时也应保障子孙后代以及其他地区的发展权利，实现代际之间和区际之间的公平公正。

总之，20 世纪以来，科技革命极大地增强了人类统治自然的能力，带来物质文明和精神文明的同时，也使人类和自然的关系急剧恶化，人类赖以生存和发展的家园受到威胁。“可持续发展”理论强调：人类应协调人口、资源、环境和发展之间的相互关系，在不损害他人和后代利益的前提下追求发展，实现人与自然、人与人之间的和谐。可持续发展理念已经超越了一般理论的界限，成为了一种观念、一种战略、一种人类未来生存和发展所必须共同采取的行动。土地生态健康是人类可持续发展的基础和主要目标。发现土地生态问题发生的根源，从而预测和防止将来可能发生的土地生态问题，通过对土地生态系统合理的调控，协调自然、社会和经济三个子系统之间的关系，实行土地生态系统稳定发展，维持土地生态平衡是社会各界持续关注的焦点。可持续发展理念可作为土地生态健康研究的理论指导。

第四节 生态经济理论

生态学和经济学之间的联系有悠久的历史渊源。生态环境问题的实质是经济问题。随着社会生产力的发展，人类改造自然能力日益增强，随之出现了环境污染和环境破坏问题，究其根源在于自然资源未能得到充分合理地利用。长期以来，传统经济学认为资源无价值，可以无偿使用，资源无穷尽，可以任意获取，其结果导致资源利用从不考虑“外部经济性”，废弃物和资源破坏的处置费不计入生产成本，以牺牲生态环境质量为代价谋取高额利润，把治理环境污染的费用转嫁给社会，降低了国民经济效益，破坏了人类舒适的生态环境。另外，单纯运用经济指标（如国民生产总值）衡量经济发展，也导致忽视生态环境效益的外部不经济行为的不断发生。大量事实证明，经济发展与环境保护应当相互协调，发展与环境是对矛盾，处理得好可以保证经济发展和生态进化，反之，恶化了环境。生态系统平衡失调，必然会严重地影响经济增长。

“生态经济学”从经济学和生态学的结合上，围绕着人类经济活动与自然生态之间相互作用的关系，研究生态经济结构、功能、规律、平衡、生产力及生态经济效益，生态经济的宏观管理和数学模型等内容。旨在促使社会经济在生态平衡的基础上实现持续稳定发展，生态经济学作为一门独立的学科，是20世纪60年代后期正式创建的。美国经济学家肯尼斯·鲍尔丁在《一门科学——生态经济学》一书中正式提出“生态经济学”的概念。生态经济学区别于传统经济学，是一门研究生态系统与经济系统互相作用的规律性科学，生态环境和社会经济成为一个统一的整体，使得社会对经济发展的认知站在新的高度。生态经济学同时又包含了三个基本理论范畴：生态经济系统、生态经济平衡和生态经济效益。它们之间形成了一种互相联系和相互制约的辩证关系，而且这一决定和影响的关系是双向的。从其正向的决定作用来看，生态经济系统是经济活动的载体，生态经济系统的建立决定了生态经济平衡的建立；而生态经济平衡作为生态经济系统运行动力的形成，推动了该系统的物质循环和能量转换的运动，从而产生了最终的生态经济效益。再从其逆向的反作用来看，人们追求生态经济效益的具体情况，必然会影响生态经济平衡的状况；而生态经济平衡的状态如何，无疑也会左右生态经济系统，以致影响它的存亡。

生态经济理论是在传统经济学理论后不断发展起来的理论。在人类进入工业化发展阶段之后，人类生产生活与自然环境之间的矛盾愈发紧张。环境问题的日益严峻引发学者对传统经济学观点的反思。传统经济学理论中，自然资源与生存环境只是经济的外部变量或是一种影响因素，并未受到过多重视。在 20 世纪 50—60 年代，人类依然保持经济无限增长的观点。经济学家保尔丁于 1968 年首次提出将经济与生态学相结合的思想。而梅多斯一篇《增长的极限》的研究报告使生态经济相结合的思想获得广泛关注。

土地资源是无法替代的重要的自然环境资源，它既是环境的组成部分，又是其他自然环境资源和社会经济资源的载体。土地本身就是自然、社会、经济、技术等要素组成的多重结构的生态经济系统。土地自身的生态系统组成部分和周遭环境紧密相连形成有机整体，其中任意因素的改变均会将其他因素改变，从而使得整个系统功能发生变化。若是山上的森林被毁坏，地表的径流也会相应发生变化，最终导致水土流失等现象的发生。原本肥力丰厚的土地最终将会变成土壤贫瘠的石坡，水源不断的小溪将会变为已然干涸的河床，甚至最终引发气候的严重恶化。所以，人类开发利用土地资源时，应有全局观念，综合考虑系统内外的相互关系，不能只重视开发而不顾保护和整治，忽略土地利用所带来社会自然环境负面影响。生态经济理论对土地生态健康预警有指导意义，土地生态系统的多重性和结合性等基本特性使得其同时受自然环境的承载能力和社会经济发展的规律限制，自然环境系统要求土地得到最佳的保护，社会经济系统要求土地获得最优化的利用，掌握两个子系统矛盾与统一的平衡点，是当前土地生态系统健康研究的关键所在。

第五节 景观生态学理论

景观生态学是第二次世界大战后期，从欧洲中部和东部发展起来的。它创造性地将自然科学中的地理学、土地管理学、植物学和生物物理学的分析方法与社会科学的人文和整体观点有机相结合。它研究景观的结构（空间格局）、功能（生态过程）和演化（空间动态）的一门相对年轻、发展迅速、应用广泛的交叉学科，它是现代生态学和地理科学及其他相关学科领域的知识积累。因此，通常认为景观生态学比生态系统更高一层次。景观生态理论自特罗尔（Carl Troll）提出后，在20世纪70年代迅猛发展。系统研究具有整体性，主要对系统内部结构、功能、变化进行探究。景观生态学面对实际环境问题，从大尺度的空间格局开展研究，融合了地理学空间的相互作用和生态学功功能的相互作用，重视研究的综合性，集定性、定量、定位、定向于一体，不仅分析物质以及能量的流向，还进行效益分析、功能分析和质量分析。景观生态理论切合当前对环境的关注，对人类研究生态健康具有指导意义和现实意义。生态整体性（Ecological Holism）

和空间异质性（Spatial Heterogeneity）是景观生态学理论核心的集中表现。景观生态学定义的最简单表述是：研究景观的结构、功能和变化。具体点说，景观生态学是研究景观空间结构与形态特征对生物活动与人类活动影响的科学。

关于景观生态学的思考，国内在20世纪80年代初开始有了积极探索。黄锡畴和刘安国（1981）在《地理科学》上分别发表的《德意志联邦共和国生态环境现状及保护》和《捷克斯洛伐克的景观生态研究》是我国国内正式刊物上首次介绍景观生态学的文献；贾宝全等（1999）对景观生态学的起源与发展进行了详细阐述；傅伯杰等（2008）对国际景观生态学的前景与发展阐述了自身的想法。总体来看，我国学者们对景观生态学研究立足国情，以人工-自然景观、管理景观为主要研究对象，把景观和区域尺度上的生态建设作为研究重点（杨子生，1996；杨树华，1998）。不过目前，还是对景观生态学的基础理论研究较多。

在土地生态系统研究中，各组分之间具有明显的异质性特征，但又相辅相成、互相依存、相互制约，只有探明这些组分之间的相互关系才能维持、发展适合的空间异质性，实现土地生态系统的生态完整性。土地生态系统研究的实质就是研究土地生态系统发展过程中生态整体性的动态维持与空间异质性的持续构建。对景观生态学研究分析应强调空间格局分析，考虑到生态相关性，可以实现土地生态健康时空综合评价与管理，是土地生态系统健康预警研究的重要基础理论。

第六节　人地关系理论

人地关系研究的关键科学命题是地球表层人类活动与自然环

境的相互作用与反馈机制，是地理学基础理论研究的本质所在（陆大道，1998；樊杰，2014）。人类活动与自然环境按照一定的规律相互作用，共同构成一个极为复杂的系统，称为人地关系地域系统（吴传钧，2008）。人地关系系统与人地关系地域系统是人文地理学的核心（吴传钧，1991），在地理学的研究发展中有重要基础作用。人地关系不仅揭秘地理环境本身的自然特征，而且考虑社会、经济、历史等综合人文因素，研究人类活动与自然环境的相互作用和影响，揭示人地关系地域系统的格局、结构、演变过程和驱动机制等内容（杨宇，2019）。研究人地关系理论不仅对人文经济地理学有学术意义，对于合理开发与保护区域的土地、科学制定土地利用规划、有效解决区域人地矛盾等问题有社会经济意义。

人地关系自人类起源就存在，对于人地关系的思考、认知及关系等应运而生。早在中国古代，“天人合一”“天人相关”等思想就反映了对人地关系的深入思考，一直到20世纪初期，对于人地关系的探索都是以定性描述为主，缺乏系统性。20世纪中后期，较多学者开始对人地关系有较为深入的思考。李旭旦（1983）认为人地关系是人文地理学的基本理论，人地关系是协调的关系，人类不该是自然的敌人，人类应和自然交朋友；李振泉（1999）认为人地关系是人类起源以来就存在的客观关系，人地关系的发展应在系统、协调、适应、共生的框架下抽象和升华。吴传钧（1991）提出“人地关系地域系统是地理学的研究核心”这一思想，标志着人地关系的研究开始进入科学化和系统化研究阶段。20世纪90年代，人地关系理论研究主题为“区域可持续发展、人类活动与全球变化”，再发展到21世纪以来的研究主题为“资源环境、承载力、城市化”，这反映了中国现代对人地关系理论研究的进程。当然，伴随着人地关系理论的不断深入研究，其研究方法与研究手段也在不断更新。

土地是人地关系理论中的核心，在其生态健康预警与调控研究中，人地关系理论是重要理论依据（樊杰，2002；杨青山，2001）。土地生态系统健康预警与调控研究应该以人地关系理论为指导，科学刻画“人”与“地”的关系，明确其产生警情（即矛盾）的地方，充分发挥人的自主能动性，在遵循土地生态系统规律的基础上，针对土地生态系统存在的不健康问题一一采取措施加以调控和管理，协调人类活动与土地生态系统的关系，不断促成土地生态系统健康及人地关系和谐。

第七节　生态承载力理论

“承载力”最初是工程地质领域的概念。1921 年，美国学者 Park 和 Burgess 在人类生态学领域中首次应用了生态承载力的概念，它指一定条件下（主要指生存空间、营养物质、阳光等生态因子的组合）生态系统为人类活动和生物生存所能持续提供的最大生态服务能力，特别是资源与环境的最大供容能力（高吉喜，2002）。生态承载力的提出对于承载力理论的研究是一个很大的进步，和单因素承载力相比，生态承载力更多地关注生态系统的整合性、持续性和协调性，生态承载力的提出为实现由单纯支撑人类的社会进步变成促进整个生态系统和谐发展的进步奠定了基础此后，随着社会经济的发展、资源环境问题的日益突出以及人们对生态环境问题认识的逐渐深入，资源承载力、环境承载力等概念相继出现，生态承载力的内涵日益丰硕。概括而言，它包括两层基本含义：第一层含义是指生态系统的自我维持与自我调节能力，以及资源与环境子系统的供容能力，为生态承载力的支持部分；第二层含义是指生态系统内社会经济子系统的发展能力，为生态承载力的压力部分。生态承载力这一概念与资源安全有着紧密的关系，社会经济发展与人类生存所需的资源不能超出生态承载力之外。

生态承载力的特性可归纳为三方面：一是客观性。生态承载力的客观承载性是生态系统最重要的固有功能之一，这种固有功能一方面是为生态系统抵抗外力的干扰破坏提供了基础，另一方面为生态系统向更深层次的发育奠定了基础；二是可变性。生态系统的稳定性是相对意义的稳定，是可以改变的，而不是固定不变的。所以说，生态承载力虽然客观存在，但是不是固定不变的，因此认为应按照对自己有利的方式去积极提高系统的生态承载力；三是层次性。生态环境的稳定性不仅表现为小单元的生态系统水平上，而且表现在景观、区域、地区以及生物圈各个层次的生态系统水平上。同样，生态系统的承载力也表现在上述各个层次水平上，在不同层次水平上，生态承载力不同。

将生态承载力理论引入土地生态系统健康预警与调控中，即土地资源是有限的，土地承载能力也是有限的，应该科学合理确定土地生态承载阈值，即土地生态安全预警的警限，科学刻画现状土地生态状况与警限的关系。同时，加强人类行为和土地生态系统的调控和管理，减轻承载压力，提高支持能力，确保人类活动和社会经济发展不超过土地资源的供容和承载范围，避免土地生态系统的退化和变质。

第八节 突变理论

1972 年，法国数学家勒内·托姆（Rone. Tbom）在《结构稳定性和形态发生学》一书中，最早提出突变理论（Catastrophe Theory）的框架，该理论主要以拓扑学为工具，以结构稳定性理论为基础，从量的角度研究各种事物在连续变化过程中的突然变化现象（Tbom，1994）。突变理论的多维性和多元性适应了客观事物是由多因子、多要素组成的系统这一事实，可以解决现实社会中许多不连续现象等问题，可以被用来认识和预测复杂的系统行为，生态安全中的突发事件现象符合突变理论的基本特征。

突变理论研究的是从一种稳定组态跃迁到另一种稳定组态的现象和规律。它指出自然界或人类社会中任何一种运动状态，都有稳定态和非稳定态之分。在微小的偶然扰动因素作用下，仍然能够保持原来状态的是稳定态；而一旦受到微扰就迅速离开原来状态的则是非稳定态，稳定态与非稳定态相互交错。非线性系统从某一个稳定态（平衡态）到另一个稳定态的转化，是以突变形式发生的。突变理论作为研究系统序演化的有力数学工具，能较好地解说和预测自然界和社会上的突变现象，在数学、物理学、化学、生物学、工程技术、社会科学等方面有着广阔的应用前景。

突变理论是用形象的数学模型来描述连续性行动突然中断导致质变的过程，这一理论与混沌理论（Chaos Theory）相关，尽管它们是两个完全独立的理论，但现在突变理论被普遍视作为混沌理论的一部分。

尽管突变理论是一门数学理论，它的核心思想却有助于人们理解系统变化和系统中断。如果系统处于休止状态（也就是说，没有发生变化），它就会趋于获得一种理想的稳定状态，或者说至少处在某种定义的状态范围内。如果系统受到外界变化力量作用，系统起初将试图通过反作用来吸收外界压力。如果可能的话，系统随之将恢复原先的理想状态。如果变化力量过于强大，而不可能被完全吸收的话，突变（Catastrophic Change）就会发生，系统随之进入另一种新的稳定状态，或另一种状态范围。在这一过程中，系统不可能通过连续性的方式回到原来的稳定状态。

将突变论引入土地生态系统健康预警与调控中，可以认为：土地生态系统在发展过程中必然存在一些突变现象，这些现象可以造成土地生态系统的巨大破坏甚至崩溃，如洪涝、地震等自然灾害造成的土地破坏等。利用突变论来描述和预测土地生态安全的突变过程，可以帮助人们了解和控制土地生态安全的突变现象（吴冠岑，2008），以便及早采取预防措施，防范于未然。

主要参考文献

樊杰，吕昕简．2002．论人地关系地域系统研究的核心领域：土地利用变化［J］．地学前缘，9（4）：429-430.

樊杰．2014．人地系统可持续过程、格局的前沿探索［J］．地理学报，69（8）：1060-1068.

傅伯杰，吕一河，陈利顶，等．2008．国际景观生态学研究新进展［J］．生态学报（2）：798-804.

高吉喜．2002．新世纪生态环境管理的理论与方法［J］．环境保护（7）：9-14.

黄锡畴．1981．德意志联邦共和国生态环境现状及其保护［J］．地理科学（2）：181-182.

贾宝全，杨洁泉．1999．景观生态学的起源与发展［J］．干旱区研究（3）：12-18.

（美）L. V. Bertalanffy 著，林康义，魏宏森译．1987．一般系统论：基础、发展和应用［M］．北京：清华大学出版社.

李旭旦．1983．大力开展人地关系与人文地理的研究［J］．地理学报，37（4）：421-423.

李振泉．1999．中国经济地理［M］．上海：华东师范大学出版社.

李智国，杨子生．2007．中国土地生态安全研究进展［J］．中国安全科学学报，17（12）：5-12.

刘安国 . 1981. 捷克斯洛伐克的景观生态研究：中国科学院区域环境研究考察组访捷见闻［J］. 地理科学（02）：183–184.

陆大道，郭来喜 . 1998. 地理学的研究核心：人地关系地域系统［J］. 地理学报，53（2）：97–105.

彭天杰 . 1999. 复合生态系统的理论与实践［J］. 环境科学丛刊，11（3）：1–12.

王如松 . 2000. 论复合生态系统与生态示范区［J］. 科技导报（6）：6–9.

吴传钧 . 1991. 论地理学的研究核心：人地关系地域系统［J］. 经济地理，11（3）：1–6.

吴冠岑 . 2008. 区域土地生态安全预警研究［D］. 南京：南京农业大学.

杨青山，梅林 . 2001. 人地关系、人地关系系统与人地关系地域系统［J］. 经济地理，21（5）：532–537.

杨树华，贺彬 . 1998. 滇池流域的景观格局与面污染控制［M］. 昆明：云南科技出版社.

杨宇，李小云，董雯，等 . 2019. 中国人地关系综合评价的理论模型与实证［J］. 地理学报，74（6）：1063–1078.

杨子生 . 1996. 怒江峡谷农区景观格局动态变化与优化设计研究［M］. 昆明：云南大学出版社.

Rone. Tbom. 1994. Structural stability and morpkogenesis［M］. Boulder，CO：Westview Press.

第四章　研究区概况

第一节　地理位置

鄱阳湖生态经济区是以江西省鄱阳湖为核心，以鄱阳湖城市圈为依托，以保护生态、发展经济为重要战略构想的经济特区。国家把鄱阳湖生态经济区建设成为世界性生态文明与经济社会发展协调统一、人与自然和谐相处的生态经济示范区和中国低碳经济发展先行区。国务院已于 2009 年 12 月 12 日正式批复《鄱阳湖生态经济区规划》，标志着建设鄱阳湖生态经济区正式上升为国家战略。这也是新中国成立以来，江西省第一个纳入国家战略的区域性发展规划，是江西发展史上的重大里程碑，对实现江西崛起新跨越具有重大而深远的意义。

鄱阳湖生态经济区地处长江中下游南岸、江西北部，地理坐标为东经 114°29′~117°42′，跨经度 3°13′，北纬 27°30′~30°06′，跨纬度 2°36′。以鄱阳湖为核心，由环鄱阳湖的县（市、区）的组成，面积为 5.12 万 km^2，包括南昌、景德镇、鹰潭、抚州等 6 市主城区和 25 个县（市、区），共 38 个县（市、区）（图 4-1）。根据统计口径将 38 个县（市、区）合并为 31 个县（市），其中 11 个（九江市区、南昌县、新建县、进贤县、德安县、星子县、永修县、湖口县、鄱阳县、余干县、都昌县）县（区）属滨湖区，20 个（南昌市区、景德镇市区、鹰潭市区、抚州市区、新余市区、武宁县、瑞昌市、九江县、万年县、安义县、丰城市、樟树市、高安市、东乡县、乐平市、浮梁县、贵溪市、余江县、新干县）县（区）属于外围区域。

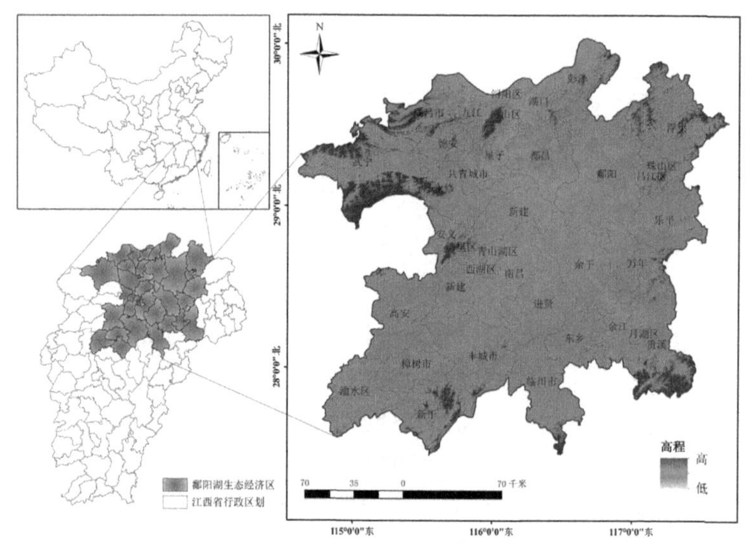

图 4-1　研究区地理空间位置示意参考

鄱阳湖生态经济区内地形为一个大型盆地，东、南、西三面高，北部低，自南向北、由外及里缓缓倾斜；地貌以平原、岗地、丘陵为主位于沿长江经济带和沿京九经济带两大经济带。鄱阳湖生态经济区以占江西省土地总面积的 1/3，创造了全省近 3/5 以上的经济总量，承载了江西省近 1/2 的人口。该区沟通东西部、连接南北方，东与长三角、福建省东南沿海经济发达地区相邻，南与珠三角相隔，西与武汉城市圈、长株潭城市群等重要区域相接，北与中原、皖南等城市群相连。它是中部地区的重要增长极之一，同时处在长江经济带和长江中下游城市群的重要节点上，是承接东部沿海地区进行产业转移的重要基地，对维护区域经济稳定有着极其重要的作用。

第二节　气候资源

鄱阳湖生态经济区属亚热带湿润季风型气候，气候温和、雨量充沛、光照充足，冬春常受西伯利亚冷气流影响，多寒潮，盛行偏北风，气温低；夏季冷暖气流交错，潮湿多雨，为“梅雨季节”；秋季为太平洋副热带高压控制，晴热干旱，盛行偏南风，偶有台风侵袭。

鄱阳湖生态经济区热量资源丰富，太阳辐射强。该区以鄱阳湖湖体为中心形成一个年太阳辐射量大于4 400MJ/m^2 的高值区，是鄱阳湖流域赣江中上游区域外的另一个高值区。气温总的趋势表现为南高北低。受大陆季风影响，由于该区地势坦荡，冷空气从北边长驱直入，致使气温下降，偶尔还伴有雨雪，故冬季寒冷，南北差异较大。冬季各月最低平均气温出现在1月，多年平均为5.1℃，其次为2月，多年平均为6.9℃；区内夏季受西太平洋副热高带高压控制，酷暑难耐，全年最高温出现在7月，多年平均为29.5℃，其次为8月，多年平均气温28.7℃。区内极端最高气温为39.7~41.2℃，极端最低气温为-18.9~-7.7℃。

积温是指一段时期内逐日平均温度的总和。这是一地环境中的气候热量资源，尤其它对生长于当地的植物（或农作物）影响极大。每种植物从生长（P）到成熟（m），所需要的累积气候热量都有一最低限度，这累积的最低气候热量限度称为积温。积温作为表征地区热量的标尺，常作为气候区划和农业气候区划的热量指标，以衡量该地区的热量条件能满足何种作物生长发育的需要。鄱阳湖生态经济区>0℃的积温为6 109~6 552℃·d，呈西北向东南增加的走势，其中彭泽县最低，余干县最高。区内

>0℃的天数为346~359d，全年热量均能达到进行农事活动的要求，所以全区满足两年五熟的耕作制度。区内日平均气温≥10℃的积温为5 460~5 843℃·d，均高于同纬度的相邻气候区。最高在余干县，最低在德安县；全区积温差异小，区内≥10℃的持续天数在252~369d，日平均气温≥10℃天数长，适合喜温作物的生长，所以该区盛产油菜、玉米。区内日平均气温≥15℃的积温为4 756~5 310℃·d，仍然是余干县最高，德安县最低。≥15℃的持续日数全区为208~236d，长达半年以上，所以极适合水稻、棉花等喜温作物的旺盛生长。

全区光能资源丰富，是全区光照条件最优越的气候区，年日照时数一般为1 894~2 085h，日照百分率为43%~47%，以鄱阳湖北部最高，达1 900~2 085h。日照时数最低月份为2月，多年平均为87.3h，日照时数最多的月份为7月，多年平均为243.7h。南北差异小。日平均气温稳定。

鄱阳湖生态经济区位于东部季风区，降水量丰沛且季节性差异大，全区年降水量多年平均为1 421~1 822mm，降水量分布呈现从西北至东南逐渐增加的趋势，其中万年县最高，彭泽县最低。由于地形的差异，地区之间分配不均，差异很大，九岭山、怀玉山和武夷山一带是多雨地区，年降水量达1 400~1 800mm，长江南岸的九江附近和吉泰盆地的吉安附近是少雨地区，但年降水量亦达1 400~1 500mm，其余大部分地区为1 500~1 700mm。季节分配差异同样较大，6月降水量最多，12月降水量最少，4—6月是本区的主汛期，多年平均降水量累计为743mm，占全年降水量的46.4%，其次是7月，平均月降水量在200m以上；9—11月降水量较少，均在62~72mm。

据1956—2000年资料统计，鄱阳湖生态经济区年平均气温在17℃左右。7月最高，月平均约30℃，极温44.9℃；1月最低，月平均约4.4℃，极温-18.9℃。南部高于北部0.5~1.0℃。

年平均日照达 1 800~2 100h，平均太阳总辐射量为 444~477×10J/cm^2。雨量丰沛，单站年降水量最小值为 653.0mm，最大值为 3 034.8mm，多年平均为 1 500mm 左右。年内分配极不均匀，4—6 月降水约占全年的 48%，6 月最大，占全年 17%，12 月最小，只占 3%。年平均蒸发量为 1 200mm 左右，蒸发量在面上分布是湖中大，湖周小；在时间上 7—9 月最大，占全年 45%，1 月最小仅为 3%。鄱阳湖年最多风向为偏北风，只有 7—8 月在太平洋副高控制下才多刮偏南风。根据 1964—1985 年资料统计，年平均风速在 3.5m/s 以上。日平均风速 ≥ 5m/s 的天数达 99.4d，按国家风能资源等级标准，鄱阳湖区属风能资源丰富的地区。湖区的自然地理特点，使湖区成为大风集中区域。鄱阳湖主要有冷空气大风，锋面雷雨大风和湖区出现的风向不定、风速变化大、时间短促的“飑线”大风。星子老爷庙一带多年平均大风日数为 30.5d。棠荫站曾实测到 31.0m/s 的最大风速（相当于浦氏风力 11 级）。

第三节　水资源

水是地球万物的生命之源，是人类赖以生存和发展的基本条件，是自然环境和社会环境中极为重要而活跃的因素，是维系地球生态系统功能和支撑社会经济系统发展不可替代的基础性的自然资源和战略资源。鄱阳湖是我国最大的淡水湖、国际重要湿地和亚洲最大的候鸟越冬地，被誉为我国最大的“大陆之肾”和淡水湖泊仅剩的“一湖清水”，是世界自然基金会划定的全球重要生态区之一（裴颖等，2016）。湖区水资源丰富，生态良好，但是同时受季风影响，汛期多集中，加之全球气候变化和鄱阳湖周边地区地势平坦，区域内洪涝、旱渍等灾害频繁，且近年来，鄱阳湖地区持续受到工业、农业的污染，水质状况有所恶化。

鄱阳湖，是长江中下游主要支流之一，也是长江流域的一个过水型、吞吐型季节性重要湖泊。湖区面积，在平水位（14~15m）时湖水面积为 3 150km^2，高水位（20m）时为 4 125km^2 以上，但低水位（12m）时仅 500km^2。鄱阳湖地表水资源，多年平均总量为 171.3 亿 m^3，年径流深 370mm，最大年径流量为 290.5 亿 m^3，最小年径流量为 64.3 亿 m^3；地下水资源多年平均总量为 32.28 亿 m^3，地下水径流模数为 13.54 亿 m^3。鄱阳湖承五河通长江，成为全省的“集水盆”，是五河入江的“中转站”。水位落差年内季节性和年际间差异性变幅很大，年内变幅在 9.59~15.36m，年际间最大变幅达 16.69m，每年汛期，五河洪水入湖，湖水漫滩，洪水一片；冬春季节，湖水落槽，滩地显露，水面缩小，洪、枯水位面积相差 10 多倍。鄱阳湖流域多年平均年进湖沙量 210 412 万 t，泥沙入湖主要集中在五河汛期 4—7 月，占年总量的 79.13%，其中 5—6 月占 51.15%。全年以 6 月所占比例最大。

鄱阳湖区河渠纵横，水网稠密，天然水系发育旺盛，水量丰沛，拥有大小河流多条。跨江西、安徽、浙江、福建、广东和湖南等省，它主要承纳赣江、抚河、信江、饶河、修水五大水系，分别从南、东、西三面汇流鄱阳湖，这五大河流的流域占江西国土面积的 97%。加上青峰山溪、博阳河、樟田河、潼津河等独流入湖的小河，以及其他季节性的小河溪流和鄱阳湖组成，构成一个完整的以鄱阳湖为中心的向心水系。

在它五大分支水系中，赣江由南到北纵贯江西中部地区，是长江中游主要支流之一，全长 751km，流域面积 8.35 万 km^2，年平均径流量 681 亿 m^3，是鄱阳湖水系第一大河。赣江流域地处亚热带湿润季风气候区，气候差异明显。春夏之交梅雨多，秋冬季节降雨少。流域内耕地近 118.5 万 hm^2，分布在万安以下的吉泰盆地和赣抚平原，水稻为主要粮食作物，经济作物有甘蔗、烟叶、茶叶、油菜、柑橘等，是江西省的主要粮食产区。赣江流域地表水资源量为 701.78 亿 m^3，占全流域地表水资源量的 48.1%，占全省的 45.4%，地下水资源量为 188.43 亿 m^3，占全流域地下水资源量的 52.3%。

抚河，发源于武夷山脉西麓广昌县的血木岭，全长 312km，流域面积 1.58 万 km^2。抚河流域降水丰富，蒸发量较小，气候温暖湿润，耕地资源丰富，低山丘陵和平原为主要的农业耕作用地。抚河流域地表水资源为 160.8 亿 m^3，占鄱阳湖流域地表水资源量的 10.8%，单位面积产水量居第 2 位，地下水资源量为 39.68 亿 m^3。

信江，发源于浙赣两省交界的怀玉山南的玉山水和武夷山北麓的丰溪水，全长 313km，流域面积为 1.76 万 km^2；信江流域降水丰富，蒸发不强，气候温暖湿润。地表水资源量为 173.83 亿 m^3，地下水资源量 37.27 亿 m^3。

饶河有南北二支，北支称昌江，发源于安徽省祁门县东北部大洪岭；南支称乐安河，发源于婺源县北部大庾山、五龙山南麓。南、北两支于鄱阳县姚公渡汇合，曲折西流，主河经鄱阳县西流，过双港、尧山至龙口，在鄱阳县莲湖附近注入鄱阳湖，全长 313km，流域面积 15 456km^2。饶河流域日照充足，冬冷夏热，降水较丰沛，但季节分配不均。饶河地表水资源 128.89 亿 m^3，地下水资源量 24.32 亿 m^3，多年平均径流量 107.6 亿 m^3。

修水河发源于铜鼓县高桥乡叶家山，即九岭山脉大围山西北麓，干流流经铜鼓、修水、武宁、永修县，全长 419km，流域面积 1.4 万 km^2，流域气候特点是平均气温较低，降水分布不均，降水量年际变化较大；修水流域地表水资源量 147.63 亿 m^3，地下水资源量 31.21 亿 m^3，修水多年平均径流量为 126.06 亿 m^3。

根据江西省环境监测中心的水质数据，近 30 年来鄱阳湖水质总体良好，总砷、六价铬、总氰化物、挥发酚能满足地表水体水质要求，pH、溶解氧、亚硝酸盐氮能满足Ⅰ-Ⅱ水体水质要求；化学耗氧量能满足Ⅱ-Ⅲ水体水质要求，但总体呈下降趋势，富营养化指数总体呈上升趋势。江西发布2015年环境状况公报2015年，全省地表水水质良好，与上年相比略有改善。I-III类水质断面（点位）比例为81.0%，主要河流I-III类水质断面比例为86.2%。其中，修河和长江水质总体为优；赣江、抚河、饶河、东江、袁水和萍水河为良好。主要湖库I-III类水质点位比例为44.0%。其中，柘林湖和仙女湖水质总体为优；鄱阳湖轻度污染，主要污染物为总磷。

第四节　土地资源

鄱阳湖生态经济区的地质、地貌构造复杂，中、南部为华南褶皱系，区内地形为一个大型盆地，东、南、西三面高，北部低，自南向北、由外及里缓缓倾斜。鄱阳湖生态经济区地势呈现规律化的由湖盆向湖滨、冲击平原、阶地、岗地、低丘、高丘变化，逐步过渡到低山和中低山地（马逸麟，2013），大致形成了山地、丘陵、岗地、平原、湖体由外到里层层环抱的格局。其中山地受基底地质构造的控制，其分布多呈北东向延伸，区内较大山地主要有怀玉山、武夷山、九岭山、大庚岭、九连山、庐山等，其高度大部分在500~1 000m，少数山峰高于1 000m。

丘陵主要分布于鄱阳湖东北部的彭泽、乐平、万年以及东乡等地，海拔多为300~500m。在南部进贤长山晏、余干、万年一带，以及北部都昌、鄱阳等地分布的主要为变质岩丘陵；洲滩主要位于五大河流尾闾区，有沙滩、泥滩、草滩3种类型；现有岛屿41个，岛屿类型有岩岛和沙岛；汊港多分布于长江水道东岸和主湖区北岸及东北、东南湖隅。

鄱阳湖生态经济区土壤资源丰富，土壤类型繁多，土地自然肥力高、生产潜力大，主要土壤类型有红壤、黄棕壤、紫色土、潮土、黄壤、山地草甸土、粗骨土、石灰土黏磐黄褐土以及水稻土。

水稻土是指发育于各种自然土壤之上、经过人为水耕熟化、淹水种稻而形成的耕作土壤，分为淹育性、潜育性、潴育性水稻土 3 个亚类。水稻土是区内分布面积最大的耕作土壤，遍及湖区及湖滨、河谷平原地带，是重要的粮食、棉花和油料生产基地。红壤根据红壤成土条件、附加成土过程、属性及利用特点划分为红壤、黄红壤、棕红壤，山原红壤、红壤性土 5 个亚类。

红壤是该区面积最大、分布最广的地带性土壤，是鄱阳湖流域重要的土壤资源，在海拔 30~100m、300~400m、700~800m 的平原岗地、丘陵岗地以及低山区均有分布。由于红壤发育于多种母质上，因此其土壤理化性状具有明显的差异性发育于红砂岩的红壤，主要分布于赣江流域东北部的上饶、贵溪、余干等县市地区，该类红壤具有土层薄，通气性和透水性好，保水保肥能力较差的特点；发育于低丘岗地的第四纪红黏土的红壤，广泛分布于低山丘陵地，进贤、鄱阳、余干、永修集中连片。发育于花岗岩风化物的红壤，主要分布于省境高丘和边缘山地，石英砂和砾石含量较多，质地粗糙，保水保肥性差，易发生水土流失；发育于千枚岩、片麻岩、板岩等变质岩上的红壤，主要分布在山区和高丘，质地黏细，肥力较高。

黄棕壤是发育于亚热带常绿阔叶与落叶阔叶混交林下的土壤，大多是山地垂直带上部的土壤，主要分布于鄱阳湖北部地区，农业利用以旱作与水稻为主，是中国主要粮食、茶叶与蚕桑的重要生产基地。紫色土发育于亚热带地区石灰性紫色砂页岩母质土壤，母岩松疏，易于崩解，矿质养分含量丰富，肥力较高，其农业利用价值很高，是中国南方重要旱作土壤之一。

紫色土分为酸性紫色土、中性紫色土和石灰性紫色土3个亚类，肥力丰厚，富含磷和钾，比较适宜种植蜜橘及烟草等经济作物。中性紫色土主要分布在九江市，石灰型紫色土主要分布在新建、安义等丘陵地区。

潮土发育于富含碳酸盐或不含碳酸盐的河流冲积物土，受地下潜水作用，经过耕作熟化而形成的一种半水成土壤。潮土主要分为灰潮土、湿潮土、黄潮土等亚类，灰潮土主要分布在九江、庐山、彭泽等县市区，质地适中、通透性好、供肥能力强；湿潮土主要分布在鄱阳湖湖滨和河湖接壤的洲地上，包括鄱阳、都昌、彭泽、南昌、新疆等县市区。

鄱阳湖生态经济区总面积51 352.77万km^2，鄱阳湖流域地形复杂，山多河多，气候温和，雨量丰沛，自然因素加上人类的长期利用和改造，逐步形成了多样化的土地利用类型。根据土地资源分类系统的划分，该流域土地利用类型可分为6个一级类型，主要包括耕地、林地、草地、水域、建设用地和未利用土地。

第五节　生物资源

鄱阳湖生态经济区以它独特的地理环境和气候条件，为生物的繁衍提供了良好的生态环境，孕育了大量的野生动植物、水生生物资源及生物多样性，是长江中下游地区重要的生态屏障（吕桦，2002）。生态经济区内地貌主要由丘陵岗地、水道、洲滩、内湖等组成，是我国重要的生态功能保护区，是世界自然基金会划定的全球重要生态区，承担着调洪蓄水、调节气候、降解污染等多种生态功能。同时受优越水热条件的影响，区内拥有丰富的鱼类、鸟类等物种资源，植被类型丰富多样。

浮游生物泛指生活于水中而缺乏有效移动能力的漂流生物，其中分有浮游植物及浮游动物，浮游生物多种多样，包括体型微小的原生动物、藻类，也包括某些甲壳类、软体动物和某些动物的幼体。浮游生物是水生态系统中重要的组成部分，在水生态系统的物质循环、能量流动和信息传递过程中起着至关重要的作用（刘健康，1999）据统计，鄱阳湖有浮游植物 154 属，分隶于 8 门 54 科。以蓝藻、硅藻和绿藻为主，其中绿藻门 78 属，占 50. 6%；蓝藻门 25 属，占 16. 2%；硅藻门 31 属，占 20. 1%；它们是鄱阳湖鱼类的主要食饵。浮游动物已鉴定的有 207 种，主要有原生动物、轮虫类、枝角类和桡足类。其中原生动物 14 科 26 种，轮虫类 12 科 85 种，枝角类 7 科 48 种，桡足类 5 科 23 种。它们是鱼类和贝类的食料，对水域生态系统的物质循环和能量流动起着必不可少的作用。

水生维管束植物是生活在水体当中的维管束植物的总称，它包括水生蕨类植物和水生被子植物，俗称“水草”，是湖泊中的初级生产者。鄱阳湖的水生维管束植物共 98 种，分隶于 37 科，71 属，按植被类型可分为 4 个植物带和 9 个主要群丛（官少飞，1986）在鄱阳湖水生植被的 4 个植物带中，沉水植物带的分布面积最大，占全湖总植被面积 49. 7%，主要种类为马来眼子菜、苦草、黑藻、小茨藻、聚草、金鱼藻和大茨藻等；浮叶植物带次之，占 23. 2%，主要种类是荇菜、金银莲花及菱科的一些种类；其次是湿生植物带，占 18. 9%，主要种类是芒尖苔草灰化苔草等苔草属种类及蓼子草、牛毛毡、针蔺等；分布面积最小的是挺水植物带，仅占 8. 2%，主要种类为芦、荻、水蓼和菰等。

贝类隶属软体动物门，包括生活在淡水的腹足类和双壳类，广泛分布于中国的池塘、湖泊及河流等生态系统中。（熊六凤，2011）鄱阳湖贝类共有 122 种，隶属于 15 科 39 属，其中腹足纲

12 科 22 属 59 种，占总物种数的 48.36%；腹足类主要由田螺科（18 种）、豆螺科（8 种）、肋蜷科（12 种）、椎实螺科（7 种）和扁蜷螺科（7 种）的种类组成，占流域腹足类总数的 88.14% 双壳类 3 科 17 属 63 种，占总种数的 51.64%；双贝壳类主要有以无齿蚌属（13 种）、丽蚌属（12 种）和楔蚌属（6 种）为优势种。

鄱阳湖素以盛产鱼虾而闻名于世界，一般年产虾量 2 000t，现已查明的虾类有 8 种，占江西省已知虾类的 80%，秀丽白虾，又名白虾（白米虾），为鄱阳湖主要优势种，其产量占年虾总产量的 40%~50%；日木沼虾，又名青虾，为另一个优势种，其产量占全湖虾总产量的 30%~40%；此外还有中华小长臂虾、粗糙沼虾、细赘沼虾、中华新米虾、细足米虾、克氏螯虾。

鄱阳湖有着丰富的鱼类资源，共有鱼类 26 科 136 种，既有定居性的湖泊型鱼类，又有回游、半回游性的鱼类，其中以鲤科鱼类最多，鲤、鲫共 64 种占鱼产量 53%，名贵重鱼类有鳊鱼、银鱼类。其次为鮠科、鳅科、银鱼科鱼类产量较多，鮠科、鳅科鱼类各有 11 种，分别占 8.66%，经济价值较高的有鲤、鲫、鳅、青、草、鲢、鳙等 30 多种，占鱼产量的 32.29%。鄱阳湖有记载的鲟科鱼类中华鲟、白鲟是国家一级保护动物，目前数量已很稀少；胭脂鱼等属于 2 级保护动物；鲥鱼已被列入中国濒危动物红皮书中保护鱼类。鄱阳湖也是长江江豚重要栖息地和种质资源库，江豚数量稳定，种群结构合理，属于长江江豚的优质种群。截至 2016 年，鄱阳湖现有江豚数量为 450 头左右，是洞庭湖拥有江豚数量的 5 倍，占全国 50%。

鄱阳湖保护区现已查明有鸟类 310 种，隶属于 17 目 55 科，约占全国鸟类的 25%，国家一级保护动物 10 种，二级保护动物 40 种，是世界上最大的鸟类保护区。其中典型的湿地鸟类 159 种。鸟类中冬候鸟 155 种，夏候鸟 107 种，留鸟 41 种，珍禽 50

多种。属于国家一级保护的有白鹤、白头鹤、大鸭、东方白鹤、黑鹤等 10 种，属 2 国家级重点保护的有卷羽鹈鹏、白琵鹭、小天鹅等 44 种。整个鄱阳湖地区越冬水禽主要分布在鄱阳湖自然保护区的九个湖泊中，海拔 135～17m 地带为候鸟最适宜栖息地白鹤、白头鹤；白鹤越冬种群数量近 10 年都稳定在 2 000 以上，占世界总数的 90%以上，白枕鹤数量都稳定在 2 500 只以上，占世界总数的 50%以上。白枕鹤、灰鹤、东方白鹳、黑鹳以及鹭类和鸻鹬类等涉禽，主要栖息在湖边、泥滩或浅水区域中。鄱阳湖国家级自然保护区越冬候鸟的最大特点是珍稀、濒危鸟类的种类多，数量也大。

鄱阳湖沿湖及丘陵地区共有两栖类 13 种，爬行类 50 种及丘陵地区共有两栖类 13 种，爬行类 50 种；其他还有兽类 45 种，保护区有 31 种。鄱阳湖生态经济区属国家级保护动物 54 种，其中“国家一级保护动物”11 种，“国家二级保护动物”更是达 43 种之多。

第六节　社会经济

鄱阳湖生态经济区涵盖 38 个县（市、区），国土面积 51 352. 77 万 km^2，占江西省国土总面积的 30. 68%，创造了全省近 3/5 的经济总量，承载了江西省近 1/2的人口。全区常住总人口 2 125. 13 万人，占全省总人口的 46. 55%；据各地区统计年鉴的统计数据进行计算，截至 2010 年年底，全区总人口为 2 039. 74 万人，占江西省人口总数的 43. 51%，与 2000 年年底相比，总人口净增加 154. 94 万人。社会就业人口达到 1 174 万人，约占江西省就业人口总数的 54%，同比增长 2. 6%；非农业人口比重上升，城镇化率达到 45. 1%，高于江西省平均水平。截至

2015 年，整个大区的常住总人口为 1 545. 55 万人，其中城镇人口为 535. 89 万人，城镇化率为 34. 67%，人口密度为 302 人/ km^2。全省 80%的高校工作者、75%的科技工作者集中在此。

据统计资料显示，2010 年鄱阳湖生态经济区国内生产总值为 5 478. 99 亿元，约占全省国内生产总值的 58%，同比增长 24. 03%；人均国内生产总值为 22 000 元，比全省人均国内生产总值约高出 6 000 元；社会固定资产投资为 4 666. 04 亿元，占全省社会固定资产投资的 55. 1%；地方财政收入为 392. 87 亿元，约占全省地方财政收入的 50%，区内所有县（市、区）的财政收入都过亿元，其中贵溪市、南昌县、丰城市的财政收入超过十亿元。截至 2015 年年底，鄱阳湖生态经济区 GDP 总量达 9 934. 93 亿元，占全省 GDP 总量的 59. 41%，比 2014 年增长 8. 55%；2015 年全区财政收入 1 693. 59 亿元，占全省财政总收入的 56. 05%；年人均 GDP 为 46 750 元，是全省人均 GDP 的 1. 27 倍。其中第一产业增加值 640. 08 亿元，同比增长 5. 94%，第二产业增加值 2 611. 77 亿元，同比增长 4. 98%，第三产业增加值 1 337. 48 亿元，同比增长 11. 93%。产业结构为 14 ：57 ：29。全社会固定资产投资额 3 867. 42 亿元（图 4-2）。

鄱阳湖生态经济区区位优势明显，处于长江三角洲、珠江三角洲、闽东南三大经济发达地区的核心位置，是沿海与内陆连接的枢纽。以经济开发区为载体，该区域内建立了南昌高新技术产业开发区、南昌经济技术开发区、九江出口加工区等多个生态工业园区，产业定位主要为：航空、电子信息、新能源汽车、生物医药等。鄱阳湖生态经济区生态工业改变了传统的“先污染，后治理”的发展方式，园区内企业相伴共生，上下游企业资源循环利用，提高了资源利用率，实现了保护生态与经济的和谐发展。

该区域资源丰厚，拥有丰富的生物资源、旅游资源和矿物资

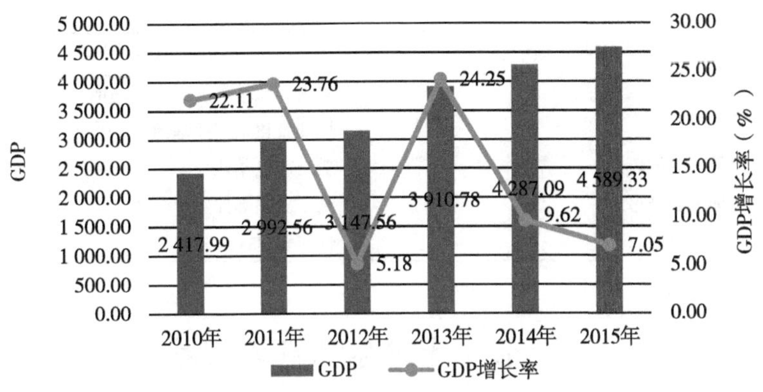

图 4-2 鄱阳湖生态经济区 GDP 增长率

源，是江西省主要商品粮、棉、水产品及油料生产基地，也是我国重要的商品粮和淡水养殖基地。近年来，鄱阳湖生态经济区粮食和油料两大产业，经济作物、畜牧业和水产养殖业三大支柱产业均稳步增长，生态农业发展态势良好。2015 年年底，该区域实现粮食总产量 343. 64 万 t、肉类总产量 54. 81 万 t、水产品总产量 65. 78 万 t，较 2014 年分别增长了 9. 69%、12. 68%、12. 14%。

区域内，各城市的优势特点差异显著，根据各城市的发展现状和未来规划，依据不同的自然资源特征和社会经济基础，形成了以南昌、九江、鹰潭、景德镇及环湖城市为中心的 8 个产业基地（表 4-1）。全区基本形成了以能源、冶金、化工、食品等为支柱产业的发展格局，对于促进江西省社会经济的快速发展具有十分重要的作用，是江西省重点发展区域。

表 4-1 鄱阳湖生态经济区产业基地群

产业基地中心	产业基地
南昌、九江	光电产业基地、新能源产业基地
南昌、九江、宜春、樟树	生物产业基地

（续表）

产业基地中心	产业基地
鹰潭	铜冶炼及精深加工产业基地
九江	炼油及化工产业基地
南昌、景德镇	航空产业基地
环湖中心城市	汽车及零部件生产基地
新钢、萍钢、南钢	优质钢材深加工基地

第七节　土地生态环境现状

生态环境是指影响人类生存与发展的土地资源、水资源、生物资源以及气候资源等数量与质量的总称。而生态环境问题则是指人类为了达到其自身生存和发展的目的需要，在利用和改造自然过程中，对自然环境的破坏和污染所产生的危害人类生存的各种负反馈效应。

自然灾害方面：生态经济区内主要的气象灾害有洪涝、干旱、大风、冰雹、雷电、低温雨雪冰冻、热带气旋、高温、大雾等以及由此引发的次生和衍生灾害，如泥石流、山体滑坡、森林火灾、农林病虫害、传染病等。由于鄱阳湖处赣北中心，形成了一个三面环山，赣江、信江、抚河、饶河、修河五大水系流向鄱阳湖的向心水系，故历年来，全省洪涝灾害影响最严重的都是鄱阳湖地区。干旱是仅次于洪涝的主要灾害，生态经济区的干旱主要发生于夏秋季节，春旱、冬旱少有发生。

土地沙化、荒漠化加重：土地沙化的主要影响因素是人类活动和气候条件，而生态经济区内非法采沙、过渡放牧等现象屡见不鲜且屡禁不止，使得土地沙化的情况日益显现。土地荒漠化加剧，水土流失严重，湖泊退化，水资源枯竭加速。区内沙荒面积达 23 万 hm^2，有 77%的县（区）被列为江西省主要风沙化治理县，且风化流沙还在以 3~5m/年的速度向外推进，个别地方甚至出现了沙进人退的现象；此外，近年来承担较多生态功能的鄱阳湖由于干旱频发，水位持续下降也在一定程度上加重了土地沙化问题。生物资源方面：水体生态环境的逐渐恶化是生态经济区内动植物种类和数量逐渐减少的主要凶手，如白鳍豚和长江江豚在鄱阳湖的数量比之前大大减少，而湖区水獭这种营半水栖生活的动物已处于濒危状态；此外近年来旱灾频发，导致鄱阳湖水位偏低，使得植被（特别是鸟类栖息地的植被）繁殖和鸟类觅食困难加大，进而导致在鄱阳湖畔过冬候鸟数量逐年减少。

生物多样性逐渐减少：原盛产于鄱阳湖的白花子莲和红花子莲等已经基本灭绝，芋、慈菇、荸荠等沼生和湿生经济植物也遭到了极大破坏。

区域环境污染：大多数地区，特别是农村地区的土壤和水体均受到不同程度的农药和重金属污染，而生活垃圾等随处乱放、规模化的畜禽养殖业等问题，也最终使得生态经济区内农村的环境污染问题日趋凸显。环境污染，有毒化学品、环境激素影响人体健康；农药化肥、畜禽养殖、农村生活污水等是农村环境污染主要污染源，其中农业畜禽养殖和生活垃圾是导致农村环境污染逐步恶化的元凶。

主要参考文献

官少飞，郎青，张本 . 1987. 鄱阳湖水生植被［J］. 水生生物学报（1）：9-21.

官少飞，欧阳敏 . 2009. 江西水产品质量安全状况与调查分析［J］. 江西水产科技（1）：2-6.

官少飞 . 1991. 江西省湖泊的水生维管束植物［J］. 江西科学（1）：45-53.

官少飞 . 1997. 江西特种水产养殖业的回顾与展望［J］. 江西农业经济（3）：33-35.
何纪力，徐光炎 . 2006. 江西省土壤环境背景值研究［M］. 北京：中国环境科学出版社.
洪一江，胡成钰，官少飞 . 2003. 鄱阳湖沼虾资源的初步调查［J］. 水利渔业（3）：38-39.
刘健康 . 1999. 高级水生生物学［M］. 北京：科学出版社.
吕桦，刘影 . 2003. 鄱阳湖候鸟保护区湿地生态旅游开发研究［J］. 江西社会科学（3）：229-232.
马逸麟，熊彩云，易文萍 . 2003. 鄱阳湖泥沙淤积特征及发展趋势［J］. 资源调查与环境（1）：29-37.
熊六凤，欧阳珊，陈堂华，等 . 2011. 鄱阳湖区淡水蚌类多样性格局［J］. 南昌大学学报（理科版），35（3）：288-295.

第五章　研究区土地利用数据库构建

第一节　遥感分类方法及其在土地中的应用

精确、大范围的土地利用分类，可为精准农业、土地资源调查、环境灾害监测等提供基础数据。遥感技术由于具有监测范围广、实时性好等优点被广泛应用于土地利用分类中。通常，利用遥感图像解译土地利用信息的方法有两种：目视解译分类法和计算机自动分类法。

一、目视解译分类方法

遥感图像的目视解译又称目视判断，或目视判译，它是指利用图像的影像特征（色调或色彩，即波谱特征）和空间特征(形状、大小、阴影、纹理、图形、位置和布局)，与多种非遥感信息资料（如地形图、各种专题图）组合，运用其相关规律，进行由此及彼、由表及里、去伪存真的综合分析和逻辑推理的思维过程（李国明，2008)。目视解译的目的是从遥感图像中获取需要的地学专题地图，它需要解决的问题是判读出遥感图像中有哪些地物，它们分布在哪里，并对其数量特征给予粗略的估计。

地面各种目标地物在遥感图像中存在着不同的色、形、位的差异。构成了可供识别的目标地物特征。目视解译人员依据目标地物的特征，作为分析、解译、理解和识别遥感图像的基础。

1. 目视解译的方法

早期的目视解译多是纯人工在相片上解译，后来发展为人机交互方式，并应用一系列图像处理方法进行影像的增强，提高影像的视觉效果后在计算机屏幕上解译。目视解译的方法大致有以下几种。

（1）直接判读法。根据遥感影像目视判断直接标志，直接确定目标地物属性与范围的一种方法。直接判读法使用的直接判读标志包括色调、色彩、大小、形状、阴影、纹理、图案等。

（2）对比分析法。包括同类地物对比分析法、空间对比分析法和时相动态对比法。同类地物对比分析法是在同一遥感影像上，由已知地物推出为指目标地物的方法。空间对比分析法是根据待判读区域的特点，判读者选择另一个熟悉的与遥感图像区域特征类似的影像，将两个影像对比分析，有已知影响为依据判读未知影像的一种方法。时相动态对比法是利用同一地区不同时间成像的遥感影像加以对比分析，了解同一目标地物动态变化的一种方法。

（3）信息复合法。利用透明专题图或者透明地形图与遥感图像重合，根据专题图或地形图提供的多种辅助信息，识别遥感图像上目标地物的方法。

（4）综合推理法。综合考虑遥感图像的多种解译特征，结合生活常识，分析、推断某种目标地物的方法。

（5）地理相关分析法。根据地理环境中各种地理要素之间的相互依存、相互制约的关系，借助专业知识分析推断某一种地理要素的性质、类型、状况与分布的方法。

2. 目视解译的基本原则

（1）综合分析图像的判读标志，采用论证法和反证法相结合原则。根据这项原则，使判读出的界线和类型的结论，具有唯一性、可靠性。

(2) 卫片与航片、主图像与辅助图像、图像与地形图、专业图和文字资料相结合的原则。根据这项原则，可以使判读取得更多已知条件，增加更多影像信息，供进一步揭示未知的影像。

(3) 室内判读与野外实地对照相结合的原则。根据这项原则，以建立判读标志，校核室内判读结果，补充必要的实地数据等，使图像判读的质量进一步得到提高。

(4) 先易后难，循序渐进原则。即由宏观到微观，由浅入深；由已知到未知，从比较了解的地段入手向较陌生的地段推进；先解译影像清晰部分，后解译模糊部分；先山地后平原；先构造，后岩性；先断裂，后褶皱；先线性构造，后环形构造；先岩浆岩，后沉积岩，再变质岩；先解译显露的，后解译隐伏的。

二、计算机自动分类方法

遥感图像的计算机解译，又称遥感图像的理解，它以计算机系统为支撑环境，利用模式识别技术与人工智能技术相结合，根据遥感图像中目标地物的各种影像特征（颜色、形状、纹理与空间位置），结合专家知识库中目标地物的解译经验和成像规律等知识进行分析和推理，实现对遥感图像的理解，完成对遥感图像的解译。计算机解译的结果需要运用目视解译的方法进行抽样核实或检验。所以目视解译是计算机解译的基础和起始点。

计算机遥感图像的解译是统计模式识别技术在遥感领域中的具体应用。统计模式识别的关键是提取待识别的一组统计特征值，然后按照一定准则做出决策，从而对图像进行识别。利用计算机进行遥感信息的自动提取则必须使用数字图像，由于不同地物在同一波段，同一地物在不同波段都具有不同的波谱特征，通过对某种地物在各波段波谱曲线进行分析，根据其特点进行相应的增强处理后，可以在遥感影像上识别并提取同类目标物。早期的自动分类和图像分割主要是基于光谱特征，后来发展为结合光谱特征、纹理特征、形状特征、空间关系特征等综合因素的计算机信息提取（陈玲，2010）。

根据是否需要先验知识，计算机自动分类方法可以分为非监督分类法和监督分类法。

1. 非监督分类法

非监督分类，又称为“聚类分析”或者“点群分析”，是计算机在遥感影像中搜寻、定义与其自然相似光谱集群的一个过程。非监督分类方法不用对遥感影像中的需要提取信息的地物获取先验数据，只需要通过计算机利用影像中地物的不同光谱信息进行特征提取，以特征差别的统计进行分类，最后对分出的各个类别的实际属性进行确认。

凭借影像中不同地物的特征差别为依据，使计算机通过对影像进行集聚统计分析的一种方法。建立分类决策规则需要根据待分类样本特征参数的统计特征没有必要事先了解分类类别的特点。根据样本的相似性，将样本的空间分布划分为一个群集。每个群集所代表的对象的类别必须通过实地调查或者与已知类型的特征进行比较确定。一般的非监督分类方法有：回归分析、等混合距离法、主成分分析和图形识别等。本研究主要利用 K 均值法和 ISODATA 法对研究区进行湿地土地利用类型分类。K 均值法与 ISODATA 都属于动态聚类的算法，动态聚类算法是一种迭代重定位的聚类技术算法，而 K 均值法和 ISODATA 属于非监督分类目前使用较为广泛，发展较为成熟的方法，有利于研究的进行。

在进行非监督分类前，需要选择初始类别参数，可以使用光谱特征比较法，直方图法，最大最小距离法等，假定影像初始的参数，然后通过预分类形成类群，通过迭代使有关参数达到允许的范围为止。

非监督分类常用的方法有两种。

（1）K 均值（K-Mean）。用空间中个点为中心进行聚类，对距离他们最近的对象进行归类。通过迭代的方法，更新每一次各聚类中心的值，一直进行，最终得到最好的聚类结果为止。这个算法的聚类准则是让每一个分类中，像素点到该类别中心距离的平方和最小，K 均值法是典型的逐点修改迭代的动态聚类算法之一。

一般的做法是先按照一定的原则在待分点中选择一些点作为聚类的核心，接着把其余的点按某一判据准则分到各类中去，完成初始分类。初始分类完成以后，重新计算各聚类中心，完成了第一次迭代。然后修改聚类中心，以便进行下一次迭代。这种修改有两种方案，即逐点修改和逐批修改。逐点修改类中心就是样本的一个像元按照某一准则分类进入某一组，使得这个组就要重新计算均值，并以新的均值进行下一次聚类。逐批修改类中心就是将样本的全部像元按照某一组的类中心分类之后，再重新计算修改各类的均值，作为下一次分类的凝聚中心点。

（2）ISODATA（Iterative Self-Organizing Data Analysis Technique）算法，即迭代式自组织数据分析算法，简称迭代法。ISODATA 使用最小光谱距离方程产生聚类，此方法以随机的类中心或已知信号集中心 The ISODATA 的实质是用某种算法生成初始类别作为“种子”依据某个判别规则进行自动迭代聚类的过程。在两次迭代的之间对上一次迭代的聚类结果进行统计分析，根据统计参数对已有类别进行取消、分裂、合并处理，并继续进行下一次迭代，直至超过最大迭代次数或者满足分类参数，完成分类过程。

迭代法完全根据像素的光谱特征进行统计分类，在分类区域未知的情况下经常使用。在使用这种方法时，原始图像的所有波段都需要参与分类操作，分类结果通常是各种类型像素的比例。然而，由于人工干预因素较少，该方法用于非监督分类过程的自动化程度较高。

2. 监督分类法

监督分类方法首先需要按照每一类给定的数目选取训练样本，其次按一定的方法对给定的训练样本进行学习，获取到训练样本中不同类物质的地物特征，得到这种方法的分类器。训练好分类器之后，对其他样本点按照分类器的规则进行分类，这样就得到图像的分类结果。有监督分类方法最关键的一步是选取训练样本，然后对训练样本进行分析处理。

（1）最小距离法。最小距离分类是有监督分类方法中比较简单的一种方法，这种方法的主要依据是空间距离。最小距离分类方法的分类过程比较简单，首先需要计算出每一类的训练样本光谱向量的均值向量，其次将计算出来的每一类的均值向量作为这一个类别在特征空间中的中心位置，再计算出高光谱图像中的每一个像元到各类中心的距离大小，到哪一类中心的距离最小，就把这个像元就归入到哪一类。所以，通常在最小距离分类方法中就将距离作为分类的一个判别函数，一般我们采用的距离有马氏距离、欧式距离等。由于最小距离分类方法是假设所有类的协方差都是相等的，因此这种方法的分类速度较快，但是准确性较低。自适应最小距离分类、加权最小距离分类是随着对高光谱遥感图像分类研究的深入，在在最小距离的方法的基础上进一步研究出来的（马铭等，2017）。

（2）最大似然法。最大似然判别分类又称为贝叶斯（Bayes）分类，这个方法是一种统计分类方法。最大似然判别分类是非线性的分类方法，分类时计算每一类训练样本的统计特征值，建立分类判别函数，利用判别函数求出高光谱遥感图像中每个像元属于各类的概率，将测试样本归为概率最大的一类。遥感图像中每一个类别在特征空间的任一个方向都有投影，但是当这些不同方向的投影很难区分时，说明用线性判别的方法也不太理想，这就需要在特征空间建立非线性的分类边界才可能获得较好的效果。由于高光谱遥感图像具有大数据量的特点，生成的协方差矩阵会非常大，在使用这个协方差矩阵时会加大计算难度，但是利用最大似然判别分类可以得到协方差矩阵的一个近似矩阵，因此最大似然判别分类方法一般都能获得较好的效果。

最大似然判别分类在采集样本时是传统的人工采样方法，这个过程可能会需要大量的人力物力支持，而且这种采样方法会产生一些人为无法避免的误差，使得分类效果不理想，精度较低，一般情况下，我们也可以借助一些其他来方法辅助最大似然法分类，从而提高分类精度。

与非监督分类法相比，监督分类法可以充分利用已知类别的样本对其他样本进行分类；无监督分类中不同类别的像元由于光谱相似而被误分为同一类的情况一般可以规避；训练样本的选择是可以人为控制，如样本个数等，并且由于训练样本的选取是随机的，那么可以反复实验，从而提高分类精度。

三、遥感图像计算机分类新方法

近年来，机器学习成为研究者们重点关注的问题，高光谱遥感图像也出现了一些新型的其他分类方法。

1. 决策树分类法

决策树通常而言会用于分类、聚类或者预测。在高光谱遥感图像的分类算法中，决策树更是一种比较常用的方法。决策树是一种典型的基于逻辑的分类方法。决策树方法分类的基本思想是要如同函数一样，用一组自变量得到一个函数值，这个函数值便是每个样本最可能对应的类别。决策树分类方法也是要通过学习训练分类器，而这个分类器便可以看作是决策树的规则，将分类器训练好，对其余样本进行分类。

决策树分类模型是一个典型的树形结构，它主要是由树根、树枝和树叶这三个部分组成。树根就是指决策树的根节点（Root nodes），而且每一个决策树都只能有一个根结点，根结点是决定一个决策树开始的部分。决策树中一系列的内部节点（Internal nodes）和从内部节点长出来的分支（Branch）都称为树枝；树叶指的是叶节点（Leaf nodes），也可以称它为终极结点（Terminal nodes），决策树的叶节点可以有很多个，每个叶节点一般代表的是每个样本可能会所属的类别。

决策树的生成到目前为止有多种算法，其中最基本的 ID3 算法被国际上公认为是最有影响和最为典型的决策树学习方法。ID3 算法是将信息论作为基础知识，利用信息熵和基于信息熵的信息增益，从而实现对数据的归纳分类。ID3 算法树结构简单易懂，理论清晰，目标函数一定会有解，是非常受欢迎的一种分类算法。可是 ID3 算法也有自己的不足之处，它对噪声的处理效果不太理想，而且在数据较大时，会影响到算法的效率。

2. 人工神经网络分类方法

Murai 等提出了基于神经网络的分类方法。人工神经网络是在这些年发展起来的一门新型的交叉学科，它是用计算机来模拟动物神经系统的结构和功能。同动物神经网络类似，人工神经网络主要也是由不同的神经元构成，而且每一个神经元都具有独立分析和处理数据的能力，并且每一个神经元都包含有输入和输出，从而实现整个系统对数据的分析和传递。

神经网络算法在分类方面有很大的优点，只要将网络训练好，它的分类速度会非常快；在图像的分类中，不仅有线性的问题，而且有非线性的问题，神经网络在解决非线性问题时效果也会比较好；与决策树相比，神经网络在处理噪声方面也体现出了它自身的优越性。人工神经网络的结构主要由三个层次组成。一般，在一个神经网络中，输入层和输出层代表的是输入的样本数据和得到的分类结果，都是只有一个，而隐含层则是处理输入数据的一个过程，会有一个或多个。人工神经网络在使用前需要经过一次又一次的训练，通常训练的过程比较复杂，但是一旦训练完成，神经网络的分类速度以及分类精确度会较传统分类算法较好。

目前，已经研究出多种人工神经网络模型以及这些模型的训练方法，常用的人工神经网络模型有反向传递（Back Propagation，BP）神经网络算法，径向基函数（Radial Basis Function，RBF）神经网络等。BP 神经网络是最常用也是最经典的一种人工神经网络。在 BP 神经网络中，信息和误差的传播相反方向的。BP 神经网络在分类方面的应用非常广泛，针对它自身收敛速度比较慢的缺点和不足，研究人员对其不断改进完善，促进了 BP 神经网络的进一步发展。RBF 神经网络是 Moody 和 Darken 在 BP 神经网络的基础上提出的一种神经元网络结构，RBF 神经网络与 BP 神经网络相比较网络的规模更大一些，但是分类能力较 BP 神经网络会更好。

3. 支持向量机分类方法

支持向量机分类算法的基本思想是首先选好一种映射关系，利用结构风险最小化的原则，将训练样本投射到高维特征空间，在高维空间构造线性最优分类超平面，这个最优分类超平面的构造过程就是实现支持向量机准则的过程。支持向量机分类算法的核心在于核函数的应用，通常输入的数据是线性并且不可分的，通过一个核函数，可以将输入的数据转化为可分的，这就利于数据的分类，而且这个核函数是将数据从低维空间转化到高维空间中（宋相法等，2012）。支持向量机的这种特殊性能可以使算法不会受其空间维数的影响。在支持向量机分类算法的使用中，核函数的选择对分类精度有重要的影响，因此，核函数的研究是支持向量机分类方法中是非常关键的一步。对于训练样本较少的情况，支持向量机分类算法也可以得到最优解；支持向量机算法最终是转化为一个二次型的最优化问题，一些局部极值问题用支持向量机可以得到很好的解决。

4. 面向对象分类方法

随着图像空间分辨率的提高，图像中地物的清晰程度随之提高，单个地物会以连片分布的多个像元形式表达，每个像元仅代表地物的小部分，并非全部。同时，地物内像元间的光谱差异也显著增加，甚至超过地物间的光谱差异。在此情况下，传统的基于像素光谱统计的自动分类技术的局限性日益显露，无法满足当前遥感图像信息提取的要求，用户难以利用遥感数据来做进一步的研究。面向对象的方法是相对于传统的面向像元的概念来定义的。基于像元的分类方法不适用于对细节丰富的高分辨率影像进行分类，分类结果会出现椒盐噪声，面向对象的方法能够克服基于像元分类方法的这类不足。面向对象方法的本质是以对象为分类的最小单元，从对象层次对遥感影像进行分析，使提取结果含有更丰富的语义信息。

第二节　研究区影像遥感解译方案与空间数据库的建立

一、研究区遥感影像解译方案设计

就目前常用的各种遥感影像解译方法来说，还没有哪一种方法是最优的，每种方法都存在其优势性和局限性。因此，针对不同的研究资料及研究目的，所采取的影像解译方法也不尽相同。本研究采用的面向对象的影像解译方法，以对象而不是象元为单位对影像进行解译，能够能够在一定程度上减少分类过程中产生的“椒盐现象”，并减少传统分类中的“同物异谱”和“同谱异物”现象对分类精度的影响，有利于提高分类的精度。

本研究的遥感解译主要由遥感解译软件 eCognition 完成。eCognition 是由德国 Definiens Imaging 公司开发的智能化影像分析软件。它是目前所有商用遥感软件中第一个基于目标信息的遥感信息提取软件，采用决策专家系统支持的模糊分类算法，突破了传统商业遥感软件单纯基于光谱信息进行影像分类的局限性，提出了革命性的分类技术——面向对象的分类方法，大大提高了高空间分辨率数据的自动识别精度，有效地满足了科研和工程应用的需求。

二、土地利用数据分类过程

1. 遥感数据几何校正

在实际的遥感成像过程中，成像传感器的高度及搭载平台姿态的变化、地形地貌等很多客观因素都会导致遥感图像中像素相对于地面目标的实际位置发生扭曲、拉伸、偏移等几何畸变，直接使用这些畸变图像往往不能满足实际应用的要求，需要消除遥感图像的几何误差、将其变换到参考图像坐标系中，针对几何畸变进行的误差校正即为几何校正。遥感图像高精度几何校正是遥感图像几何处理和地球空间信息获取的基础，是遥感图像广泛应用的基本保障，是利用遥感图像推断地物目标的位置状态和属性类别的重要前提。遥感图像几何校正主要有两个目的：一是消除几何畸变；二是是遥感图像获得研究所需要的地理参考，包括坐标、投影等的确定。由于本研究所涉及的鄱阳湖生态经济区空间范围大，遥感影像跨越多景，因此对影像的几何校正就显得尤为重要，这不但关系到与其他数据源的匹配，也关系到多景影像之间的正确匹配。

目前针对遥感图像的预处理，几何校正一般是通过建立纠正变换函数实现。其大概思想是用纠正函数来建立影像坐标和地面或者地图坐标间的数学关系，即输入影像和输出影像间的坐标变换关系。而不同的数学模型采用不同的纠正方法，一般常用的是多项式法、共线方程法等。本研究图像校正采用的是多项式校正法。多项式校正法的精度与地面控制点的精度、分布和数量及校正范围有关。采用多项式校正的优点是能保证整幅图像变换后总误差最小，但不能保证各局部的精度完全一致。具体表现在控制点多的地方几何校正的精度较高，而控制点少的地区误差较大。因此，在选取控制点时应尽量做到分布均匀。

2. 遥感图像镶嵌

由于鄱阳湖生态经济区涉及多景遥感图像，要获得该地区土地利用信息可以采用两种方法：一种是对每一景影像分别解译，然后在 ArcGis 中将影像拼接。这种方法能够较好的保持各景图像的原始波段信息，但工作量大且容易出错；另一种是对各景影像先进行直方图匹配，尽量消除各景影像之间的辐射差异，然后在统一的坐标下对图像镶嵌，最后整图进行分类。这种方法操作相对简单，但是由于改变了地物的原始辐射特性，分类精度可能会有所下降。本研究的目的是分出土地利用的一级六个大类，地物间的光谱差异比较明显，因此为简化操作，采用的是先镶嵌，后分类的方法。

3. 遥感图像分割

遥感影像多尺度分割是面向对象信息提取的前提基础。不同分辨率图像比例尺不一，其表达的对象也有自身的尺度，并且即便是同一对象，在不同尺度的显示下也会有不同的特征。在对土地利用类型或景观格局进行划分时，常用到大尺度，中尺度，小尺度这样的概念来划分某一范围内的土地。然而，这仅仅是一个模糊的定义，只有用量化的方式来规定尺度，才能准确进行区分。在对鄱阳湖生态经济区影像进行分割时，要使影像分割后斑块既不过于破碎，也不能使斑块过大造成类别间相互混淆，界限不清。因此经过多次实验和调整，选用尺度为 50 的分割方法对影像进行多尺度分割，采用的形状指数为 0.7，光谱紧致度为 0.3。结果表明，在这一参数设置下分割后的影像边界较为清晰，且内部同质性较好，具有较大的可分性。

4. 规则集和参数选择

运用 eCognition 软件进行自动解译最重要的是设定规则集并调试其参数。规则集中应用最多的是两个参数，即 NDWI 与 NDVI。NDWI 运用两个波段的数值组合进行计算而得出，此操作通过对比不同波长的反射率增强水的光谱信号，并且移除很大一部分的噪音成分以有效的揭示水体的划分。近红外（NIR）波段能很好的从卫星图像中检测出开放性水域，因为水体在近红外范围内有着比其他地类更强的吸收能力。中红外（MIR）波段对于开放性水域的检测也很有效，因为水体有着很高的中红外吸收，而且其他的地类相比近红外对于中红外有着更高的反射率。有几种由 NIR 和 MIR 组成的 NDWI 被提出。

最常用的 NDWI 是：

（1）$NDWI_{NIR/MIR}=(NIR-MIR)/(NIR+MIR)$

（2）$NDWI_{G/NIR}=(green-NIR)/(green+NIR)$

（3）修正 NDWI 系数，$NDWI_{G/MIR}=(green-MIR)/(green+MIR)$。

经过调试，本研究选用的是第二种 NDWI 系数。每幅影像的系数数值范围则因拍摄时间等参数的不同呈现出不同，需每幅影像进行调试方可确定。NDVI（Normalized Difference Vegetation Index，归一化差分植被指数，标准差异植被指数），也称为生物量指标变化。NDVI 是植被覆盖指数，应用于检测植被生长状态、植被覆盖度和消除部分辐射误差等。表达公式为 NDVI =

（NIR−R）/（NIR+R）。NIR 为近红外波段的反射率值，R 为红光波段的反射率值。红色波段处于叶绿素吸收区域，植被对红色波段的反射值较大，故 NDVI 在遥感中识别植被发挥出较大的作用。NDVI 在农业尤其是监测作物长势水平的应用中较为广泛，运用 NDVI 指数可以对作物生长的全过程进行动态监测，对作物的播种、返青、拔节、封行、抽穗、灌浆等不同阶段的苗情、长势制出分片分级图，并与往年同样苗情的产量进行比较、拟合，并对可能的单产作出预估。在提取地类信息上，可以利用 NDVI 的数值来判别植被和非植被，林地和耕地。一般而言，植被的 NDVI 指数大于非植被，林地的 NDVI 指数与耕地也不相同。然而，对于每一个年份的每一幅影像，由于其影像各个参数的不同，NDVI 的数值也不尽相同。除应用 NDWI 和 NDVI 两个指数外，本研究还运用 DEM 数据和 Brightness 等作为辅助分类的参数。DEM 数据越大，表明其高度越高，一般而言，高度越高的植被是林地的概率就越大，DEM 可以运用到区分林地和耕地中。Brightness（亮度），是影像对象的图层数量除以包含光谱信息的图层平均值的总和（一个影像对象的光谱平均值的平均值）。经过调试，可以用来适当的区分耕地与林地。技术路线如图 5−1 所示。

5. 分类结果精度检验

无论采用哪种分类方法，结果都会产生不同程度的误差。为提高结果的可信度，要对分类结果进行精度评价。对于遥感图像来说，通常是通过采样，从用于检验的数据中选择一定数量的样本，并将样本与分类结果进行比较，根据其一致性确定分类结果的准确程度。本文采用的是基于 TTA 掩膜的误差矩阵评价方法，在 arcgis 里随机选取样本点，结合 Googleearth 软件和实地勘察，确定该样本点实际的地类，再赋予各样本点地类属性，由此形成的矢量文件作为样本文件。运用 eCognition 自带的基于 sample 的

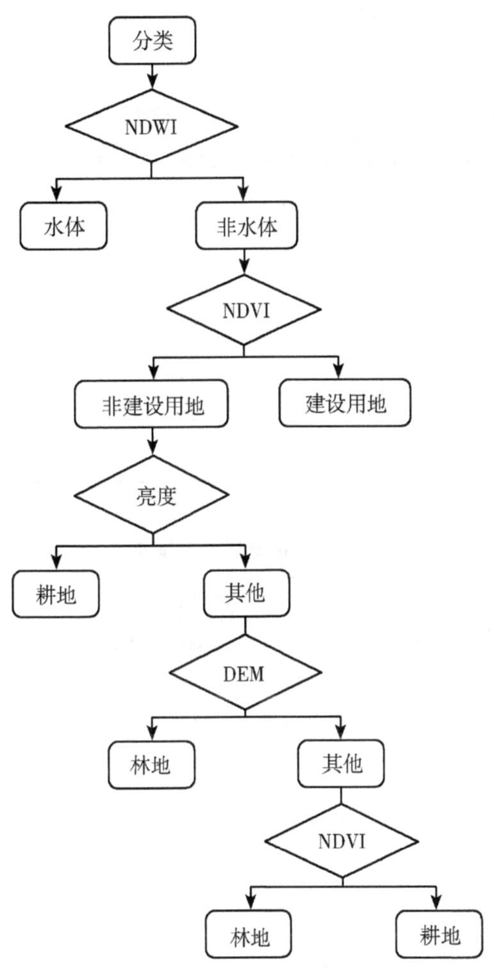

图 5-1　分类技术路线

精度评价功能，导入影像、解译出的矢量文件以及样本文件，对解译完成的影像图进行精度计算。导出的精度评价结果包括了三部分，分别是混淆矩阵、单一类别的精度分析结果和总体类别的精度分析结果。以 2005 年的影像为例，导入所需资料后，导出混淆矩阵和精度检验结果如表 5-1 和表 5-2 所示。

表 5-1 精度评价样本

地类	林地	耕地	建设用地	草地	水体	未利用地	Sum
林地	135	5	0	1	0	0	141
耕地	6	204	7	0	0	2	219
建设用地	1	5	42	0	0	0	48
草地	0	0	0	4	0	0	4
水体	0	2	0	0	77	1	80
未利用地	0	0	1	0	0	11	12
总计	142	216	50	5	77	14	504

表 5-2 精度评价混淆矩阵

精度	林地	耕地	建设用地	草地	水体	未利用地
生产精度	0. 9507	0. 9444	0. 8400	0. 8000	1. 0000	0. 7857
用户精度	0. 9574	0. 9315	0. 8750	1. 0000	0. 9625	0. 9167
Hellden 精度	0. 9541	0. 9379	0. 8571	0. 8889	0. 9809	0. 8462
Short 精度	0. 9122	0. 8831	0. 7500	0. 8000	0. 9625	0. 7333
单一地类 Kappa 系数	0. 9316	0. 9018	0. 8232	0. 7984	1. 0000	0. 7805
总体精度			0. 9385			
总 Kappa 系数			0. 9122			

Kappa 系数是用于一致性检验较为理想的指标，在医学等各个领域都有着相当广泛的应用。Kappa 系数在遥感解译精度检测中的应用十分普遍，Kappa 系数的值与分类质量的关系如表 5-3 所示。以 2005 年的影像为例，以 2005 年的影像为例，总体

Kappa 值为 0. 9122。其余图像的 Kappa 值均在 0. 8 以上，整体的分类质量都处于极好的范围。

表 5-3　Kappa 系数与分类精度的关系

Kappa 系数	分类质量
<0. 00	很差
0. 00～0. 20	差
0. 20～0. 40	一般
0. 40～0. 60	好
0. 60～0. 80	很好
0. 80～1. 00	极好

6. 研究区土地利用空间数据库的建立

鄱阳湖生态经济区土地利用数据建立后，在同一个地理参考下，叠加土壤、等高线、地貌等相关空间数据，并链接生态经济区各县（市、区）的社会经济数据，如人口、GDP 等，形成了鄱阳湖生态经济区土地利用数据库（图 5-2）。

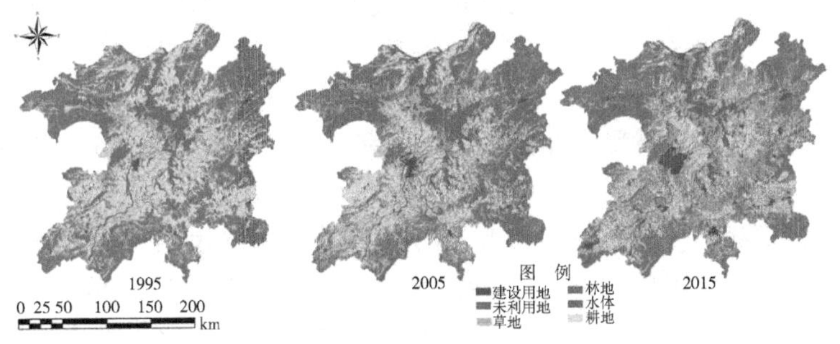

图 5-2　土地利用分类

主要参考文献

白秀莲.2012.基于决策树方法的遥感影像分类研究［D］.呼和浩特：内蒙古师范大学.

付晓宇.2018.遥感技术在土地资源方面的应用及展望［J］.产业与科技论坛，17（17）：40-41.

李天.2019.面向图像分类的遥感影像综合评价方法研究［J］.北京测绘，33（2）：157-160.

刘小芳.2011.基于核理论的遥感图像分类方法研究［D］.成都：成都电子科技大学.

马凯，梁敏.2017.基于BP神经网络高光谱图像分类研究［J］.测绘与空间地理信息，40（5）：118-121.

马铭，苟长龙.2017.遥感数据最小距离分类的几种算法［J］.测绘通报（3）：157-159.

马腾，刘全明，孙红.2018.多源遥感技术在土地利用分类中的应用［J］.测绘通报（8）：56-61.

毛宁，刘慧平，刘湘平，等.2019.基于RMNE方法的多尺度分割最优分割尺度选取［J］.国土资源遥感，31（2）：10-16.

沈照庆，舒宁，龚衍，等.2008.基于改进模糊ISODATA算法的遥感影像非监督聚类研究［J］.遥感信息（5）：28-32.

宋相法，焦李成.2012.基于稀疏表示及光谱信息的高光谱遥感图像分类［J］.电子与信息学报，34（2）：268-272.

孙丽娟.2011.基于支持向量机的高光谱图像分类技术研究［D］.哈尔滨：哈尔滨工程大学.

王圆圆，李京.2007.基于决策树的高光谱数据特征选择及对分类结果的影响分析［J］.遥感学报，11（1）：69-76.

许锋，卢建刚，孙优贤 . 2003. 神经网络在图像处理中的应用［J］. 信息与控制，32（4）：344-351.

张蓓 . 2018. 高光谱遥感图像分类方法研究［D］. 西安：长安大学.

张裕，杨海涛，袁春慧 . 2018. 遥感图像分类方法综述［J］. 兵器装备工程学报，39（8）：108-112.

Chen Y Nasrabadi N M，Trn T D. 2011. Hyperspectral Image Classification Using Dictionary-b-ased Sparse Representation［J］. IEEE Trnsactions on Geoscience and Remote Sensing，49（10）：3973-3985.

H. Murai，S. Omatu. 1997. Remote Sensing Image Analysis Using a Neural Network and Knowle-dge-based Processing［J］. International Joumal of Remote Sensing，18（4）：811-828.

LiY，Xie W，LiH. 2016. Hyperspectral Image Reconstruction by Deep Convolutional Neural Network for Classification［J］. Pattem Recognition，63：371-383.

Mianji FA，Zhang Y. 2011. Robust Hyperspectral Classification Using Relevance Vector Machin-e［J］. IEEE Transactions on Geoscience&Remote Sensing，49（6）：2100-2112.

Quinlan J R. 1986. Induction of Decision Trees［J］. Machine Learning，1（1）：81-106.

Zhu W，Chayes V，Tiard A，et al. 2017. Unsupervised Classification in Hyperspectral Imagery Wit-hNonlocal Total Variation and Primal-Dual Hybrid Gradient Algorithm［J］. IEEE Transactions on Geoscience&Remote Sensing，55（5）：2786-2798.

第六章　研究区土地利用变化特征研究

第一节　研究区土地利用数量变化

利用前文介绍的 eCognition 解译数据，把鄱阳湖生态经济区土地划分为六大类：草地、耕地、建设用地、林地、水体、其他用地。在 ArcGIS 中导出数据，并运用 Excel 的数据透视表功能，得到表 6-1。

表 6-1　1995—2015 年研究区土地利用类型及面积

（单位：km^2）

土地利用类型	1995 年	比例（%）	2005 年	比例（%）	2015 年	比例（%）
耕地	21 111.78	41.11	20 866.57	40.63	19 920.38	38.79
建设用地	1 828.78	3.56	2 985.02	5.81	5 047.91	9.83
林地	21 868.85	42.59	21 231.01	41.34	20 300.49	39.53
草地	1 341.99	2.61	1 337.99	2.61	1 793.33	3.49
水体	4 853.62	9.45	4 576.42	8.91	3 998.78	7.79
其他用地	347.75	0.68	355.76	0.69	291.88	0.57

从表 6-1 可以看出，研究区土地利用类型以林地和耕地为主。研究期间，林地主要分布于研究区四周，西北和东北方向分

布居多；耕地主要分布在研究区中心平原地区及鄱阳湖与赣江连线的西部区域，永修县、新建县、高安市分布居多，在1995—2015年有所减少；建设用地主要以组团状分布，多为城镇建设用地和农村居民点，变化较大；相对于耕地和建设用地而言，林地与草地面积较为稳定，研究期间未发生较大变化；水域面积呈现下降趋势；其他用地面积先增长后下降。具体分析各个地类，有以下特点。

（1）耕地在六大类面积中比重较高，是鄱阳湖生态经济区的主要地类之一，其占比常年超过30%。耕地面积和占比在整个研究期内呈下降态势，且与其他地类相比，变化幅度较大。从面积数量的变化和比重的数值变化上看，1995—2005年的变化幅度超过2005—2015年。1995—2005年面积变化相对较少，减少了245.21hm^2，其在当年的土地类型中的占比下降了0.48%，由41.11%下降到38.79%；2005—2015年减少的面积相对较多，减少了946.19km^2，其在当年的土地类型中的占比下降了1.84%，由40.63%下降为38.79%。总体，1995—2015年耕地面积由21 111.78km^{2}变化为19 920.38km^2，共减少1 191.4km^2，下降率为2.32%。由此可见，研究区耕地面积呈持续下降趋势，且根据实际情况来看，旱地面积减少量比水田面积减少量大。

（2）建设用地在六大类面积中比重一般，其占比不超过15%，然而其总体变化幅度居六大类之首。从面积数量的变化和比重的数值变化上看，建设用地面积和占比在整个研究期内呈增长态势。2005—2015年的变化幅度超过1995—2005年。1995—2015年建设用地面积分别为1 828.78km^2、2 985.02km^2、5 047.91km^2。前十年建设用地面积增加1 156.20km^2，增长63.22%；后十年建设用地面积增加2 062.89km^2，增长69.11%。总体，1995年至2015年总共增长了8，占比增加了6.27%，由

1995 年的 3.56%增长到 2015 年的 9.83%。

（3）草地在六大类面积中比重较低，不超过 5%，其面积和占比在整个研究期内呈增长态势。且从面积数量的变化和比重的数值变化上看，2005—2015 年的变化幅度超过 1995—2005 年。1995—2005 年面积变化相对较少，减少了 $4km^2$，其在当年的土地类型中的占比变化为 0.01%，由 2.613%下降到 2.605%；2005—2015 年增长面积相对较多，增长了 $455.34km^2$，其在当年的土地类型中的占比变化为 0.89%，由 2.61%增长为 3.49%。1995 年至 2015 年总共增长了 $451.34km^2$，占比增长了 0.88%。

（4）林地在六大类面积中比重较高，与耕地比重处于同一水平，也是鄱阳湖生态经济区的主要地类之一，其占比常年在 40%左右。然而其变化幅度却远小于建设用地和耕地。林地面积数量和占比在整个研究期内呈下降态势，与其他地类相比，林地的变化幅度相对较大，居六大地类中的第三。从时间范围看，1995—2005 年的变化幅度和 2005—2015 年差异不大，但 2005—2015 年的变化幅度还是略微大于 1995—2005 年。2005—2015 年面积数量减少了 $930.52km^2$，其在当年的土地类型中的占比下降了 1.81%，由 41.34% 下降到 39.53%；1995—2005 年减少了 $637.84km^2$，其在当年的土地类型中的占比下降了 1.24%，由 42.59% 减少为 41.34%。1995 年至 2015 年总共减少了 $1\ 568.36km^2$，占比减少了 3.05%，由 1995 年的 42.59%减少到 2015 年的 39.53%。

（5）水体在六大类面积中比重不高，其占比常年在 10%左右。水体面积数量和占比在整个研究期内变化幅度不大，与其他地类相比，为变化幅度第二小的地类。从时间范围看，水体 1995—2005 年由 $4\ 853.62km^2$ 下降为 $4\ 576.42km^2$，减少了 $277.20km^2$，下降率为 5.71 %，且占比由 9.45%下降至 8.91%；

2005—2015 年减少了 577.64km^2，下降率为 12.62%，且占比由 8.91% 降至 7.79%。总体来说，1995—2015 年总体减少 854.84km^2，占比由 9.45%下降至 7.79%，减少了 1.66%。

（6）未利用地在六大类面积中比重最低，不超过 1%，但其面积和占比的变化幅度却不是最小，它略高于水体。在整个研究期内其面积和占比呈增长态势。且从面积数量的变化和比重的数值变化上看，1995—2005 年的变化幅度远小于 2005—2015 年。1995—2005 年由 347.75km^2 增加为 355.76km^2，增加了 8.01km^2，占比由 0.68% 上升至 0.69%，占比变化 0.01%；2005—2015 年则减少了 63.88km^2，下降率为 17.96%，占比由 0.69%下降至 0.57%，占比变化 0.12%。

由此可见，研究期间不同土地利用类型呈现三种变化趋势：一是持续下降型，包括耕地、林地、水体；二是持续增长型，包括建设用地；三是波动变化型，包括草地和其他地。从土地承担的功能（许尔琪，2015）来看生产生态用地（耕地）呈现持续下降趋势，生态用地（林地）和生态生产用地（水体）也呈现下降趋势，生态容纳用地（其他用地）呈现波动式下降趋势，生活生产用地（建设用地）呈现持续增长态势，且增长幅度较大。

第二节　研究区土地利用结构变化

根据 ArcGIS 10.2 叠加分析工具（曲衍波，2008），将三期土地利用类型进行叠加得到研究区土地利用变化图谱：稳定型（A-A-A）、前期变化型（A-B-A）、后期变化型（A-A-B）、持续变化型（A-B-C）四种类型，如图 6-1、表 6-2 所示。

从图 6-1 可以看出，研究期间，土地利用变化以稳定型图

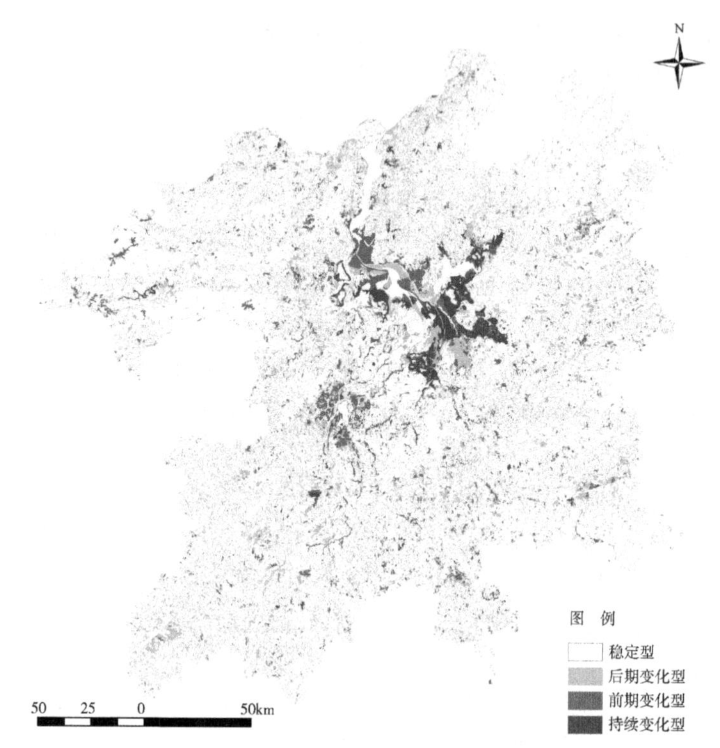

图 6-1 土地利用变化空间分布

谱为主，占研究区总面积的 83.78%。前期变化型主要分布于南昌市中心城区与鄱阳湖湖区内，主要表现为建设占用耕地、耕地退化为其他用地、其他用地转化为水域和草地转化为林地。其中，建设占用水田较多出现在青山湖区（42.65km^2），水田退化为未利用地主要发生在丰城市、进贤县、临川区和新建县，一部分原因是地形因素，部分地理环境不佳，耕作条件较差的耕地被弃耕，另一部分原因可能是社会经济因素变化所致，如社会经济发展、人口流动以及基础设施变化，人类更倾向于集中耕种优质土地。转化为水域的未利用地主要位于环湖区域，随着鄱阳湖区域水文条件逐渐扩展，赣江南支、中支及北支的流量得到有效控制，赣江主支的泄洪量显著加大，相关部门严格控制高滩围田，严禁围湖造田，有效遏制了鄱阳湖的萎缩速度，鄱阳湖蓄水能力随之增大，故沿湖岸线的未利用地逐步演替为水域。

后期变化型的面积为 1 517.09km^2，占比 2.97%，其空间分布较为零散。变化模式以“林地—林地—耕地”（813.11km^2）、“耕地—耕地—林地”（787.93km^2）为主。这一时期的特点表现为，因建设占用生产生态用地的现象得到有效遏制，建设占用耕地的现象得到明显改观；生产生态用地与生态用地之间的转化比前一阶段更为频繁，这说明在退耕还林的同时仍存在毁林开荒的矛盾。这可能是研究区加大生态退耕力度，积极响应省委省政府“造地、增粮、富民”工程，将贫瘠耕地、撂荒耕地、不适宜耕种的土地通过土地整理退耕还林，同时积极打造集中连片、地势优越、适宜耕种的高标准基本农田。从表 6-2 可以看出，都昌县后期变化型面积 225.95km^2，占后期变化型总面积的 14.89%；永修县后期变化型面积 143.77km^2，占后期变化型总面积的 9.48%；南昌县、鄱阳县、新建区后期变化型总面积均在 100km^2 以上，总体占比超过 25%；其余县（市、区）后期变化型面积较小，且县（市、区）之间后期变化型面积较为均衡。

持续变化型的面积为 1 028.08km^2，占比 2.01%，较为集中的分布在鄱阳湖邻近区域。变化模式以“未利用地—水域—其他”（623.09km^2）、“水域—其他用地—水域”（44.50km^2）、“耕地—其他用地—水域”（29.90km^2）、“耕地—水域—耕地”（17.73km^2）为主，空间分布上以鄱阳县、余干县、湖口县、丰城市和南昌市为主。从表 6-2 可以看出：鄱阳县在持续变化型中面积占比最高，有 311.11km^2，占持续变化总面积的 30.26%；余干县则为 205.94km^2，占持续变化总面积的 20.03%；新建区、都昌县面积 50km^2 以上，剩余其他县

（市、区）均在 50km² 以内，总体占比少于 40%。总体上，持续变化型的土地利用变化表现出持续性与反复性的特点。

表 6–2　各行政区范围内土地利用变化图谱面积（单位：km²）

行政区	稳定型	前期变化型	后期变化型	持续变化型	总计
安义县	566.52	80.56	9.78	3.87	660.73
昌江区	320.31	68.46	13.91	5.52	408.20
德安县	816.81	103.55	10.25	4.07	934.68
东湖区	20.91	1.59	2.38	0.15	25.04
东乡县	1 120.63	117.44	32.81	11.76	1 282.63
都昌县	1 619.99	293.39	225.95	64.13	2 203.46
丰城市	2 424.90	325.09	55.52	32.09	2 837.60
浮梁县	2 634.47	200.51	13.45	5.30	2 853.73
高安市	2 099.87	305.20	15.81	5.15	2 426.03
贵溪市	2 264.72	202.87	13.77	5.24	2 486.61
湖口县	559.32	112.76	11.65	16.04	699.77
进贤县	1 635.26	238.83	51.27	23.46	1 948.83
九江县	681.29	90.86	25.47	8.91	806.54
乐平市	1 721.96	211.55	34.05	14.96	1 982.53
临川区	1 761.40	204.83	59.48	15.49	2 041.21
庐山区	446.80	91.06	9.33	3.43	550.63
南昌县	1 466.76	186.78	124.57	32.99	1 811.10
彭泽县	1 321.60	185.30	15.10	9.31	1 531.32
鄱阳县	3261.12	413.19	144.32	311.11	4 129.74
青山湖区	150.53	35.34	75.90	12.06	273.83
青云谱区	26.41	2.04	7.36	1.06	36.87
瑞昌市	1 236.72	158.75	18.27	4.78	1 418.52
湾里区	218.22	22.55	5.49	0.68	246.94
万年县	1 009.35	120.10	12.51	5.85	1 147.82
武宁县	3 142.72	256.43	72.91	25.42	3 497.49
西湖区	17.32	6.35	9.67	2.03	35.36

（续表）

行政区	稳定型	前期变化型	后期变化型	持续变化型	总计
新干县	1 093.42	136.85	10.22	5.14	1 245.63
新建区	1 647.43	316.62	111.91	88.67	2 164.63
星子县	561.04	95.81	40.73	25.57	723.15
浔阳区	136.99	20.69	0.99	0.28	158.95
永修县	1 606.04	243.60	143.77	51.32	2 044.73
余干县	1 690.94	372.77	82.38	205.94	2 352.04
余江县	820.45	94.07	13.39	9.30	937.22
渝水区	1 526.61	241.19	8.99	4.50	1 781.28
月湖区	87.04	38.41	8.28	3.32	137.05
樟树市	1 107.69	150.31	25.09	8.48	1 291.57
珠山区	14.11	1.27	0.37	0.68	16.43
总计	42 837.70	5 747.01	1 517.09	1 028.08	51 129.88
比例（%）	83.78	11.24	2.97	2.01	100.00

第三节 研究区土地利用存在的问题

随着鄱阳湖生态经济区致力于打造世界型生态经济示范区，未来经济社会发展方向和产业布局将出现重大改变。由于未来发展形势和发展要求的变化，协调生态保护和社会经济发展将出现许多新情况、新形势，有必要分析其存在的问题。

1. 建设用地增长迅速，土地利用程度较高

城镇发展需要发展空间，这必然需要一定的建设用地。近几年，鄱阳湖生态经济区快速发展，尤其在2009年后上升为国家战略后，其发展受到国家—省—市—县级等各个层级政府及广大人民群众所关注，新增建设用地占用生态用地和生产生态用地现象较为普遍，城乡发展与耕地保护、生态建设的矛盾仍然存在。

从前文土地利用变化情况也可以看到，鄱阳湖生态经济区建设用地由 1995 年的 1 828.78km^2 增加至 2015 年的 5 047.91km^2，变化幅度最大。值得注意的是，从土地利用数量变化中可以看到，耕地、林地、水体属于持续下降型，这意味着建设用地占用了生产用地与生态用地，永久基本农田控制线、生态保护红线控制线将受到威胁。另外，鄱阳湖生态经济区土地利用程度较高，从土地利用数量（表 6-1）可以得出，其他用地面积从 1995—2015 年总体较少，均在 300km^2 左右，并且其他用地面积呈现下降趋势。

2. 建设用地布局待进一步调整优化

当前农村居民点、城镇建设用地多以组团式和卫星式发展，城镇和农村建设用地未形成统筹串联式发展，建设用地保障与耕地保护矛盾日益尖锐，耕地占补平衡压力大。究其原因，鄱阳湖生态经济区是一个正在发展的国家级战略的区域，在经济快速的发展动力下，建设用地的供给量也快速增长。近几年，鄱阳湖生态经济区突出特色、严格准入、优化布局，以工业园区为平台，以骨干企业为依托，推动经济发展，形成了永修星火有机硅基地、樟树和新干盐化工基地、南昌半导体照明工程产业化基地等多个工业基地，建设用地数量增多、布局较为分散未形成统筹发展。这将导致后续发展困难，不利于鄱阳湖生态经济区土地生态系统健康及土地可持续发展。

3. 鄱阳湖生态经济区土地利用变化过度集中于鄱阳湖腹地及湖滨区域

多发生于生产生态用地、生态用地、生态容纳用地。在第五章及本章土地利用数量及结构变化这一块，可以看到鄱阳湖腹地及湖滨区域的土地利用变化尤其丰富。但《鄱阳湖生态经济区规划》中着重强调生态建设及生态产业体系，要求重点保护水资源、湿地面积、森林覆盖率等。建设用地空间发展格局与现行土地规划空间布局出现了较大偏离，现行土地规划空间布局难以满足未来鄱阳湖生态经济区的发展方向和产业布局，同时也难以适应可持续发展战略的新要求，对于发展质量和效益，加强资源节约和综合利用，实施节能减排和环境保护是一大障碍。

主要参考文献

曲衍波，齐伟，商冉，等. 2008. 基于的山区县域土地生态安全评价［J］. 中国土地科学，22（4）：38-44.

许尔琪，张红旗. 2015. 中国核心生态空间的现状、变化及其保护研究［J］. 资源科学，37（7）：1322-1331.

第七章　隐患视角下的研究区土地生态系统健康演化机理研究

第一节　研究区土地生态系统中隐患因素的系统分析

一、土地生态系统隐患的类型及影响途径

鄱阳湖生态经济区面临的生态环境问题主要有自然灾害发生频繁、土地荒漠化加剧、动植物的种类和数量都在逐渐减少、环境污染等。通过对鄱阳湖生态经济区当前遇到的生态问题进行分析，发现隐患因素是土地生态系统健康恶化的源头。研究区土地生态系统的健康隐患按照类型和影响途径可以分为长期隐患和瞬时隐患两类。长期隐患缓慢作用于土地生态系统，并持续发生，危害的效果呈现出累积的效果。它的引发原因包括土地生态系统本底状况的变化、人类活动、经济发展等，具体途径包括土地生态系统各种物理、化学生物过程和自然生态环境变迁、开山填海、大规模开垦及无节制索取自然资源超过土地承载力阈值。瞬时隐患的引发原因主要是自然灾害，影响途径包括水灾、山体滑坡、火灾，泥石流、地震等，它由于没有征兆，突然发生，一旦发生即呈现出瞬时的毁灭性打击的危害后果。对于土地生态系统，隐患类型的不同，其发生的概率和破坏力也会不同。具体隐

患类型及影响途径如表 7-1。

表 7-1　隐患类型及影响途径

隐患类型	引发原因	影响途径
长期隐患	土地生态系统本底状况的变化，如地质地貌过程、气候变化过程	土地生态系统各种物理、化学生物过程和自然生态环境变迁
	外来物种入侵	打乱原有种群建设，导致原有物种的消失
	人类活动对环境的影响	开山填海；改变湖泊规模，河流走向
	土地利用变化	大规模开垦导致的水土流失、土地荒漠化；绿色植物减少，影响全球碳循环
	经济增长方式	无限制索取自然资源超出土地阈值
	社会发展方式	土地生态系统结构的失调和功能的减弱
	人类对自然认识程度	人类的活动时时刻刻影响土地生态系统
瞬时隐患	自然灾害、人为因素	灾害性天气（霜冻、台风、寒潮），旱灾、水灾、山体滑坡、火灾，泥石流、地震等

二、隐患作用下鄱阳湖经济区土地生态系统变化

鄱阳湖生态经济区土地生态系统具有整体性，由生物群落和非生物环境两部分组成。生物群落由个体、种群、群落等层次从低到高组成，非生物环境非生物成分是由土壤、地形、气候等影响土地生态系统健康状态等无机因子组成。隐患的作用下，土地生态系统的生物组分和非生物组分都将发生变化。不同的组分呈现出不同的特征，变化也不相同。从生物组分而言，个体是拥有生命能力的物种，包括动物和植物。在隐患的作用下，个体的生态变化由生理机能的变化和生命状态的改变。种群是同种个体的集合，隐患作用下，其生态变化由种群规模、分布和密度效应等表征。群落是种群的集合，隐患的作用下，其生态变化由其结

构、稳定性和演替等表征。等级系统理论指出，高层次组织系统的组成和细节特征是低层次组织系统，因此，土地生态系统的变化的具体内容就是生物群落和非生物环境的变化。具体见图 7-1。

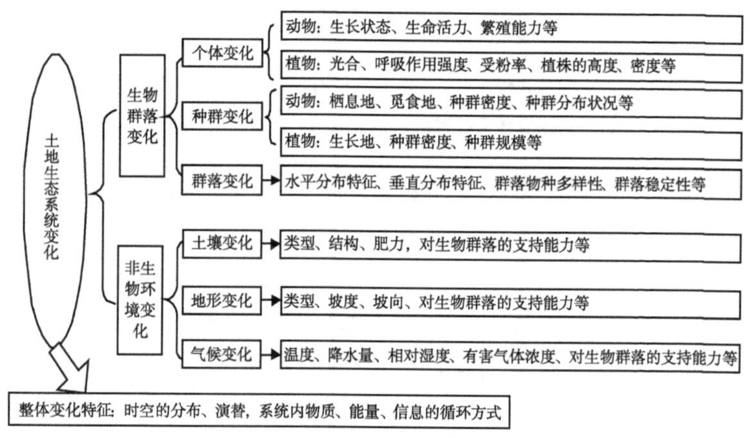

图 7-1　土地生态系统变化

第二节　隐患视角下的研究区土地生态系统健康演变机理

系统演变是系统从稳定状态 A 向稳定状态 B 转变的过程（稳定状态 A 和稳定状态 B 是系统在不同条件下的稳定状态）。土地生态系统健康演变是隐患因素作用下系统状态不断发生变化，直至土地生态系统质变的过程。系统的健康状态有其本身的健康阈值，当对土地的影响超过其阈值后，原有的健康状态被破坏，从而发生健康突变，系统转变到一个新的健康状态。健康演变的实质就是土地生态系统在健康与不健康循环往复的变化中发展。隐患的触发传递机制推动系统健康状况恶化，隐患的控制响应机制抑制恶化态势，隐患的触发传递机制与隐患的控制响应机制在时间上有前后的联系，但在系统运转中，二者互为耦合关系，相互影响、作用，共同决定健康演变的结果。

一、鄱阳湖生态经济区土地生态系统健康演变概念模型

鄱阳湖生态经济区土地生态系统作为一个自然—环境—社会经济复合系统，不仅具有一般系统的共性及其自身的特性，而且不同于其他系统，土地生态系统作为介质连接着生物群落和生态环境，具有开放性、动态性、层次性和反馈性的特征，这些特征决定了影响土地生态系统健康的因素多种多样（余敦，2012）。土地生态系统健康与否不是瞬间状态描述，而是某个时间段内的健康状态的描述。追本溯源，研究引发其健康状况发生质变的因素显得极为重要，通过对表征土地生态系统健康指标进行多层次剖析，探讨其演变机理发现隐患是影响土地生态系统健康的主要因素，隐患通过干扰和胁迫来影响土地生态系统的健康。土地生态系统在受到健康隐患因素的干扰和谐胁迫的情况下会产生健康警情，但是，不是全部的隐患都会影响土地生态系统的健康情况。因此，厘清隐患来源和隐患对土地生态系统的作用机理成为研究土地生态系统健康演变的基础。隐患因素通过其物质、能量、信息的传递作用于土地生态系统，为此隐患—状态—响应（P-S-R）模型共同构成了土地生态系统健康的过程（王耕，2006）。因此，从PSR模型方面来厘清土地生态系统健康作用的逻辑关系。

本研究从土地生态系统的属性出发，将土地生态系统划分为三个子系统，即自然子系统、环境子系统和社会经济子系统。自

然子系统是纯粹的自然综合体，是土地生态系统自行运转的源系统。环境子系统是人类活动的影响造成的土地生态环境变化的相关子系统。社会经济子系统是人类社会中发生的社会、经济、文化活动过程造成土地生态系统演变的子系统。土地生态系统不健康情况的产生，既可能是由单个子系统隐患引起，也可能是由多个子系统隐患引起。当土地生态系统不健康情况还未发生时，就已经做出了有效预防，那么土地生态系统将能保持健康状态；当土地生态系统不健康情况发生时，人类进行有效控制，则土地生态系统不健康情况将有所好转，逐步转向土地生态系统健康状态。总之，在自然、环境、社会等单个或者多个隐患条件下（隐患），土地生态系统面临不健康的威胁（状态），当人类积极采取措施（响应）时，土地生态系统将从不健康向健康状态演变。具体隐患对土地生态系统健康的影响模型如图 7-2 所示。

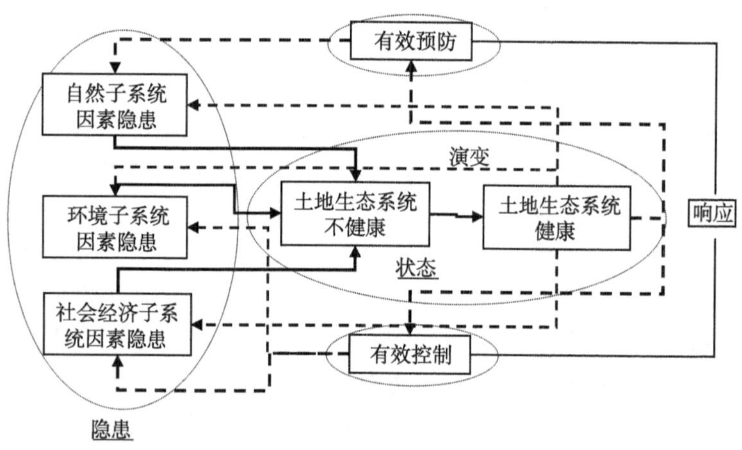

图 7-2　隐患对土地生态系统健康的影响模型

二、隐患触发传递机理

隐患触发传递机理决定了隐患的危害程度，使土地生态系统健康朝恶化方向转变，是自然子系统、环境子系统与社会经济子系统的隐患因素耦合过程。隐患一旦发生，对土地生态系统健康是巨大的打击，及时的识别隐患显得非常重要。

隐患触发传递机制分为隐患触发和隐患传递两方面。隐患触发是指隐患接触土地生态系统之后，与土地生态系统自身的控制响应机制互相作用。隐患就触发的难易程度划分为，隐患易触发、隐患较易触发、隐患中等程度触发、隐患不易触发、隐患不触发。当隐患的触发机制作用力大于土地生态系统自身的控制响应能力时，隐患的传递机制开始运行。隐患的传递隐患在触发之后，继续在土地生态系统内传递。

三、隐患控制响应机理

隐患控制响应机理是土地生态系统自身组织结构与功能决定的其控制不健康状态的发生与影响健康状态因素的传递，降低危害的风险与影响。隐患控制响应机制由土地生态系统自身固有的生态平衡调节能力和人类对土地生态系统健康的积极影响共同响应。人类对土地生态系统的响应体现在通过社会、经济等相关因素及技术手段的监控与预测，防止隐患的量的积累及进而可能发生的突变，控制、消除危害的影响。

隐患控制响应机制分为预控响应与实控响应两方面。隐患的预控响应是指隐患控制响应机制响应隐患因素触发的预防措施，瞬时隐患的预控响应作用时间是危害尚未发生之时，长期隐患的预控响应的作用时间是危害尚未发生时与危害正在发生时。实控响应是隐患控制响应机制响应隐患因素触发后危害传递和扩散的有效作用措施，瞬时隐患的实控响应作用时间是危害已经发生之后，长期隐患的实控响应时间是危害正在发生时与危害发生之后。隐患的触发传递机理与隐患的控制响应机理具体的作用时间和作用对象是分阶段的，第一阶段是隐患的触发与预控响应，隐患的预控响应发生在隐患的触发机制中，通过预控响应与触发机制的相互作用，相互影响，其中通过预控响应的作用，隐患不触发的消除在了第一阶段；第二阶段是隐患的传递与实控响应，隐患的实控响应发生在隐患的传递机制中，通过实控响应与传递机制的相互作用与相互影响，土地生态系统呈现出不同的健康状态。

四、土地生态系统健康演变过程

土地生态系统健康的演化是从一种平衡稳定的状态演化为另一种平衡稳定的状态，是一个动态的发展过程。土地生态系统的健康状态在土地生态系统内部影响因素与外部影响因素共同作用下发生动态变化。系统健康发生演化即是原有的平衡稳定状态被打破，是指影响因素对土地生态系统健康演化的作用力大于其系统的自身健康承载力，这种演化既存在正向演化也有逆向演化。

土地生态系统对隐患的反映过程有 3 个阶段，开始为初期反应时期，这段时期是隐患触发机制和隐患响应机制相互作用时期；随后是抵抗阶段时期，这段时期是隐患传递机制和隐患响应机制相互作用时期；最后是恢复阶段时期，土地生态系统向另一个平衡稳定的状态完成过渡。土地生态系统对隐患的反应结果有四种情况，分别是消亡、退化、恢复和新的状态。

土地生态系统健康演变的实质是在隐患的触发传递机理与隐患的控制响应机理也就是隐患的作用机理下的时间与空间的转变，直到发生健康的突变（王耕，2007）。这是一个从健康到警戒的循环往复的存在与发展的过程。在初始时刻，土地生态系统面临土地生态系统健康隐患的影响。在隐患的触发机制与隐患的预控响应机制共同作用下，隐患呈现出不触发和触发两种可能，隐患在触发之后，预控响应机制失效，隐患发生传递并产生危害，这个时候，隐患的实控响应机制开始生效，通过土地生态系统的自我调控功能以及人类采用的各种经济技术手段来消除危害。如果土地生态系统健康响应机制强大，具有较强的免疫力和恢复能力，土地生态系统呈现健康或较健康的状态。如果土地生态系统响应机制相对隐患的危害较弱，土地生态系统呈现出警戒状态、中警状态甚至是重警状态。隐患触发传递机制与隐患的控制响应机制在相互作用中，当隐患触发传递机制的作用弱与隐患的控制响应机制，土地生态系统呈现健康趋势，且越弱越健康。当隐患触发传递机制的作用强于隐患的控制响应机制，土地生态系统健康呈现警戒状态，且越强警情越严重。区域土地生态系统健康的演变状态如图 7-3。

主要参考文献

王耕，吴伟 . 2007. 区域生态安全演变机制与过程分析［J］. 中国安全科学学报，17（1）：16-21.

余敦，高群，欧阳龙华 . 2012. 鄱阳湖生态经济区土地生态安全警情研究［J］. 长江流域资源与环境，21（6）：678-683.

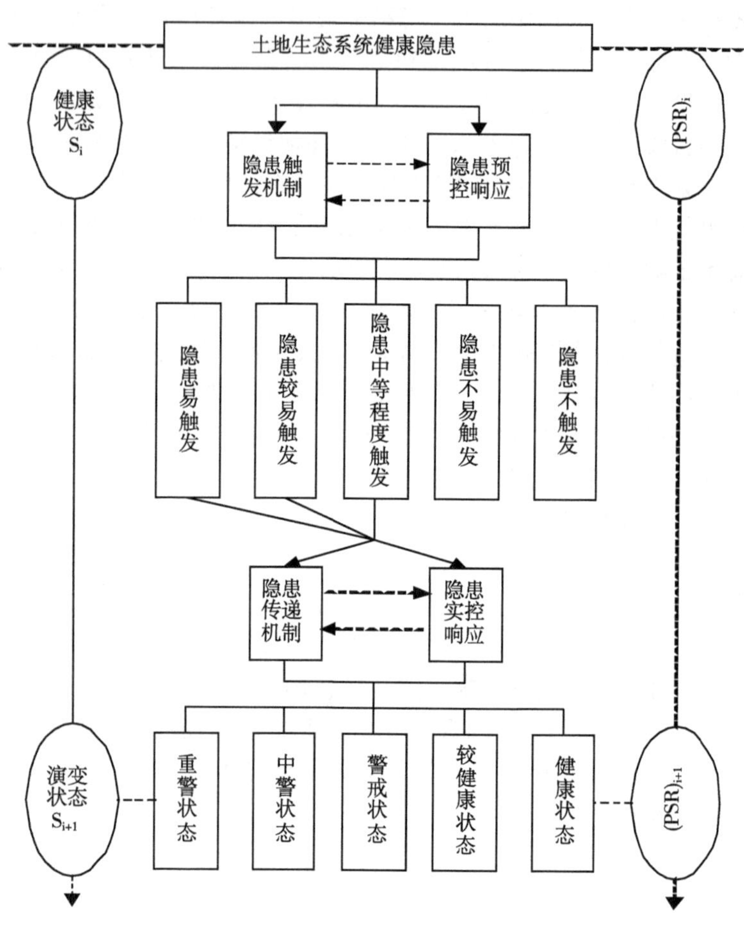

图 7-3 土地生态系统健康演变的机制研究

第八章　基于P-S-R模型的研究区土地生态系统健康时空测度研究

第一节　评价指标体系的构建

一、指标体系构建的原则

土地利用系统是一个巨大的开放、动态的复合性人工系统，在构建评价指标体系和选取指标中涉及多学科交叉的情况，因此方法及指标种类繁多，在结合当地社会经济发展的前提下，所构建的指标体系及指标选取要能对研究区域进行土地利用系统健康进行正确、客观的评价，并且找出影响研究区土地利用系统健康水平的障碍因子，及时发现土地利用过程中的问题，以尽可能的防止人类对土地资源的不合理利用导致影响土地利用系统的健康状况，从而更高效的利用土地资源，以实现土地的可持续利用。科学准确剖析土地生态健康的时空变化特征，是该区域发展生态经济、促进生态与经济协调发展的首要任务，择选适宜的指标参数则对于土地生态健康测度意义重大。本研究在构建评价指标体系时遵循以下原则。

1. 科学性和整体性原则

在选取评价指标的过程中，需紧紧围绕土地生态内涵，以土地生态健康的驱动因素为导向，以化解复杂多样的生态危机为目的，科学规范的选取含义清晰的指标，尽可能辨识土地生态健康来源的复杂性、转移的多样性、提升的可操作性。土地生态系统是一个层次多、范围广、内涵复杂的耗散结构体，是自然科学和社会科学的有机结合。在选取评价指标时，要凸显土地生态系统整体性的特点，择选不同层次、内容丰富的指标，保证各指标之间既相互联系又相互制约，构建层次明晰的评价指标体系，以保证土地生态系统的完整性。

2. 易获取性和可操作性原则

理论上，可供选择的评价指标多样，指标参数值既可通过文献资料查阅，也可实地调研，还可以借助遥感卫星等新兴科技手段获取。在研究设计阶段，倘若凭空捏造指标，将大大增加评价的难度，导致结果难以反映土地生态健康的真实水平。实际上，指标的择选应从具体的行为、特征和水平上对变量的操作进行描述，即指标数据可观测、可度量、可计算。本研究在相关研究的基础上，筛选了 20 项指标，指标数据可从遥感监测、文献资料、统计部门获得，一定程度上保证了研究工作的顺利实施。除此之外，在选取指标的过程中还要考虑到获取指标数据的难易程度，在数据和资料可获取的情况下，主要选取相对较为容易收集或通过调查可获的数据资料，同时也能保证数据来源的准确性，且为了便于统计和计算尽量选取可量化的评价指标，使建立的评价指标体系能正确的发挥出实际作用。

3. 简明性和动态性原则

在建立评价指标体系的时候，并不是指标越多越好，如果所选取的指标中不能准确的反映出真实状况，不仅会增加数据收集、加工和处理的工作量，而且很有可能会影响最后所得到的评价结果，因此着重选择能反映出准则层特征的主要指标，避免复杂烦琐，尽量简洁明晰便于使用。而由于土地利用系统具有很强的地域性，作为现实存在的系统、联系和有序性是变化的，不变的东西是不存在的，那么它会随着人类的活动在不停的变化过程中，始终随着各项指标的时间以及周围的条件的变化而变化的，建立评价土地利用系统健康的指标体系中最好能反映出它的动态性特点。

4. 综合性和系统性原则

土地利用系统是一个内部与内部、内部与外部存在着各种各样相互联系、相互影响的整体，它并不是孤立存在的。而土地利用系统的健康评价包括了社会、经济、生态等多个方面的内容，因此在构建指标体系的时候，要充分反映出压力系统、状态系统和响应系统之间的因果关系，并考虑到影响它们的各种因子，将整个指标体系融为一个整体，体现出土地利用系统与社会、经济和生态相互影响的特性，基于多因素来进行综合评价，指标体系要充分的考虑到系统中各要素之间相互作用、相互制约的方式、强度等多方面的内容，以达到对土地利用系统的健康状态进行综合全面的评价。

5. 凸显地域特色原则

研究区是长江三角洲、珠江三角洲、海峡西岸经济区等重要经济板块的直接腹地，是中部地区正在加速形成的重要增长极，该区域生物种类繁多，资源类型丰富，具有鲜明的地域特色。因此，在土地生态健康研究过程中，所选取的指标要挖掘当地资源的优势和独特价值，尽可能凸出研究区地域特色，彰显研究区土地生态系统健康状况变化的多元化。例如，指标的选取应立足于区域经济发展水平、产业运行的条件和环境、以及区域资源的可利用性。本研究针对湖泊—流域生态环境的特点和监测需求，提出了多个具有地域特色的专题性监测指标，包括植被覆盖度、人类活动强度指数等。

二、评价指标体系的构建

本研究主要采用 PSR 模型对鄱阳湖生态经济区土地利用系

统的健康状态进行评价。PSR（压力—状态—响应）模型最先是由加拿大的两名统计学家 Rapport 以及 Friend 提出来，随后再由经济合作与发展组织（OECD）和联合国环境规划署（UNEP）在 20 世纪 80 年代共同建立起来的用来评价环境问题的框架体系。它所突出的是人类的各项活动对系统所造成的影响压力所呈现出某种状态，再通过政策调控作为响应的对整体系统进行考虑分析，其中压力指标表示的是造成发展不可持续的人类活动、消费模式或者经济系统，而状态指标则用于表示的是可持续发展过程中的系统状态，响应指标用以表示人类为了促进可持续发展进程所采取的政策措施。

1. 指标权重的确定方法

用若干个指标进行综合评价时，其对被评价的作用，从评价目标来看并不是同等重要。在统计综合评价中，权属的大小反映了评价指标的重要程度，权数大的评价指标重要程度大，权数小的评价指标重要程度小。一般有两种表现形式：一是绝对数（频数）表示，二是用相对数（频率）表示。

从含信息的多少来考虑。权数越大，评价指标所包含信息越多。

从指标的区分能力来考虑，权数越大，说明评价指标区别被评价对象的能力越强。

在对指标进行赋权时，主要有三种方法，即主观赋权法、客观赋权法和组合集成赋权法。

（1）主观赋权法。根据决策者（专家）主观上对各属性的重视程度来确定属性权重的方法，其原始数据由专家根据经验主观判断得到。包括专家调查法（Delphi 法）、层次分析法（AHP）、二项系数法、环比评分法、最小平方方法等。

主观赋权法的优点是专家可以根据实际的决策问题和专家自身的知识经验合理地确定各属性权重的排序，不至于出现属性权重与属性实际重要程度相悖的情况。但决策或评价结果具有较强的主观随意性，客观性较差，同时增加了对决策分析者的负担，应用中有很大局限性（路云飞等，2018）。

（2）客观赋权法。它是基于各方案评价指标值的客观数据的差异而确定各指标的权重的方法。目前，客观赋权法主要包括主成分分析法（通过因子矩阵的旋转得到因子变量和原变量的关系，然后根据 m 个主成分的方差贡献率作为权重，给出一个综合评价值）、熵值法、离差及均方差法、多目标规划法等。基本思想是根据各属性的联系程度，或各属性所提供的信息量大小来决定属性权重。

客观赋权法主要是根据原始数据之间的关系来确定权重，因此权重的客观性强，且不增加决策者的负担，方法具有较强的数学理论依据。但是这种赋权法没有考虑决策者的主观意向，因此确定的权重可能与人们的主观愿望或实际情况不一致，使人感到困惑。

（3）组合赋权法。根据属性本身含义确定权重方面具有优势，但客观性较差；而客观赋权法在不考虑属性实际含义的情况下，确定权重具有优势，但不能体现决策者对不同属性的重视程度，有时会出现确定的权重与属性的实际重要程度相悖的情况。

针对主、客观赋权法各自的优缺点，为兼顾到决策者对属性的偏好，同时又力争减少赋权的主观随意性，使属性的赋权达到主观与客观的统一，进而使决策结果真实、可靠。因此，合理的赋权方法应该同时基于指标数据之间的内在规律和专家经验对决策指标进行赋权。

考虑到研究区实际情况及资料的可获取性和操作性，本研究主要采用熵值法确定基础权重。不同类型的指标涵盖了一定的信息熵，代表了生态系统中每一个对象的不同特征，对于生态健康水平的贡献程度不同。针对多层次、多类型的生态系统健康评价指标，衡量各个指标对于生态系统健康水平的贡献度并赋予相应的权重是开展评价工作的前提工作。专家打分法容易受到决策者的主观意愿影响，决策者往往根据先验知识对参评因子进行判断，得到的结果较为粗劣，缺乏科学可信度。客观计算的方法虽能有效克服主观因素的影响，但无法体现土地生态系统的动态变化性。为此，本研究利用熵值法确定各指标因素的基础权重，同时引入“惩罚型”变权的思想，根据各指标因素的状态值对基础权重进行调整。

由于土地生态系统具有自我恢复能力，所以如果人类各种土地利用活动在土地生态系统自我恢复能力的“阈值”容许范围内就可以自我修复而不会对土地生态安全产生影响，但如果土地生态安全的威胁累积到一定程度并超过其自身修复的“阈值”，那么它就会成为土地生态安全存在和发展能力的限制因素，并可能造成不可逆转的后果。因此，土地生态安全预警就不得不突出问题的严重程度，而“惩罚型”变权正好可以使指标权重随危险因素与其“阈值”差距的大小变动，有利于更好的查找和排除这些危险隐患。基于“惩罚型”变权的土地生态安全警情评价基本思路是：首先，制定反映研究区域特点的土地生态安全预警指标体系和指标警限；其次，通过一定预测方法预测预警指标未来值，为系统未来预警进行数据准备；再次，确定各因子的“基础权”，并通过制定一定的惩罚规则，对低于某一惩罚水平因子的权重进行调整，从而制定出相应时期各因子的“变权”；最后，将各评价指标通过一定的数学模型“合成”为一个整体的综合评价值（吴冠岑等，2010）。

2. 权重的确定步骤

（1）基础权重的确定。基础权重的确定采用熵值法进行确定。信息熵越小，表明该指标因子所涵盖的信息量越大，系统内越有序，该指标因子的权重越大，反之，则越小。熵值法具体可分为两步。

第一步，根据极差法对原始指标值进行标准化处理，消除指标状态值量纲影响。对于指标值越大状态越优的正向指标采用式（8-1）进行标准化，对于指标值越大状态值越差的负向指标采用式（8-2）对指标值进行标准化处理。

$$\text{正向指标：}Y=\frac{X-X_{\min}}{X_{\max}-X_{\min}}$$

$$\text{负向指标：}Y=\frac{X_{\max}-X}{X_{\max}-X_{\min}} \tag{8-1}$$

第二步，计算每个指标的信息熵，并根据信息熵的大小确定指标因子的权重，其计算方式如下：

①计算第 j 项指标下第 i 年份指标值的比重：

$$y_{ij}=\frac{X'_{ij}}{\sum_{i=1}^{m}X'_{ij}} \quad (0\leqslant y_{ij}\leqslant 1) \tag{8-2}$$

②计算第 j 项指标的信息熵 Ej：

$$E_j=-\ln(m)^{-1}\sum_{i=1}^{n}P_{ij}\ln P_{ij} \tag{8-3}$$

③计算第 j 项指标的权重 W_j：

$$W_j=\frac{1-E_j}{\sum_{i=1}^{m}1-E_j} \tag{8-4}$$

（2）变权确定。土地生态健康是一个目标，更是一个过程，不仅具有区域性与层次性的特点，还具有动态变化的特点，十分强调时间序列上的公平和协同。在传统的静态评价法中，无论评价指标的状态值如何变化，指标的权重都不会发生变化。显而易见，随着时间的推移和环境的变化，个别评价指标可能不再具有预测的作用。因而，根据土地生态系统演变情况及时的对指标或指标权重进行替换调整，构建有效的、生态适宜的、充分完整的指标体系，在动态过程中能够灵敏地反映土地生态安全的变化情况显得尤为重要。尽管熵值法确定基础权重能克服人为主管因素的影响，但仍欠缺对单因素指标间的均衡性刻画。为此，汪庄培教授提出了变权综合思想对指标权重进行局部调整。目前，变权综合思想已广泛运用于道路安全评价、风险评价、生态适宜性评价等研究领域。惩罚型变权向量对低水平单因素状态值减小而反应灵敏，反之，对高水平单因素状态值增加而反应迟钝。基于此原理与区域生态健康动态性原则，对低于一定标准的指标数值进行权重调整，惩罚那些低于一定标准的指标。根据区域生态系统健康预警的特点并参考相关文献，变权向量 W（X）=（W1（X），W2（X）…Wn（X））可定义为基础权重向量 W=（W1，W2，W3…Wn）和惩罚型状态变权向量 S（X）的归一化的 Hadamard 的乘积，惩罚型状态变权向量 S（X）为均衡函数的梯度向量，惩罚型变权向量 S（X）的构造如下：

$$S_{(X)}=\begin{cases} e^{-\alpha(X_j{}^{*}-\beta)} & V_j\leqslant\beta \\ 1 & V_j>\beta \end{cases} \tag{8-5}$$

式中，α 为惩罚因子，取值大小决定对低于标准水平因素的惩罚程度，即取值越大惩罚程度越重；β 为预警指标状态值标准化处理后健康与预警的临界线。在前人研究基础上并结合生态经济区区域本底和背景标准，α 取值为 0.81547，β 取值为 0.85。变权向量表达式为：

$$W(x)=(W_1S_{1(x)},W_2S_{2(x)},W_3S_{3(x)},\cdots,W_nS_{n(x)})/\sum_{j=1}^{n}W_jS_{j(X)} \tag{8-6}$$

（3）指标体系构建。基于 PSR 框架理论模型及其衍生模型（DSR、DPSIR、DPSER 等）展开评价工作已得到学者的广泛认同，并已成为同类研究的重要手段。本研究依托“压力—状态—响应”模型，从土地生态健康变化压力、土地生态健康状态和土地生态健康调控响应 3 个层面择选符合区情的土地生态健康评价指标，结合不同类型指标所反应的生态健康内涵，整合不同指标的优势性和特色性，构建适用于研究区的生态健康评价体系。最终，从县域、格网和图斑三种尺度下构建了 3 个一级指标，9 个二级指标，20 个三级指标。指标体系以土地生态系统自然特性为主，注重人文因素对土地生态系统的干扰，如表 8-1 所示。部分指标计算方式如下。

①单位耕地面积农药（化肥）使用量：化肥和农药是重要的农业生产资料，在促进粮食和农业稳产高产中发挥了不可替代的作用，同时，农药和化肥也是是引起研究区水土资源污染最为主要的因素。大量施用农药化肥，虽然能有效挽回农作物损失，但因此成本提高了，生态环境也亮起了红灯。

$$单位耕地面积农药（化肥）施用量=\frac{农药（化肥）总施用量}{耕地总面积} \tag{8-7}$$

单位：kg/hm^2

②生态用地比重：生态用地能够自我调节、自我修复、自我维持的能力，对于区域保持良好的生态环境具有潜在价值。从土地功能范畴理解，生态用地应该是非生产性的、非建设性的且能提供生态服务价值的，因此本文将林地、草地和水域纳为生态用地。

$$生态用地比重=\frac{S_{林地+草地+水域}}{S_{区域}} \tag{8-8}$$

③生物丰度指数：生物丰度指数指单位面积上不同生态系统类型在生物物种数量上的差异，间接的反映被评价区域内生物丰度的丰贫程度。

表 8-1 土地生态健康评价指标体系

目标	类型	指标层		尺度	正逆	基础权重
土地生态健康	压力（P）	土地压力（P1）	人均耕地面积（hm^2/人）	县域	+	0.0017
			人均建设用地面积（hm^2/人）	县域	–	0.0313
		环境压力（P2）	单位耕地面积农药使用量（kg/hm^2）	县域	–	0.0367
			单位耕地面积化肥使用量（ton/hm^2）	县域	–	0.0511
		社会经济压力（P3）	人口自然增长率（%）	县域	–	0.0162
	状态（S）	土地利用状态（S1）	单位建设用地 GDP（万元/hm^2）	县域	+	0.0778
			生态用地面积比重（%）	格网	+	0.0049
			生物丰度（%）	格网	+	0.0048
		环境状态（S2）	水网密度（%）	格网	+	0.1968
			工业废水循环使用率（%）	图斑	+	0.0281
		生态状态（S3）	植被覆盖度（%）	图斑	+	0.1108
			土地沙化指数（/）	图斑	–	0.0878
			植被净初级生产能力（/）	图斑	+	0.0311
			耕地粮食单产（kg/hm^2）	县域	+	0.0302
	响应（R）	经济响应（R1）	第二产业占 GDP 比重（%）	县域	–	0.0365
			人均 GDP（万元/人）	县域	+	0.0986
		生态响应（R2）	降水量（mm）	县域	+	0.0093
			景观多样性（%）	格网	+	0.0113
		社会响应（R3）	旱涝保收比例（/）	县域	+	0.0366
			人类活动强度指数（%）	图斑	–	0.0980

$$生物丰度指数=\frac{归一化指数\times(0.35S_{林}+0.21S_{草}+0.28S_{水域}+0.11S_{耕地}+0.04S_{建设用地}+0.01S_{未利用地})}{S区域} \quad (8-9)$$

④水网密度：水网密度用以反映每个评价区域内水资源的丰贫程度，通常可表示为水域面积占研究区域面积的比重。

$$水网密度=\frac{水域面积}{区域面积} \quad (8-10)$$

⑤植被覆盖度：植被是陆地生态系统的基础及最重要的组成部分，是连接大气、水体和土壤的自然纽带，在陆地表面的能量交换、生物地球化学循环和水文循环中扮演重要的角色，在全球变化研究中起到指示作用。植被动态变化受到气候条件、地形地貌以及人类活动的影响、是反应区域生态环境状况的重要指标。在开展解译工作之前，需要对原始 Landsat 影像进行辐射定标、大气校正、镶嵌等预处理工作。首先，在 ENVI5.1 中，利用 Radiometric Calibration 工具进行辐射定标，将传感器记录的数字值转换为绝对辐射亮度。然后，利用 Flaash Atmospheric Corretion 工具对辐射定标数据进行大气校正，依据各景影像的成像时间及成像特征，设定合适的参数值，大气校正过程见图 8-1。最后，经影像镶嵌和裁剪，得到研究区影像。采用植被二分法基于 Landsat 影像计算植被覆盖度，NDVI 处于-1～1，负值表示地面覆盖为云、水等，对可见光高反射，其光谱曲线和有植被地区的光谱曲线不一致；0 表示地面有岩石或裸土等，NIR 与 R 近似相等；正值，表示地面有植被覆盖，且随覆盖度增大而增大。植被覆盖度反演结果见图 8-2。

$$NDVI=\frac{NIR-\mathrm{Red}}{NIR+\mathrm{Red}} \quad (8-11)$$

$$Fc=\frac{NDVI-NDVI_{\min}}{NDVI_{\max}-NDVI_{\min}} \quad (8-12)$$

式中，*NIR* 为近红外波段，*Red* 为红波段；*Fc* 为植被覆盖度，*NDVImax* 为区域内 *NDVI* 最大值，*NDVImin* 为区域内 *NDVI* 最小值。

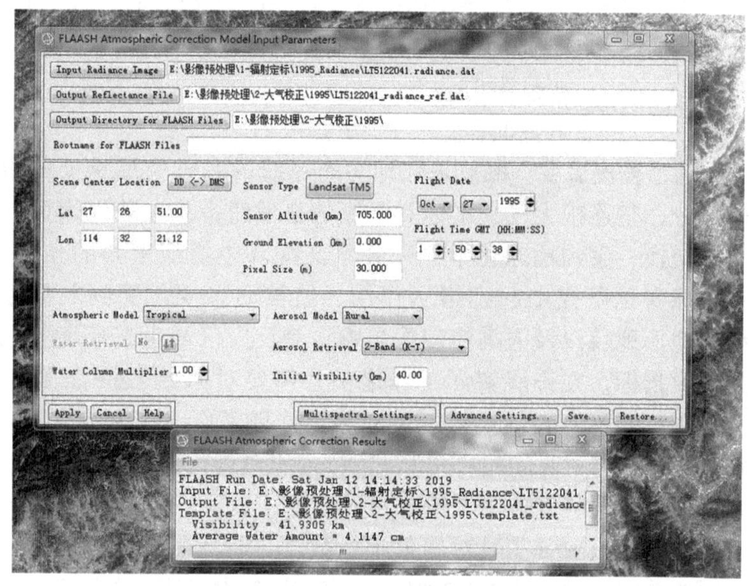

图 8-1 ENVI 大气校正过程

⑥土地沙化指数：随着土地沙化程度的加剧，地表覆盖度会遭受不同程度的破坏，进而生物量较少，地表粗糙度下降。在遥感图上通常表现为植被指数 NDVI 值减小，地表反照率（Albedo）得到相应的增加。基于 NDVI 与 Albedo 的组合信息，构建 NDVI—Albedo 参数，则可有效和便捷地实现荒漠化时空分布与动态变化的定量监测与研究。曾永年提出荒漠化差值指数（DDI）方法，以此分析土地荒漠化的状况及变化趋势。这一方法充分利用了遥感数据易获取，时间连续性强的优势性。基于 NDVI-Albedo 的 DDI 表达式为：$DDI = K \times NDVI - Albedo$，式中：

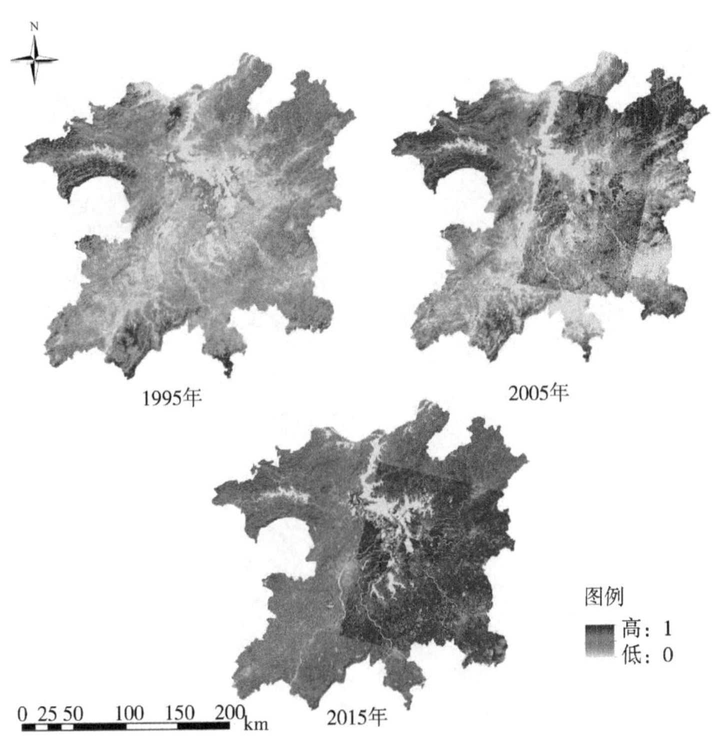

图 8-2　研究区植被覆盖度指数反演结果

k×a=-1，a 为 Albedo 与 NDVI 特征空间拟合直线斜率（a）。以 Landsat—TM 为例，利用 Landsat 系列影像数据反演模型，估算了研究区地表反照率 Albedo，其计算公式如下：

$$Albedo = 0.356\rho_{b1} + 0.130\rho_{b3} + 0.373\rho_{b4} + 0.085\rho_{b5} + 0.072\rho_{b7} - 0.0018 \quad (8-13)$$

式中，b_1、b_2…b_7 分别对应 Landsat-TM 影像经大气校正后的波段数据。经计算，三个时期的 K 值分别为 14.16、3.54、3.46。土地沙化指数反演结果见图 8-3。

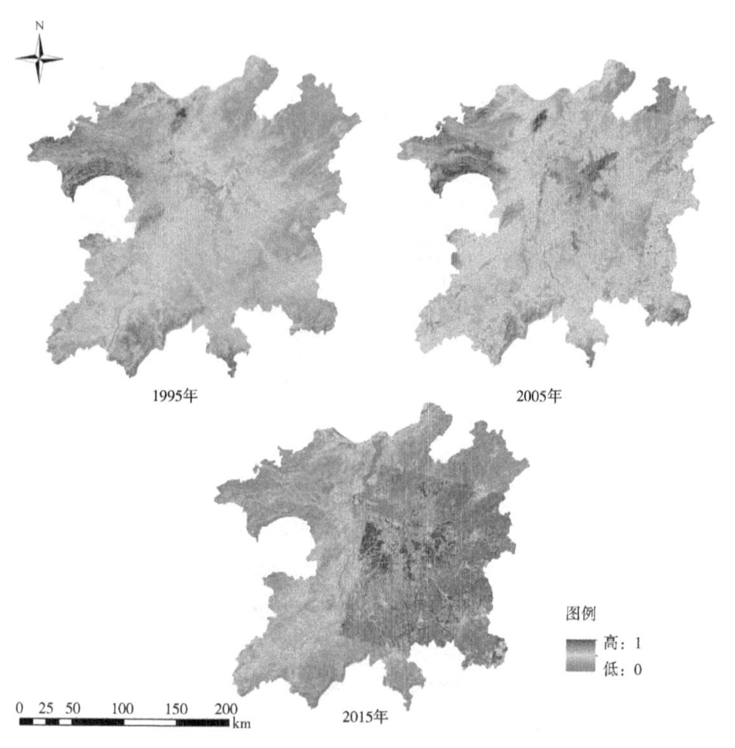

图 8-3　研究区土地沙化指数反演结果

⑦降水量：为与遥感影像相实相性相匹配，本研究从国家气象信息中心获取中国地面气候资料日值数据集（V3.0），从数据集中读取鄱阳湖地区 8—10 月降水量，站点号分别为：58502：九江、58506：庐山、58519：鄱阳、58527：景德镇、58606：南昌、58608：樟树、58626：贵溪、57793：宜春。分别求取每个站点 8—10 月的月平均降水量，经 ArcGIS 10.2 软件平台反距离加权平均法进行插值，得到研究区 1995—2015 年月平均降水量栅格文件，见图 8-4。

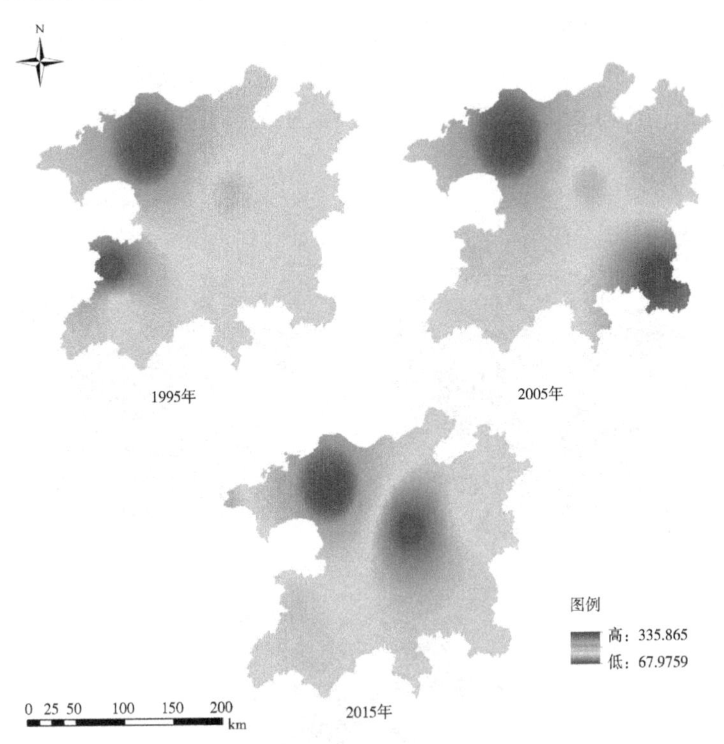

图 8-4 研究区降水量插值结果

⑧人类活动强度指数：人类活动强度指数，即复合灯光指数 CNLI（Compounded Night light Index），是指在去除噪声后，某区域内灯光斑块的相对灯光强度与灯光斑块面积占区域内总面积比的乘积，可以反映区域内城市化的综合水平以及人类活动强度。夜光灯数据（DMSP/OLS）来源于美国国防气象卫星计划 Defense Meteorological Satellite Program（DMSP），DMSP/OLS 在夜间工作，通过采集城市、规模居民聚集地以及车辆等产生的辐射信号，作为区分城市与乡村的依据。当前，DMSP/OLS 夜间灯光影响主要应用于城市扩展研究，同时也广泛运用于社会经济水

平调查、生态环境监测的优质基础数据。本研究使用的夜间灯光数据来源于中国科学院资源环境数据云平台，该数据是经校正的产品，空间分辨率为 1km，可作为人类活动强度数据源，见图 8-5。

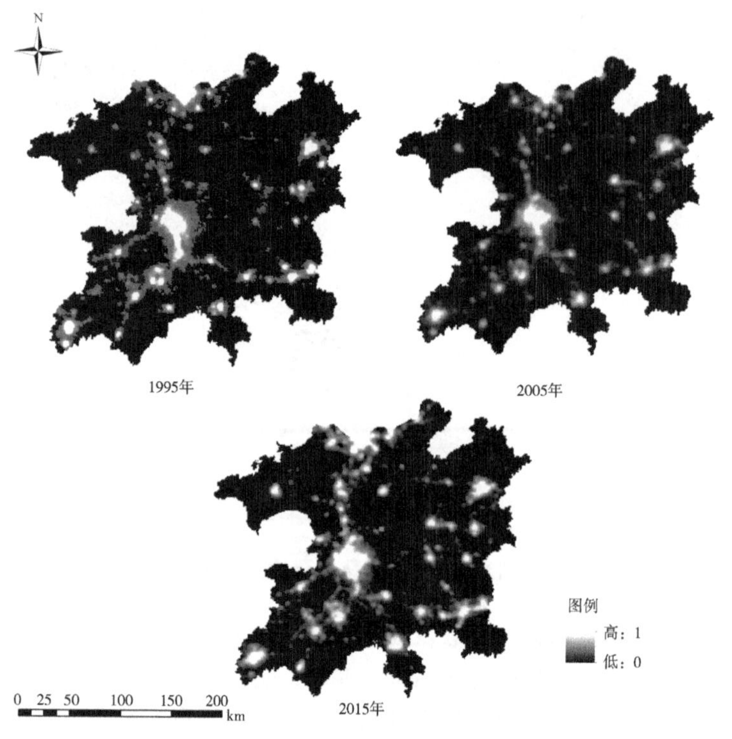

图 8-5　研究区人类活动强度指数分布

$$CNLI = \frac{1}{N_l \times DN_M} \times \sum_{i=p}^{DN_M} (DN_i \times n_i) \times \frac{AreaN}{Area} \qquad (8-14)$$

⑨景观多样性指数：景观多样性指数可用来表征区域内各景观类型的丰富程度和复杂程度，多样性指数值越高，说明该区域各种景观要素面积比接近、优势度不明显；反之，则说明该区域

各景观要素中，存在优势度强烈的某种景观要素。景观香浓多样性指数计算公式如下，本研究基于环鄱阳湖地区土地利用类型解译结果，借助于 Fragstats 4.2 和 ArcGIS 10.2 软件平台，计算得到 1995—2015 年各评价单元内香浓多样性指数。结果见图 8-6。

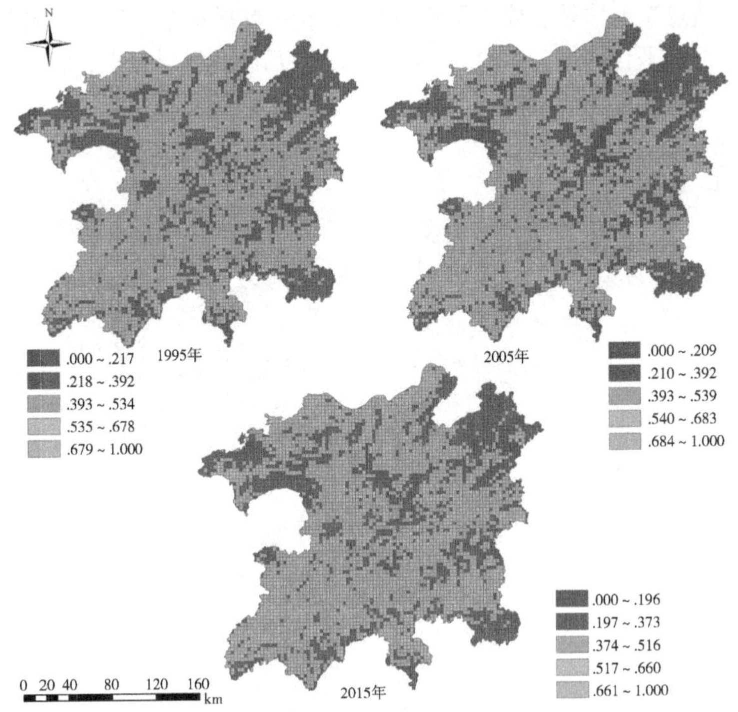

图 8-6 研究区景观多样性指数空间分布

$$SHDI = -\sum_{i=1}^{n} p_i(\log_2 p_i) \tag{8-15}$$

式中，*SHDI* 为香浓多样性指数，P_i 为景观类型 i 所占的面积比例，n 为景观类型的数量。

⑩净第一性生产力 NPP 数据：净第一性生产力表示单位时间内单位面积的绿色植物经呼吸作用后所固定的能量或有机物

质。NPP 指标能反映植物群落在某一立地上的生长状况和对干扰的反映，是表征陆地生态过程的关键参数，也是理解地表碳循环过程不可缺少的部分，同时也是表征区域内陆地生态系统可持续发展的重要指标。由于本文研究时间序列长达 20 年，无法通过站点实地估量。故本研究所用的 NPP 数据从中科院资源环境数据云平台获得，空间分辨率为 1km。后经重采样处理，将 NPP 数据处理成 3km×3km 的栅格数据，见图 8-7。

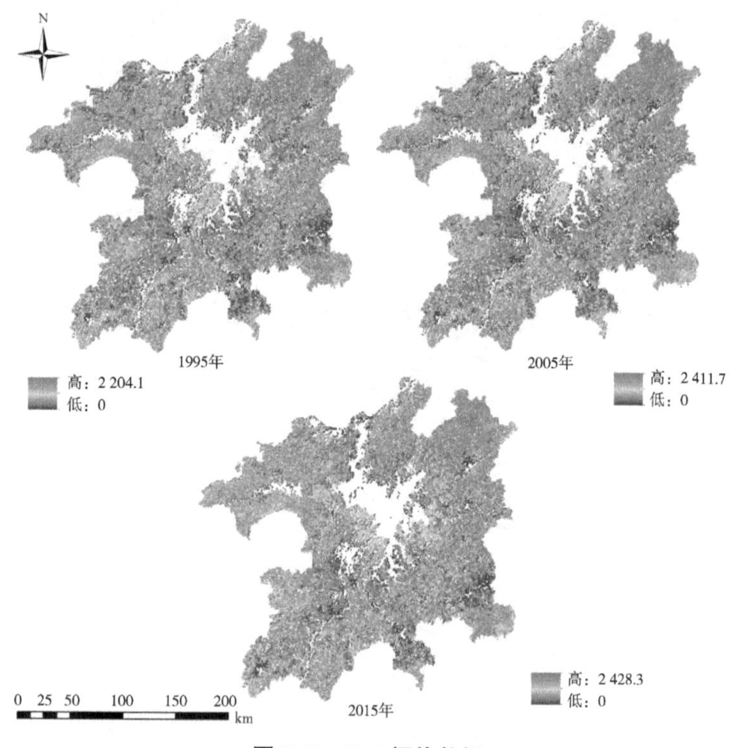

图 8-7 NPP 栅格数据

第二节　土地生态系统健康综合评价指数计算

综合指数模型即综合指数评价法，是综合评价法中的一种。综合评价是指通过一定形式的价值函数对被评价对象多个方面的数量特征进行高度的抽象和综合转化为综合评价值，并确定现象的优劣类型和排序。其核心问题是建立价值函数的数学模型，并阐明价值函数的形成机理和结构组成。综合指数评价法是历史最为悠远的评价方法，同时也是采用最普遍的方法，它是利用一种规则将数据无量纲化，并采用一定的方法对各项指标赋予一定的权重值，通过加权计算得到综合指数的方法（蒋浩，2013）。

在土地健康评价中，各参评指标的量纲各不相同，即使是同一量纲，由于取值范围相差很大，其实际数量也差异很大，因此不具有直接可比性，在做综合评价时不可能直接放在一起（王菲等，2011）。为了消除因量纲不同而造成的影响，首先对资料进行了无量纲化处理，得出各评价指标的参评参数，即以同组数据中的某一数据为基准数，其余数据与其相比，按以下公式计算：

$$X=(X_i-X_{min})/(X_{max}-X_{min}) \tag{8-16}$$

式中：X—标准化后该指标的值；X_i—处理前该指标的值；X_{max}—处理前对应指标的极大值；X_{min}—处理前对应指标的极小值。

由于影响土地健康的因素很多，而且又呈较强的不确定性和模糊性。本研究采用综合指数评定法计算鄱阳湖生态经济区1995—2015 年土地生态系统健康指数 *EHI*，其计算公式如下：

$$EHI=\sum_{i=1}^{n}\sum_{j=1}^{m}A_{ij}\times W_{(ij)} \tag{8-17}$$

式中，EHI 为土地生态健康指数；A_{ij} 为各评价指标经标准化的值，W_{ij} 为评价指标 A_{ij} 对应的变权；n 为评价指标数量；m 为评价单元数量，所以 $n=20$，$m=5\ 793$。

第三节　土地生态系统健康测度结果与分析

一、土地生态健康指数评价结果

利用栅格计算器功能，根据式（8-17）计算得研究区 5 873 个网格的土地生态健康指数值，利用 ArcGIS10.2 的 Feature to polygon 功能得到各网格单元中心像元值，在 SPSS 20.0 软件中对 5 873 个网格的生态健康值进行描述性统计分析（表 8-2）。基于普通克里格插值方法得到鄱阳湖生态经济区 2000—2015 年土地生态健康评价结果，综合得分值越高，表明生态健康水平越高，结果如图 8-7 所示。根据插值结果，参考相关文献按照自然断点法的原则将生态健康指数值分为 5 类：Ⅰ等级差（EHI≤0.36）、Ⅱ等级较差（0.36<EHI≤0.39）、Ⅲ等级一般（0.39<EHI≤0.42）、Ⅳ等级较好（0.42<EHI≤0.46）和Ⅴ等级好（EHI >0.46），并统计各等级风险区的面积情况（表 8-3）。

从图 8-8 及表 8-3 可得出，1995—2015 年鄱阳湖生态经济区土地生态健康指数均值分别为 0.395、0.388、0.410，表明 20 年间鄱阳湖生态经济区土地生态健康状况总体较为稳定，经历了“先恶化后转良”的变化过程。在标准差相同的情况下，2015 年峰度值最大，1995 年次之，2005 年最小，这可能是经历一段时间的发展后，各类开发利用活动和扰动致使土地生态健康具有明显的地域性，研究区土地生态健康水平出现不平衡，区域间

2015 年土地生态健康指数值存在更多的极端值。究其原因，可能是 2009 年国务院正式批复《鄱阳湖生态经济区规划》以及江西省被列为国家生态文明实验区，与生态管护相关的投入机制和管理制度得到完善，促进了研究区生态健康状况的恢复与升级。空间分布上，三个时期内鄱阳湖湖泽和湖滨区域生态健康状况较好，环湖区域差异显著。

表 8-2 1995—2015 年研究区土地生态健康指数描述性统计分析

	统计量	全距	极小值	极大值	均值	标准差	方差	峰度
1995 年	5 873	0.360	0.279	0.640	0.395	0.05	0.00	1.42
2005 年	5 873	0.369	0.242	0.611	0.388	0.05	0.00	0.06
2015 年	5 873	0.424	0.216	0.640	0.410	0.05	0.00	1.90

二、土地生态健康时间变化特征分析

如表 8-3 所示，1995—2005 年，只有Ⅰ等级面积出现增长，其他等级面积均出现不同幅度下降。就Ⅰ等级而言，Ⅰ等级增加幅度达 60.33%，Ⅰ等级 1995 年主要集中分布在余干县、樟树市和都昌县，其他区域呈小范围分布态势。至 2005 年，Ⅰ等级在研究区南部的“高安市—樟树市—丰城市—临川区—东乡县—余江县”一带集中爆发式增长。Ⅰ等级向Ⅱ等级和Ⅲ等级转移的比例分别为 80.15%和 18.81%。就Ⅱ等级而言，Ⅱ等级面积减少了 590.22km^2，增幅-3.47%。Ⅱ等级退化成Ⅰ等级的面积为 6 897.90km^2，占该等级转移面积的比例为 67.32%，由该等级上升为Ⅲ等级的面积为 2 732.86km^2，占该等级转移面积的比例为 26.67%。就Ⅲ等级而言，该等级面积从 1995 年的 14 114.06km^2 下降至 2005 年的 10 378.02km^2，增幅-26.47%。Ⅲ等级主要向Ⅱ等级上升，空间上沿鄱阳湖区域呈环形分布，以

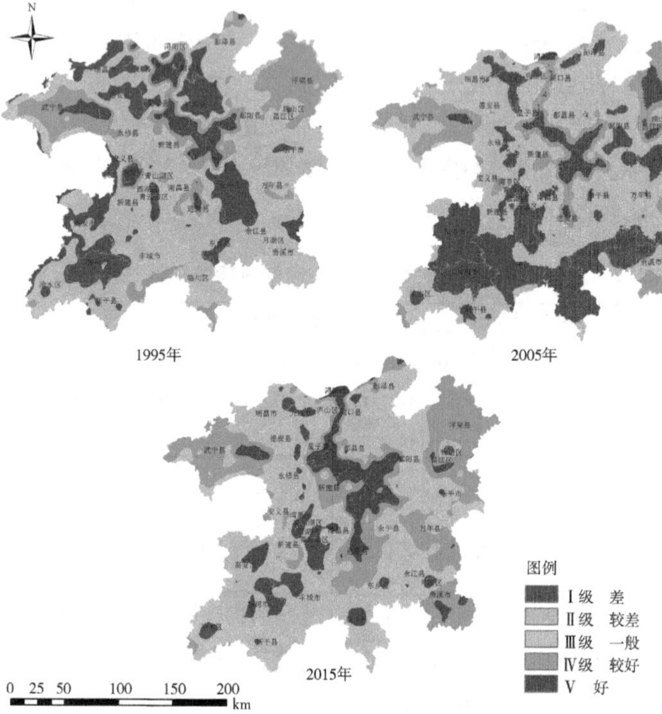

图 8-8　1995—2005 研究区土地生态健康指数分级结果

永修县、鄱阳县、乐平市、万年县和南昌县为主，上升面积为 4 964.72km^2，占比 51.10%。就Ⅳ等级而言，该等级面积从 1995 年的 8 614.31km^2 下降至 2005 年的 7 995.15km^2，减少了 619.16km^2 增幅-7.19%。Ⅳ等级向Ⅰ等级和Ⅱ等级退化的面积分别为 363.83km^2 和 718.11km^2，主要出现在丰城市和临川区。就Ⅴ等级而言，该等级面积从 1995 年的 3 050.58km^2 下降至 2005 年的 2 961.74km^2，增幅-64.51%。Ⅴ等级向Ⅰ等级和Ⅱ等级退化的面积分别为 48.61km^2 和 222.98km^2，主要是武宁县柘林水库区域、庐山区和鄱阳湖区域以内缩态势为主，湾里区由Ⅴ等级完全退化成Ⅳ等级。

2005—2015年，Ⅰ等级和Ⅱ等级面积呈下降趋势，Ⅲ~Ⅴ等级面积呈不同幅度增长。就Ⅰ等级而言，面积减少了9 877.14km^2，增幅-73.82%。Ⅰ等级主要向Ⅱ等级和Ⅲ等级提升，空间上多出现在丰城市、临川区、东乡县和余江县等地区，渝水区—高安市—安义县西部边缘一带的Ⅰ等级区域完全向高等级转移；就Ⅱ等级而言，面积减少了3 929.73km^2，增幅-23.94%。Ⅱ等级主要向Ⅲ等级和Ⅳ等级提升，Ⅱ等级提升为Ⅲ等级的面积为8 514.70km^2，占该等级转移面积的74.13%，提升区域以鄱阳湖东部的都昌县、鄱阳县、乐平市和余干县为主；就Ⅲ等级，主要以改良提升为主，提升面积超过了50%。其中，Ⅲ等级提升为Ⅳ等级的面积为4 557.83km^2，主要以鄱阳县、乐平市和余干县为主；就Ⅳ等级而言，也是以等级提升为主，提升面积达72.41%，由2005年的7 995.15km^{2}增加至2015年的13 784.07km^2，武宁县和贵溪市该等级在原有的基础上呈外扩趋势，进贤县和万年县大部分区域都向Ⅳ等级提升；就Ⅴ等级而言，该等级面积增加了982.57km^2，增幅33.18%，来源主要是第Ⅲ和第Ⅳ等级，其中，由Ⅳ等级上升为Ⅴ等级的面积为2 026.94km^2，主要出现于鄱阳湖湖滨区域，同时贵溪市也有部分地区提升为第Ⅴ等级。

总体而言，鄱阳湖湖滨区域生态健康状况较为稳定，经历了一段时间的退化阶段后，该区域生态健康状况有所好转。邻近鄱阳湖区域的生态健康变化较为频繁，受人为因素的影响较大。究其原因，可能是因为这部分区域经济水平发展速度较快，人口自然增长率较大，与此同时，景观多样性、生态用地比例与产业结构调整和人类活动强度密切相关。南部的产业型城市（樟树市、丰城市和临川区等区域）生态健康不容乐观。这可能是因为这些城市较为依赖当地丰富的资源、经济持续快速增长，市场资源配置出现失衡情况，生态环境保护显现出一定的压力。

表 8-3　1995—2015 年研究区各土地生态健康等级面积变化情况

单位：km^2

健康等级	面积			1995—2005 年		2005—2015 年		1995—2015 年	
	1995 年	2005 年	2015 年	面积	增加幅度	面积	增加幅度	面积	增加幅度
Ⅰ差	8 344.92	13 379.19	3 502.05	5 034.27	60.33%	-9 877.14	-73.82%	-4 842.87	-58.03%
Ⅱ较差	17 006.00	16 415.78	12 486.05	-590.22	-3.47%	-3 929.73	-23.94%	-4 519.95	-26.58%
Ⅲ一般	14 114.06	10 378.02	17 413.41	-3 736.05	-26.47%	7 035.39	67.79%	3 299.34	23.38%
Ⅳ较好	8 614.31	7 995.15	13 784.07	-619.16	-7.19%	5 788.91	72.41%	5 169.76	60.01%
Ⅴ好	3 050.58	2 961.74	3 944.31	-88.84	-2.91%	982.57	33.18%	893.73	29.30%
总面积	51 129.88	51 129.88	51 129.88	0	—	0	—	0	—

表 8-4　各等级土地生态健康水平面积转移情况　单位：km^2

变化情况	1995—2005 年	比例（%）	2005—2015 年	比例（%）	1995—2015 年	比例（%）
Ⅰ→Ⅱ	3 752.24	80.15	6 962.45	67.56	3 194.27	47.66
Ⅰ→Ⅲ	880.48	18.81	3 270.20	31.73	3 003.84	44.82
Ⅰ→Ⅳ	49.00	1.05	72.38	0.70	491.66	7.34
Ⅰ→Ⅴ	0.00	0.00	0.00	0.00	12.47	0.19
小计	4 681.72	—	10 305.02	—	6 702.24	—
Ⅱ→Ⅰ	6 897.90	67.32	402.26	3.50	1 474.43	9.13
Ⅱ→Ⅲ	2 732.86	26.67	8 514.70	74.13	6 310.12	39.05
Ⅱ→Ⅳ	586.45	5.72	2 569.66	22.37	5 303.09	32.82
Ⅱ→Ⅴ	29.07	0.28	0.00	0.00	3 069.97	19.00
小计	10 246.27	—	11 486.61	—	16 157.60	—
Ⅲ→Ⅰ	2 405.46	24.76	27.08	0.50	295.62	3.66
Ⅲ→Ⅱ	4 964.72	51.10	582.56	10.86	2 662.10	32.99

（续表）

变化情况	1995—2005 年	比例（%）	2005—2015 年	比例（%）	1995—2015 年	比例（%）
Ⅲ→Ⅳ	2 078.99	21.40	4 557.83	84.93	4 448.63	55.14
Ⅲ→Ⅴ	266.52	2.74	198.89	3.71	662.05	8.21
小计	9 715.69	—	5 366.35	—	8 068.41	—
Ⅳ→Ⅰ	363.83	8.09	0.00	0.00	58.96	1.78
Ⅳ→Ⅱ	718.11	15.97	11.56	0.44	422.53	12.76
Ⅳ→Ⅲ	2 026.61	45.07	617.20	23.24	1 636.47	49.43
Ⅳ→Ⅴ	1 387.99	30.87	2 026.94	76.32	1 192.54	36.02
小计	4 496.54	—	2 655.70	—	3310.50	—
Ⅴ→Ⅰ	48.61	2.74	0.00	0.00	31.60	2.99
Ⅴ→Ⅱ	222.98	12.58	0.00	0.00	141.09	13.34
Ⅴ→Ⅲ	339.30	19.14	0.00	0.00	417.27	39.46
Ⅴ→Ⅳ	1 161.46	65.53	1 243.84	100.00	467.61	44.22
小计	1 772.35	—	1 243.84	—	1 057.58	—

三、土地生态健康空间结构特征分析

1. 空间结构分异性

（1）土地生态健康指数空间分异程度分析。地统计学因其能有效分析和解释空间数据的优越性而被广泛用于土壤学、环境学、地质学等多个方面。土地生态健康是生物体和地质、气象、人为活动综合作用的状态结果，因此，分析生态健康的空间结构特征是描述和归类生态系统演变机理的重要任务，对于实现区域生态系统健康的精准化管护具有重要意义。变异函数是地统计学中分析区域化变量结构性和随机性的主要工具，它可通过基台值、变程、块金值等阈值指标对区域化变量的空间结构特征进行解释。假设区域化变量满足二阶平稳假设，变程 A 是空间变量自相关的转折点，即当距离小于 A 时，区域化变量存在空间相关状态，当距离大于 A 时，区域化变量由空间相关状态转向空间不相关状态。块金值 C0 表示空间距离为 0 时，区域化变量的空间变异程度，块金值 C0 反映了区域化变量 Z（x）内部随机性的可能程度。基台值 C+C0 的大小反映了区域化变量变化幅度的大小，即反映区域化变量在研究范围内变异的强度。在本文中，基台值越高，区域土地生态状况的空间异质性越强。块金基台比 C0/C+C0 表示由随机性因素引起的变异程度占总变异程度的比例，此比值越高，随机性影响越大。当 C0/C+C0≤25%时，区域化变量存在强烈空间自相关；当 25%<C0/C+C0≤75%，区域化变量存在中等水平空间自相关；当 C0/C+C0>75%时，区域化变量存在较弱的空间自相关。本研究利用 GS+7.0 软件计算变异函数，计算公式如下：

$$\gamma(h)=\frac{1}{2N(h)}\sum_{i=1}^{N(h)}\left[Z(x_i)-Z(x_i+h)\right]^2 \tag{8-18}$$

式中：γ（h）为实验变异函数；N（h）为样点对的个数；Z（xi）与 Z（$xi+h$）分别表示空间位置 xi 和 $xi+h$ 处的生态风险值。

根据式（8-18），函数模拟结果见表 8-5。结果表明，研究区 1995 年、2005 年、2015 年土地生态健康指数均为有基台值的球形模型拟合效果最好，复相关系数分别为 0.933、0.931、0.916，残差 RSS 均在误差范围内，模型拟合精度很高。这说明，研究区土地生态健康指数空间结构特征符合具有基台值的空间变异特征，即土地生态健康指数存在空间变异特性，且这种变异特性由随机性因素（自然灾害、人为活动等因素）影响和结构性因素（降水、地形、植被覆盖度等因素）共同决定。

1995—2015 年块金值 C0 分别为 0.000 62、0.000 59、

0.000 59，土地生态健康指数存在随机或短距离变异引起的正基底效应。基台值由1995年的0.002 50下降至2005年的0.001 89，后又上升至2015年的0.002 41，变异程度呈现V形变化趋势，土地生态健康指数在2005年的均一性最强。块金基台比结果表明，1995年和2015年块金基台比小于25%，土地生态健康指数存在强烈空间自相关，主要由结构性因素引起空间变异。2005年块金基台比为0.309 7，土地生态健康指数存在中等水平空间自相关，系统空间变异主要由系统结构性因素和随机性因素组成。与1995年、2015年相比，2005年由土地生态健康指数随机性空间变异更强烈，即随机性因素导致的系统空间变异有所增强。从变程A的数据来看，其结果基本符合土地生态健康指数的空间变异特征，1995—2015年，变程A分别为3.98km、6.25km、5.25km，可以看出土地生态健康指数相关性范围在大幅度扩张后，相关性范围有所控制，呈现倒V形变化趋势。总体而言，1995年研究区土地生态健康指数空间变异程度最大，2015年次之，2005年变异性最弱。

表8-5　EHI指数变异函数拟合结果

		块金值 C_0	基台值 C+C0	变程 A（m）	块金基台比 C0/C+C0	复相关系数 R^2	残差 RSS
1995年	线性	0.00187	0.00238	171 413.00	0.7864	0.200	0.000001
	球形	0.00062	0.00250	39 800.00	0.2496	0.933	0.000000
	指数	0.00021	0.00228	41 100.00	0.0906	0.916	0.000000
	高斯	0.00084	0.00226	33 948.00	0.3696	0.931	0.000000
2005年	线性	0.00126	0.00182	171 414.07	0.6884	0.380	0.000001
	球形	0.00059	0.00189	62 500.00	0.3097	0.931	0.000000
	指数	0.00022	0.00170	57 000.00	0.1294	0.925	0.000000
	高斯	0.00074	0.00169	51 788.32	0.4350	0.926	0.000000

（续表）

		块金值 C_0	基台值 C+C0	变程 A（m）	块金基台比 C0/C+C0	复相关系数 R^2	残差 RSS
2015 年	线性	0.00168	0.00236	17 1414.07	0.7124	0.289	0.000002
	球形	0.00059	0.00241	52 500.00	0.2465	0.916	0.000000
	指数	0.00023	0.00023	53 100.00	1.0310	0.911	0.000000
	高斯	0.00090	0.63200	43 128.06	0.0014	0.913	0.000000

（2）土地生态健康指数各向异性分析。研究区土地生态健康指数空间变异特征可能涉及多个方向，为探究区域化变量在每一个方向上呈现出的特性，即各向同性和各向异性。因此，本文分别计算 0°、45°、90°和 135°方向上的变异函数，并根据计算结果绘制出各方向上的变异函数曲线图，结果见图 8-8。从变异函数图可发现，土地生态健康指数在不同方向上的变异是不同的，且各个方向上的基台值和变程都不相同，这说明土地生态健康指数在空间上是各向异性的。

0°方向上，在距离为 80 000m 范围内，1995 年的空间变异程度大于2005 年和 2015 年；当距离大于 80 000m 时，2005 年土地生态健康指数继续增大，且大于 1995 年和 2015 年；当距离处于 120 000~140 000m 时，2005 年变异函数达到峰值。45°方向上，1995 年和 2015 年变异函数的变化趋势大致相同，就峰值而言，2015 年该方向的变异程度大于 1995 年；2005 年土地生态健康指数随着距离增加呈线性增长趋势，无明显基台值；该方向上，各年的变程处于 40 000~ 60 000m。90°方向上，三期土地生态健康指数变异函数变化趋势大致相同；1995 年，当距离为 0~40 000m 时，变异函数随距离增大而逐渐增大，峰值出现在距离为 40 000~60 000m 范围内，当距离大于 60 000m 时，变异值随距离增大呈递减趋势；2005 年与 2015 年变异函数变化趋势基本一直，在距离为 0~60 000m 范围内，变异函数随距离增加呈逐渐上升趋势，当距离继续增大时，变异函数呈现下降趋势。135°方向上，三期土地生态健康指数变异函数变化趋势吻合度较高，其峰值皆出现在 100 000~120 000m 范围内；当距离处于 0~100 000m 时，变异函数随距离增加呈增长趋势；当距离大于 120 000m 时，变异函数随距离增加呈下降趋势；整体而言，该方向上的变异程度 1995 年最大、2015 年次之、2005 年变异最弱。

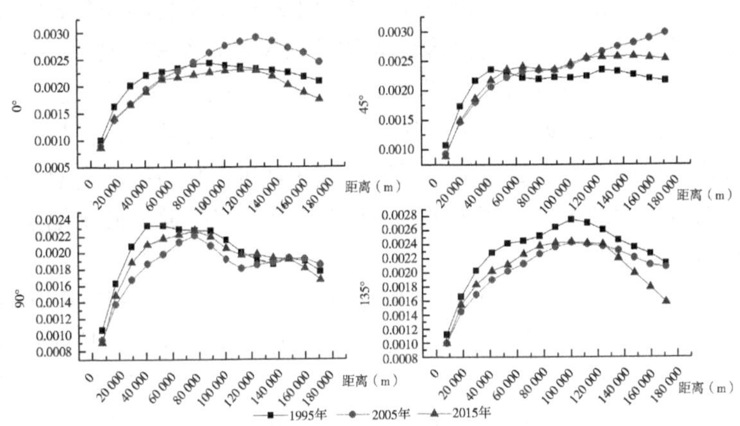

图 8-9　土地生态健康指数各向异性变异趋势

从各年变异情况分析（图 8-9），1995 年研究区土地生态健康指数变异函数峰值呈现 135°>0°>45°>90°的规律，表明该时期土地生态健康指数在南北方向上的变异程度要高于东西方向（45°和 90°为东西方向，0°和 135°为南北方向）。这可能是由于赣江、鄱阳湖、105 国道都为南北走向，地理优势和资源集中形成了以“昌九一体”为核心，向东西扩散，联动发展的局面，进而全省经济的辐射力和带动力得到提升。从夜光等指数分布图、NPP 指数、降水量等因素可以看出，各因素的变化情况大致都以南北为轴，东西扩散的态势。因而，南北方向上土地利用程度相对更高，经济发展也更为活跃，土地生态系统健康指数在南北方向的变异程度高于东西方向。

2005 年研究区土地生态健康指数变异函数峰值呈现 45°>0°>135°>90°的规律，表明该时期土地生态健康指数东南方向的空间变异程度比西北方向高。东南方向上主要有贵溪市、余干县、东乡县、万年县、进贤县、南昌县等区域，这些区域逐步形成了以铜矿加工产业、生物研发等技术产业链。经过 10 余年的发展，多样化的社会经济发展方式为土地生态系统的发育和演替提供了基础，土地生态健康受人类活动及产业结构的强烈干扰，因而表现出较强变异性。西北方向主要以九江市大部分县市为主，九江市为江西省次中心城市，具有通江达海的区位优势，植被覆盖度高，降水量充沛。同时，该区域重点打造高新产业和现代港口旅游城市，相较于工业发达的东南方向，此方向土地生态健康指数空间变异程度较弱。

2015 年研究区土地生态健康指数变异函数峰值呈现 45°>135°>0°>90°的规律，表明该时期土地生态健康指数东北方向变异程度比西南方向高。东北方向主要有景德镇市、鄱阳县、浮梁县等县市，景德镇依托千年瓷都的产业基础和品牌优势，大力发展陶瓷业，加之东北方向濒临鄱阳湖，浮梁县地形起伏较大。农地和工业区土地生态健康指数呈现不同程度的变异性。西南方向主要为樟树市、丰城市、渝水区，地势较为平坦，耕地农药化肥使用量、生物丰度和水网密度等指标均一性较强，因而该方向变异程度不及东北方向大。

由此可以发现，鄱阳湖生态经济区土地生态健康指数空间分异程度呈现由西南逐渐向东北方向递增的趋势，此与赣江的流向基本吻合。南昌、九江是江西省的政治、经济、交通中心，迁入此区域的人口渐增，鄱阳湖平原及南北通道沿线地区农业兴盛，人类活动强度较大。土地生态健康指数受土地利用活动和人类活动支配的影响较大，因而从西南向东北变异程度逐渐递增（图 8-10）。

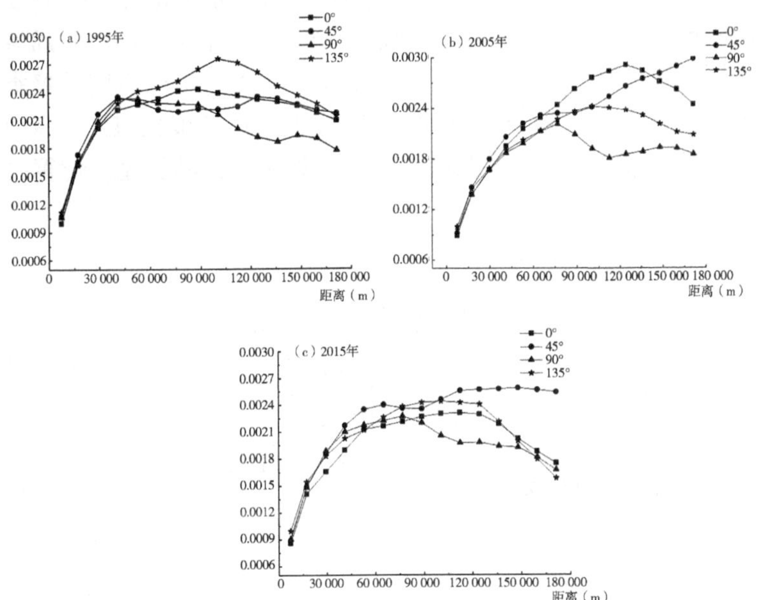

图 8-10　1995—2015 年空间分异趋势

2. 空间结构关联性

生物之间及生物与非生物之间的相互作用会致使生态健康指数呈现空间关联特征。分析土地生态健康的空间关联结构特性对于划定生态空间管制分区方案、制定精细化的综合生态治理体系具有重要意义。全局指标是从整个研究区域验证某一属性的空间相关关系，而局部指标则用于反映整个研究区域中的一个局部小区域单元上的某种地理现象或某一属性与相邻局部小区域单元上集聚或扩散的相关程度。全局指标采用 Moran'I 值判定研究区范围内空间某位置生态健康值与其相邻位置的健康值是否相关，辅以局部空间自相关探寻局部空间聚集模式。Moran'I 值表示空间关联程度大小，I 值取值范围为-1-1，I<0 表示负相关，I =0 表示不相关，I >0 表示正相关。局部分析使用 LISA 空间关联局域指标分析局部变量的空间相关性特征，LISA 将空间不同的聚类现象分为：HH（高高值集聚）、LL（低低值集聚）、LH（高值包围低值集聚）、HL（低值包围高值集聚）四种类型。计算公式如下：

全局空间自相关：

$$I = \frac{n}{\sum_{i=1}^{n}(y_i - \bar{y})^2} \cdot \frac{\sum_{i=1}^{n}\sum_{j=1}^{n} W_{ij}(y_i - \bar{y})(y_j - \bar{y})}{\sum_{i=1}^{n}\sum_{j=1}^{n} W_{ij}} \tag{8-19}$$

局部空间自相关：$I_i = \dfrac{(n-1)Z_i \sum_j W_{i,j} Z_j}{\sum_j {Z_j}^2}$ （8-20）

统计值 Z_i：$Z_i = \dfrac{I - E[I]}{\sqrt{V[I]}}$ （8-21）

式中，Z_i是要素 i 的属性值与平均值 X_i-X 的偏差，n 为要数总数，y 为样本平均值。W_{ij}是要素 i 与 j 的空间权重，当要素 i 与要素 j 空间相邻时，$W_{ij}=1$，反之，则为 0。

（1）全局空间自相关分析。依据 EHI 指数计算结果，在 Geoda 软件平台支持下，分别得到 1995—2015 年研究区 EHI 指数的 Moran's I 及检验结果，在检验空间自相关结果时采用蒙特卡洛模拟的方法检验显著性水平，模拟次数为 999 次，计算结果如表 8-6 所示。

表 8-6　1995—2015 年研究区 EHI 指数全局自相关检验

	Moran's I	期望值	平均值	标准误	Z	P
1995 年	0.7080	−0.0002	−0.0003	0.0065	108.771	0.001
2005 年	0.7515	−0.0002	−0.0003	0.0064	117.208	0.001
2015 年	0.7475	−0.0002	−0.0004	0.0064	118.232	0.001

结果表明，3 个时期的 P <0.01。表明在 99.9%置信度下，全局自相关检验结果显著，即 1995—2015 年研究区 EHI 指数在空间上并非随机分布，而是呈现一定的空间关联特征。具体而言，在一定距离阈值范围内，EHI 值高的区域，其邻居对象生态健康指数值亦高，土地利用生态风险低值区域，其邻居对象生态健康指数值亦低。各时期，Moran's I 值分别为 0.7080、0.7515、0.7475，空间聚集程度呈现升高态势。1995—2005 年，Moran's I 由 0.7080 上升至 0.7515，EHI 指数的空间正相关性得到进一步增强。2005—2015 年，Moran's I 值由 0.7515 变为 0.7475，处于稳中稍降的态势。总体上，鄱阳湖生态经济区 EHI 指数呈现较强的空间正相关性，即 EHI 的空间分布具有显著的关联性。20 年来，鄱阳湖生态经济区土地生态健康状况的全局关联程度整体上处于提升态势，尤其在 1995—2005 年提升最为明显。

（2）局部空间自相关分析。为检测区域内部单个网格对象与邻近区域的空间聚类关系，根据局部空间自相关计算公式，得到研究区 1995—2015 年各空间聚类关系类型的面积及其空间布局情况，结果见表 8-7 和图 8-11 所示。

表 8-7　1995—2015 年研究区 EHI 指数 LISA 聚集结果

（单位：km^2）

类型	1995 年	占比（%）	2005 年	占比（%）	2015 年	占比（%）
不显著	27 828.85	54.43	25 276.20	49.44	27 880.91	54.53
High-High	9 954.71	19.47	11 507.61	22.51	10 295.78	20.14

（续表）

类型	1995 年	占比（%）	2005 年	占比（%）	2015 年	占比（%）
Low-Low	12 641.75	24.72	13 676.01	26.75	12 276.81	24.01
Low-High	455.29	0.89	387.00	0.76	333.00	0.65
High-Low	249.28	0.49	283.06	0.55	343.38	0.67

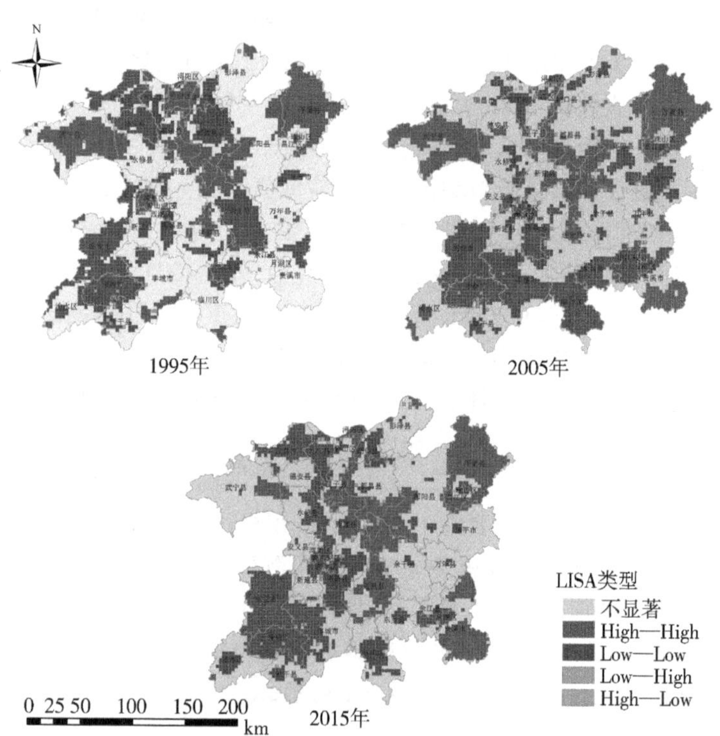

图 8-11　1995—2015 年研究区 EHI 指数 LISA 聚集空间分布

结果表明，在显著性水平检验下，研究期间的 EHI 值均以 HH 和 LL 分布为主。1995 年，HH 型的面积为 9 954.71km^2，占比 19.47%，主要分布在研究区北部的武宁县、浮梁县和鄱阳湖腹地；LL 型的面积为 12 641.75km²，占比 24.72%，主要呈组团状分布于德安县、都昌县、余干县、樟树市和高安市，其他城市的中心城区也有零星分布；LH 型和 HL 型的面积分布较小，占比分别为 0.89%和 0.49%，其中 LH 型主要以零星状毗邻 HH 类型，HL 类型无明显规律。2005 年，HH 型的面积为 11 507.61km²，占比 22.51%。该类型的分布面积较 1995 年有所增长，主要是鄱阳湖腹地和武宁县呈“外扩”态势，贵溪市南部也有部分区域呈现 HH 类型。与此同时，丰城市和临川区的 HH 类型消失；LL 型的面积为 13 676.01km²，占比 26.75%。该类型在研究区大面积分布于南部的“高安市—樟树市—丰城市—临川区—东乡县”一带，增长很明显，而在研究区北部，该类型主要是以“内缩”的变化特点。LH 和 HL 类型相对于 1995 年并无明显变化特征，面积占比分别为 0.76%和 0.55%。2015 年，HH 类型面积为 10 295.78km²，下降至 20.14%，主要是武宁县呈现大面积退化；LL 类型面积也呈下降趋势，该类型的面积为 12 276.81km²，占比 24.01%，相对于 2005 年而言，面积减少了 1 399.19km²，主要是研究区南部该类型呈“内缩”态势；LH 类型面积减少了 54km²，在鄱阳湖腹地，部分该类型向 HH 类型转移。这表明，研究期间鄱阳湖腹地的生态状况有所好转。

总体而言，1995—2005 年，鄱阳湖生态经济区 EHI 指数值呈退化现象，空间关联程度趋于增强。鄱阳湖腹地的生态状况基本稳定，研究区南部的宜春地区、抚州地区和鹰潭地区生态健康水平处于恶化状态。1995—2015 年，研究区 EHI 指数值稳中有升，空间关联程度也逐渐增强。鄱阳湖腹地 EHI 值较高的区域，面积进一步扩大。武宁县健康状况有所削弱，研究区南部的 LL 类型地区 EHI 值有所好转，但是部分城市的中心城区 EHI 指数 LL 型面积有所增大。

小　结

土地作为一个自然经济综合体，既为一种资源又为一种资产，在社会经济生活中起着越来越重要的作用。中国的城市化水平显著提高，目前正处在城市化加速发展时期，城市化水平日益提高，但与此同时我国城市土地利用存在着诸多问题，土地利用结构不合理、城市生态环境恶化，资源环境供给与城市经济社会发展的矛盾日趋严重。我国人均耕地占有面积逐年递减，沿海发达城市人口聚集，土地稀缺问题更为突出，部分地区由于经济发展导致土地污染问题严重，土地利用系统健康堪忧。因此，开展土地利用系统健康研究，优化土地利用系统健康的改善路径，提高土地利用系统健康水平，对于加强生态文明建设，保障中国生态安全，促进社会经济可持续发展具有非常重要的理论价值和现实意义。

PSR（压力—状态—响应）模型是由经济合作与发展组织（OECD）和联合国环境规划署（UNWP）共同提出，用于评价人类活动对生态环境的影响程度，是较为成熟的评价指标体系。此模型中，P 代表土地系统受到的外部压力，S 代表自然资源的变化状况，R 代表人类为改善不良影响而采取的保护措施。借助 PSR 模型构建土地利用系统健康性评价体系可衡量人口增长、社会经济发展等因素给城市土地利用施加的压力，描述在当前状况下的经济发展水平、资源产出水平和土地生态质量等土地产出水平，分析土地利用系统对压力的适应能力以及环境保护措施和治理手段的成效性。压力、响应、状态之间相互制约、相互影响，反映了环境压力与环境变化之间的因果关系。

本章节基于 PSR 框架理论模型从自然环境、社会经济发展、人文活动等方面选取了植被覆盖度、生物多样性指数和人类活动强度指数等指标因子构建评价指标体系，以模糊数学思想为理论依据引入变权向量对指标权重进行修正，并采用 3km×3km 网格为研究单元对研究区 1995—2015 年进行了评价，得出了 1995—2015 年鄱阳湖生态经济区土地生态健康指数，并对土地生态健康的时间、空间变化特征进行分析。

结果表明，总体而言，1995—2005 年，鄱阳湖生态经济区 EHI 指数值呈退化现象，空间关联程度趋于增强。鄱阳湖腹地的生态状况基本稳定，研究区南部的宜春地区、抚州地区和鹰潭地区生态健康水平处于恶化状态。1995—2015 年，研究区 EHI 指数值稳中有升，空间关联程度也逐渐增强。鄱阳湖腹地 EHI 值较高的区域，面积进一步扩大。武宁县健康状况有所削弱，研究区南部的 LL 类型地区 EHI 值有所好转，但是部分城市的中心城区 EHI 指数 LL 型面积有所增大。

主要参考文献

邓慧 . 2015. 长株潭地区耕地资源生态安全评价与调控模式研究［D］. 长沙：湖南师范大学.

范丽娟，田广星 . 2017. 基于 PSR 模型的土地利用系统健康评价：以银川市为例［J］. 宁夏工程技术，16（4）：372-376.

傅伯杰 . 1985. 土地生态系统的特征及其研究的主要方面［J］. 生态学杂志（1）：35-38.

高洁芝，夏梦蕾，孟展，等 . 2017. PSR 框架下土地生态系统健康诊断［J］. 江苏农业科学，45（11）：240-243.

何新，姜广辉，张瑞娟，等 . 2015. 基于 PSR 模型的土地生态系统健康时空变化分析：以北京市平谷区为例［J］. 自然资源学报，30（12）：2057-2068.

李泓慧 . 2017. 贵州省天柱县土地利用系统健康评价研究 [D]. 贵阳：贵州财经大学.

李睿璞，关江华 . 2016. 基于 PSR 模型的快速城市化地区土地利用系统健康性评价：以深圳市为例 [J]. 华中农业大学学报（社会科学版）(3)：112-117.

刘辉，渠丽萍，魏超 . 2016. 基于惩罚型变权模型的土地生态安全评价及障碍因子分析：以鄂州市为例 [J]. 湖北农业科学，55（18）：4679-4684.

路云飞，李琳琳，张壮 . 2018. 决策指标组合赋权方法的研究及应用 [J]. 计算机工程，44（1）：84-90.

路正，陈英，魏苹，等 . 2017. 基于熵权可拓物元模型土地利用系统健康诊断：以河西走廊为例 [J]. 干旱地区农业研究，35（1）：258-263.

王菲，杨乐，马智宇. 2011. 基于综合指数评价法的土地健康评价：以湖北省枣阳市为例 [J]. 农业工程，1（3）：73-76.

王卫斌，王彬 . 2014. 基于综合指数模型的焦作市土地集约评价 [J]. 经济研究导刊（18）：209-210.

吴冠岑，牛星 . 2010. 土地生态安全预警的惩罚型变权评价模型及应用：以淮安市为例 [J]. 资源科学，32（5）：992-999.

熊建华 . 2018. 土地生态安全评价研究回顾、难点与思考 [J]. 地理与地理信息科学，34（6）：71-76.

于海洋，张飞，曹雷，等 . 2017. 基于乡镇尺度的土地生态安全时空格局评价研究：以博尔塔拉蒙古自治州为例 [J]. 生态学报，37（19）：6355-6369.

张继权，邹桃红，路兴昌，等 . 2011. 模糊综合评判在土地生态系统健康评价中的应用 [J]. 科技导报，29（19）：

34-39.

钟少华，时鹏，杨文刚，等．2019. 基于 PSR 模型的土地利用系统健康评价及障碍因子诊断：以延长县为例［J］. 水土保持研究，26（2）：283-289.

周博，杜晓霞，马林兵，等．2018. 基于 PSR 模型的土地利用系统健康动态评价［J］. 中山大学学报（自然科学版），57（4）：9-15.

Eason C，O'Halloran K. 2002. Biomarkers in toxicology versus ecological risk assessment［J］. Toxicology，181- 182（24）：517.

Fang K，Heijungs R，Snoo G R D. 2014. Theoretical exploration for the combination of the ecological，energy，carbon，and water footprints：Overview of a footprint family［J］. Ecological Indicators，36（1）：508-518.

Hilty J，Merenlender A. 2000. Faunal indicator taxa selection for monitoring ecosystem health.［J］. Biological Conservation，92（2）：185-197.

Parkes M W. 2016. Pacific connections for health，ecosystems and society：new approaches to the land-water-health nexus［J］. Reviews on Environmental Health，31（1）：125-130.

Rapport D J. 1993. Ecosystems not，optimized：a reply［J］. Journal of Aquatic Ecosystem Health，2（1）：57-57.

Rees W E. 1992. Ecological footprints and appropriated carrying capacity：what urban economics leaves out［J］. Focus，6（2）：121-130.

Sheldon F，Peterson E E，Boone E L，et al. 2012. Identifying the spatial scale of land use that most strongly influences overall river ecosystem health score.［J］. Ecological Applications, 22 (8): 2188-2203.

Taylor K W, Chã Nier R. 2003. Introduction to Ecological Risk Assessments of Priority Substances Under the Canadian Environmental Protection Act, 1999 [J]. Human & Ecological Risk Assessment An International Journal, 9 (2): 447-451.

第九章 基于物元模型的研究区土地生态系统健康预警研究

第一节 预警评价指标体系的构建

一、指标体系建立原则

预警评价的首要工作是建立评价的指标体系，科学的指标体系决定评价结果的准确性，指标的选取需要适合、恰当。根据鄱阳湖生态经济区当前的环境问题及未来的发展趋势以及结合土地系统的自身特点，建立预警评价指标体系遵循以下原则。

1. 整体性原则

土地生态系统健康影响因素既有自然环境因素也有社会经济因素，因此选取评价指标是要全面考虑自然、环境、社会经济三大类指标。因为这样构建出的指标，不仅能独立反映特定指标要素，又能反映系统整体特征。

2. 主导型原则

影响土地系统的健康的因素众多，因素之间相互紧密联系。某个因素无法全面阐明土地生态系统的健康的现状，各个因素枚举也不现实。所以，需要从中选取最具代表性、最能反映土地生态系统本质的主导性指标。

3. 层次性原则

土地生态系统与其子系统之间有着复杂的层次机构，在构建指标体系时要考虑各个指标的层次结构，避免指标的重叠，同时，根据指标的特点进行区分与结合，包括个体与整体指标、静态与动态指标、定性与定量指标。

4. 易操作性原则

指标体系的建立应简洁与全面相统一，在保证数据精准性的前提下，充分考虑指标算法与数据获取的难易程度。充分采用当前已有数据和规范标准。预警评价指标体系应尽可能简单，便于推广。

5. 规范性原则

土地生态系统健康预警评价是一项时间跨度大的工作，所获取的数据和资料在时间尺度与空间尺度上都必须具备可比性。因此，采取的方法和选用的指标都必须规范、统一，不仅能对某区域土地生态系统进行评价，而且能供其他生态系统间借鉴比较。

二、指标体系理论框架构建

本研究采用隐患-状态-响应模型构建理论框架。隐患-状态-响应模型是在P-S-R模型的基础上，对P-S-R框架进行了变化，隐患（P）是预警体系中的警源，表征危害土地生态系统健康的因素，本研究具体化为自然子系统隐患、环境子系统隐患和社会经济子系统隐患。状态（S）表征系统健康的状态，同样也是隐患因素造成的实际影响的警情后果。响应（R）是土地生态系统自我调节能力以及人类社会采取的措施、对策。隐患-状态-响应模型很好地说明生态系统健康各因子间的作用过程及结果，是进行预警评价的先行条件。

基于“隐患-状态-响应”（PSR）概念框架模型，构建了适用于土地生态系统健康预警评价的理论框架，具体见图9-1。

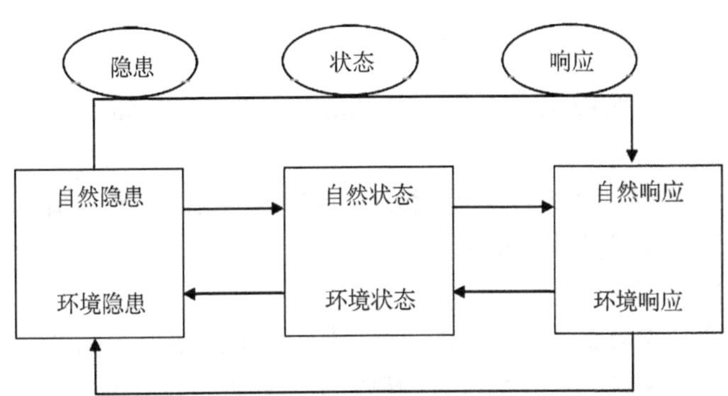

图 9-1　土地生态系统健康的 P-S-R 概念框架

三、预警指标选取、权重的确定

本研究采用熵值法和变异系数法选取 24 项指标为预警评价指标体系的指标。

1. 熵值法

熵值法基于系统有序度和信息熵的正向相关性，即信息熵的大小取决于系统有序度的高低，系统的有序度越低，信息熵越小，反之越大（孟展等，2014）。熵是度量不确定性的工具，计算指标信息熵，得到指标差异程度，从而选取指标。计算如下：

（1）指标进行同度量比，值的比重为：

$$P_{ij} = X_{ij}/(\sum_{i=1}^{n} X_{ij})\text{（}P_{ij}\text{ 为 } j \text{ 项指标第 } i \text{ 个对象）} \tag{9-1}$$

（2）j 项指标的熵值 e_j：

$$e_j = -k\sum_{i=1}^{n} P_{ij}LnP_{ij} \tag{9-2}$$

其中 $k>0$，Ln 为自然对数，$e_j \geqslant 0$，如果 X_{ij} 对于给定的 i 全部相等，那么

$$P_{ij}=X_{ij}/(\sum_{i=1}^{n}X_{ij})=\frac{1}{n} \tag{9-3}$$

此时 e_j 取极大值，即 $e_j=\mathrm{klnn}$，若设 $\mathrm{k}=1/\mathrm{lnn}$，于是有 $0\leqslant e_j\leqslant 1$。

（3）j 项指标的差异性系数 $g_j=1-e_j$。根据差异数值选取指标，选取差异数大的指标。

2. 变异系数法

变异系数是通过指标的信息计算权重，衡量指标的变异程度。一般来说，在指标权重的确定上，应根据指标变异程度的大小来确定，变异程度越大，权重就越大；反之，赋予较小的权重；可用各指标所包含的信息量的大小作为选择变量的一种方法，具体步骤如下：

（1）设侯选指标群中含有 m 个指标，X_1，X_2，…，X_m，有 n 个研究对象，令：

$$X_i=(\sum_{j=n}^{n}X_{ij})/n \tag{9-4}$$

$$S_i=\sqrt{(\sum_{j=1}^{n}(X_{ij}-X_i)^2)/(n-1)} \tag{9-5}$$

（2）则各指标的变异系数为：

$$V_i=S_i/X_i\ (\mathrm{i}=1,\ 2,\ \cdots,\ \mathrm{m}) \tag{9-6}$$

根据 V_i 的数值从大到小选取指标。

四、指标体系的构建

根据指标体系的构建和指标的选取原则，充分考虑研究区土地生态系统健康预警评价因素的复杂关系，借鉴国内相关的研究成果，采用隐患-状态-响应（P-S-R）模型来构建土地生态系统健康预警评价指标体系，明确警义。

根据已收集到的资料，结合鄱阳湖生态经济区近十年自然、环境、社会经济的变化。采用层次分析法，构建本研究评价指标体系。具体评价指标体系见表 9-1。

表 9-1　土地生态系统健康预警评价指标体系

目标层	准则层 A	准则层 B	指标层 C	权重
	土地生态系统健康隐患	自然隐患	水土流失率	0.0378
		自然隐患	外来物种入侵度	0.0126
		环境隐患	单位耕地面积化肥负荷	0.0343
		环境隐患	单位耕地面积农药负荷	0.0432
		环境隐患	万元产值污染物排放量	0.0544
		社会经济隐患	人口增长率	0.0323
		社会经济隐患	人口密度	0.0760
		社会经济隐患	经济密度	0.0760
		社会经济隐患	人均耕地面积	0.0460
土地生态系统健康预警	土地生态系统健康状态	自然状态	25°以上坡耕地面积比	0.0106
		自然状态	自然灾害受灾面积比	0.0211
		环境状态	土壤侵蚀模数	0.0557
		环境状态	耕地粮食单产	0.0274
		社会经济状态	第二产业占 GDP 比重	0.0599
		社会经济状态	城镇化率	0.0475
		社会经济状态	水资源利用率	0.0377
	土地生态系统健康响应	自然响应	森林覆盖率	0.0284
		自然响应	生物多样性	0.0567
		环境响应	有效灌溉面积比	0.0279
		环境响应	环保治理投资占 GDP 比例	0.0443
		环境响应	工业废水循环使用率	0.0351
		社会经济响应	人均 GDP	0.0450
		社会经济响应	第三产业占国民生产总值比	0.0450

五、预警指标解析

1. 隐患层

（1）自然隐患。水土流失率：水土流失是土地生态健康隐患之一，由水土流失面积与区域总面积比值表征。水土流失率为逆向指标，指标值同土地健康警度负相关，指标值的数值大小决定威胁的大小。

外来物种入侵度：地区外来入侵的物种与本地区原有的动植物种数的比值，表征本地区生态系统受外界影响的程度大小。外来物种入侵度为逆向指标，指标值越小，地区系统受影响越小。

（2）环境隐患。单位耕地面积化肥负荷（kg/km^2）：区域内施用的化肥对土地生态系统的土壤结构、地表、农作物和地下水源等方面产生的潜在危害程度，化肥的年施用总量与播种总面积比值表征。该指标为逆向指标，指标值越大，区域土地生态系统环境压力越大。

单位耕地面积农药负荷（kg/km^2）：区域内施用的农药对土地生态系统的土壤结构、地表、农作物和地下水源等方面产生的潜在危害程度，用农药的年施用总量与播种总面积比值表征。该指标为逆向指标，指标值越大，区域土地生态系统环境压力越大。

万元产值污染物排放量（kg/万元）：区域达到万元产值将产生的污染物的排放量。万元产值污染物排放量是逆向指标，预测经济对环境的影响，指标值与区域健康警度呈负相关越大，区域生态系统健康状况越差。

（3）社会经济隐患。人口增长率：区域年内净增人口数（年末人口与年初人口的差值）与年初人口数的比值。该指标为逆向指标，指标值越大，人口增长越快，对土地生态健康威胁越大。

人口密度：人口密集程度，由单位土地面积上承载的人口数量表征，计量单位为（人/km^2）。该指标为逆向指标，指标值越大，区域土地生态系统健康状态越差。

经济密度：土地利用密集程度，由单位土地面积的产值表征，计量单位为万元/km^2。该指标为逆向指标，指标值越大，区域土地生态系统健康状态越差。

人均耕地面积：区域人口对是耕地的压力，单位为 km^2/人。该指标为正向指标，指标值越大，土地生态环境质量越好。

2. 状态层

（1）自然状态。25°以上耕地面积比：坡度大于 25°的耕地与总耕地面积的比值。不合理的陡坡开垦会加速地表的侵蚀。该指标为逆向指标，指标值越大，土地生态系统健康状况越差。

自然灾害受灾面积比：自然灾害受灾面积与耕地面积的比值。该指标为逆向指标，指标值越大，土地生态系统遭受的威胁和破坏越大。

（2）环境状态。土壤侵蚀模数（t/km^2. a）：土壤侵蚀强度指标，由区域单位国土面积内单位时间内的土壤侵蚀量表征。该指标为逆向指标，土壤侵蚀模数表现水土流失程度，同时间接反映土壤质地和结构情况。该指标值越大，区域土地质量越差。

耕地粮食单产：在粮食作物实占耕地内，由年均耕地粮食产量表征，单位为 kg/km^2。该指标为正向指标，指标值越大，区域土地质量越好，土地生态系统健康状况越好。

（3）社会经济状态。第二产业占 GDP 比重：第二产业由采矿业，制造业，电力、燃气及水的生产和供应业、建筑业组成，产值的增长需消耗巨大的能源，对土地资源存在巨大的压力。该指标为逆向指标，指标值越小，土地生态系统健康状况越好。

城镇化率：以城镇人口占区域总人口比重来表示。该指标为逆向指标，指标值越大，对土地产出依赖越大，在一定程度上会造成对土地的过度利用。

水资源利用率：区域水资源利用状况，由区域内水资源总需求量与水资源可供使用量的比值表征。该指标为逆向指标，指标值越大，区域水资源压力越大，对生态系统的健康威胁越大。

3. 响应层

（1）自然响应。生物多样性指数：生物多样性指数反映生态系统健康状态，其在保持水质、土壤肥力、调节气候以及珍稀濒危物种的保存均发挥重要作用，该指标为正向指标。

森林覆盖率：地区森林面积与土地总面积比值。该指标为正向指标。

（2）环境响应。单位有效灌溉面积比：有效灌溉耕地面积与总耕地面积比值。该指标为正向指标，指标值越大，土地生态系统状况越健康。

环保治理投资占 GDP 比例：流域综合治理工程、循环经济示范工程、污染防治工程、生态环境保护与整治工程等投资与 GDP 比值，计量单位为%。该指标为正向指标。

工业废水循环使用率：重复使用废水量与总废水量的比值，该指标为正向指标，指标值越大，土地生态系统健康状况遭受威胁越小。

（3）社会经济响应。人均 GDP：表征区域经济实力，计量单位为元/人。属于正向指标，该指标为正向指标，指标值越大，反映社会总体经济发展对土地资源的压力就越小，土地生态系统健康状态越好。

第三产业占国民经济总产值：第三产业在国民经济中比重的提高，有效缓解第一产业、第二产业对土地资源的压力。该指标为正向指标，指标值越大，土地生态系统健康状况越好。

农民人均纯收入：反映土地的产出能力，单位为元/人。该指标为正向指标。

六、警度判别标准确定

现阶段，土地生态系统健康预警尚未形成一套规范的分级标准，在查阅、分析和研究国际和国家通行行业标准，参考现有的相关研究成果（范铁玲，2006），以及向学科专家咨询等多种方法的基础上，本研究尝试建立评价指标健康分级标准，主要参考如下。

1. 国际和国家规定的标准

国际标准是指国际公认值，如人均耕地、单位耕地化肥施用量、人口密度、城镇化水平和环保治理投资占 GDP 比重等，国家标准是指国家出台的相关规定，如污水综合排放标准（GB 8978—1996）、粮食卫生标准（GB 2715—81）、农药安全实用标准（GB 4285—84）、国家环境保护总局《生态县、生态市、生态省建设指标（试行）》等规定的相关指标的标准值（宋艳春，2014）。

2. 区域的本底和背景标准

从地区自身特点出发，按照各项指标在地区变化范围内的最大值、最小值、平均值、均方差以及全市、全省和全国的平均水平等，综合归纳确定预警评价指标的闭值。如单位耕地粮食产量、生物多样性指数、物种入侵度等。

3. 参考现有成果

通过文献综述法，对可能的本研究的指标分级标准有帮助的文献进行汇总分析，然后结合实证研究项目的基本概况，进行适当调整，加以修正。

4. 咨询专家建议

对于一些定量化计算难度大、分级标准模糊的指标，主要在咨询相关专家的基础上，自行设计，以求最大化的满足本文实证研究的需要。

综合以上考量，根据土地生态系统健康预警的可拓性以及地区实际情况，将预警的警报级别划分为 5 个等级，与警度相对应，分别为：健康警度、较健康警度、警戒警度、中警警度和重警警度，分别用 1 级、2 级、3 级、4 级和 5 级表示。具体分级标准见表 9-2。

表 9-2　评价指标警度判别标准

指标	健康 1 级	较健康 2 级	警戒 3 级	中警 4 级	重警 5 级
水土流失率（%）（c1）	<0.5	[0.5, 1)	[1, 2)	[2, 3)	[3, 5)
外来物种入侵度（%）（c2）	<1	[1, 3)	[3, 5)	[5, 7)	[7, 9)
单位耕地面积化肥负荷（kg/hm^2）（c3）	<200	[200, 400)	[400, 600)	[600, 900)	[900, 1 300)
单位耕地面积农药负荷（kg/hm^2）（c4）	<20	[20, 35)	[35, 50)	[50, 100)	[100, 150)
万元产值污染物排放量（万 t/亿元）（c5）	<5	[5, 10)	[10, 25)	[25, 40)	[40, 55)
人口增长率（%）（c6）	<0	[0, 10)	[10, 20)	[20, 30)	[30, 50)
人口密度（人/km^2）（c7）	<500	[500, 1 000)	[1 000, 2 000)	[2 000, 5 000)	[5 000, 8 000)
经济密度（万元/km^2）（c8）	≤500	(500, 1 000]	(1 000, 5 000]	(5 000, 20 000]	(20 000, 50 000]
人均耕地面积（hm^2/人）（c9）	(0.3, 0.5]	(0.1, 0.3]	(0.08, 0.1]	(0.04, 0.08]	≤0.04

（续表）

指标	健康 1级	较健康 2级	警戒 3级	中警 4级	重警 5级
25度以上坡耕地面积比（%）（c10）	<10	[10，15)	[15，20)	[20，25)	[25，40)
自然灾害受灾面积比（%）（c11）	<1.5	[1.5，3)	[3，4)	[4，5)	[5，6)
土壤侵蚀模数（$t/km^2.a$）（c12）	<50	[50，100)	[100，150)	[150，250)	[250，500)
耕地粮食单产（kg/hm^2）（c13）	[6 000，7 000)	[5 000，6 000)	[4 000，5 000)	[2 500，4 000)	<2 500
第二产业占GDP比重（%）（c14）	<20	[20，35)	[35，45)	[45，60)	[60，75)
城镇化率（%）（c15）	<20	[20，40)	[40，60)	[60，75)	[75，90)
水资源利用率（%）（c16）	<15	[15，25)	[25，35)	[35，50)	[50，90)
森林覆盖率（%）（c17）	[60，80)	[40，60)	[20，40)	[10，20)	<10
生物多样性（%）（c18）	[55，65)	[45，55)	[35，45)	[20，35)	<20
有效灌溉面积比（%）（c19）	[80，100)	[60，80)	[50，60)	[40，50)	<40
环保治理投资占GDP比例（%）（c20）	[5，6)	[4，5)	[3，4)	[2，3)	<2
工业废水循环使用率（%）（c21）	[70，90)	[55，70)	[40，55)	[20，40)	<20
人均GDP（元）（c22）	[20 000，60 000)	[10 000，20 000)	[8 000，10 000)	[5 000，8 000)	<5 000
第三产业占国民生产总值比（%）（c23）	[60，80)	[40，60)	[30，40)	[20，30)	<20
农民人均纯收入（元）（c24）	[12 000，18 000)	[6 000，12 000)	[4 000，6 000)	[2 000，4 000)	<2 000

第二节 预警评价物元模型介绍

本研究引入物元模型，在预警评价中植入数学思维，增强评价结果的科学合理性。同时，学科间的结合，丰富了预警评价理论基础和方法体系。物元模型能处理预指标间的复杂关系，完美解决预警指标之间相容性问题。通过对各个指标定级，划分警度区间，建立预警指标的关联函数，最终计算出区域土地生态系统健康警情等级，为区域土地生态健康管理提供数据支撑。

一、物元结构模型

1. 物元基本概念

事物 N、特征 c、量值 V 三要素构成事物的基本元，即物元。数学表述为：物元 R＝（N，c，V）。多维物元表示事物的多个特征：

$$R_j=(N_j,\ c_i,\ V_{ji})=\begin{vmatrix} N_j & c_1 & V_{j1} \\ & c_2 & V_{j2} \\ & c_3 & V_{j3} \\ & \cdots & \cdots \\ & c_n & V_{j4} \end{vmatrix}=\begin{vmatrix} N_j & c_1 & (a_{j1},\ b_{j1}) \\ & c_2 & (a_{j2},\ b_{j2}) \\ & c_3 & (a_{j3},\ b_{j3}) \\ & \cdots & \cdots \\ & c_n & (a_{jn},\ b_{jn}) \end{vmatrix} \tag{9-7}$$

2. 经典域、节域物元矩阵

经典域物元是由事物、特征及其对应等级的标准值的范围组成，表示为：

$$R_j = (N_j, c_i, V_{ji}) = \begin{vmatrix} N_j & c_1 & V_{j1} \\ & c_2 & V_{j2} \\ & c_3 & V_{j3} \\ & \cdots & \cdots \\ & c_n & V_{j4} \end{vmatrix} = \begin{vmatrix} N_j & c_1 & (a_{j1}, b_{j1}) \\ & c_2 & (a_{j2}, b_{j2}) \\ & c_3 & (a_{j3}, b_{j3}) \\ & \cdots & \cdots \\ & c_n & (a_{jn}, b_{jn}) \end{vmatrix} \tag{9-8}$$

N 表征鄱阳湖生态经济区土地生态系统，c 为预警指标，区间（a，b）为指标 c 在预警评价中某一个警度的取值区间。

节域物元是由事物、特征及标准值取值全范围，即事物特征的整体取值范围，表示为：

$$R_p = (N_p, c_i, V_{pi}) = \begin{vmatrix} N_p & c_1 & V_{p1} \\ & c_2 & V_{p2} \\ & c_3 & V_{p3} \\ & \cdots & \cdots \\ & c_n & V_{pn} \end{vmatrix} = \begin{vmatrix} N_p & c_1 & (a_{p1}, b_{p1}) \\ & c_2 & (a_{p2}, b_{p2}) \\ & c_3 & (a_{p3}, b_{p3}) \\ & \cdots & \cdots \\ & c_n & (a_{pn}, b_{pn}) \end{vmatrix} \tag{9-9}$$

N 表征鄱阳湖生态经济区土地生态系统，c 为土地生态系统预警指标，区间（a，b）为指标 c 在预警评价中整个警度区间的取值范围。

3. 待判物元矩阵

待判物元是将要评价的事物用物元模型表示：

$$R_x = (N_x, c_i, v_i) = \begin{vmatrix} N_x & c_1 & v_1 \\ & c_2 & v_2 \\ & c_3 & v_3 \\ & \cdots & \cdots \\ & c_n & v_n \end{vmatrix} \tag{9-10}$$

式中，R_x为待判物元，表征地区土地生态系统健康状况，c为预警指标，v为c的指标值。

二、关联函数及关联度计算

关联度由关联函数计算得来，表征待评价事物的特征的归属程度，取值范围是（-∞，+∞）。首先，计算可拓数学中“距”，即点到区间之间的距，之后建立关联函数。v_i到经典域$v_{ji}=(a_{ji}, b_{ji})$、节域$v_{pi}=(a_{pi}, b_{pi})$的距的计算公式如下：

$$\rho(v_i, V_{ji}) = \left|v_i - \frac{a_{ji}+b_{ji}}{2}\right| - \frac{b_{ji}-a_{ji}}{2} \tag{9-11}$$

$$\rho(v_i, V_{pi}) = \left|v_i - \frac{a_{pi}+b_{pi}}{2}\right| - \frac{b_{pi}-a_{pi}}{2} \tag{9-12}$$

式中，$\rho(v_i, v_{ji})$为v_i与经典域的距，$\rho(v_i, v_{pi})$为v_i与节域的距，v_i为指标值，a_{ji}、b_{ji}为对应警度等级的下限、上限值，a_{pi}、b_{pi}为节域的下限、上限值。

关联函数是用函数表征待评价事物某项特征，公式如下为：

$$K_j(c_i) = \begin{cases} \dfrac{\rho(v_i, V_{ji})}{\rho(v_i, V_{pi}) - \rho(v_i, V_{ji}) + a_{ji} - b_{ji}} & v_i \in V_{ji} \\ \dfrac{\rho(v_i, V_{ji})}{\rho(v_i, V_{pi}) - \rho(v_i, v_{ji})} & v_i \notin V_{ji} \end{cases} \tag{9-13}$$

$K_j(c_i)$是预警评价指标与健康警度级间的关联度，指标与各警度的关联度体现其与各警度之间的关联性。关联度评价标准见表9-3。

表 9-3　关联度评价标准

取值范围	标准
$K_j(c_i) \geqslant 1$	指标超过标准等级的上限，数值越大，表示指标超过标准等级程度越大
$1 > K_j(c_i) \geqslant 0$	指标符合标准等级，数值越大，越接近标准等级的上限
$0 > K_j(c_i) \geqslant -1$	指标不符合标准等级要求，但具备转化为标准等级的条件，数值越大，越容易转化
$K_j(c_i) < -1$	指标不符合标准等级要求，并且不具备转化为标准对象的条件

三、综合关联度计算模型

待评价对象 N_x 关于第 j 等级的综合关联度计算公式为：

$$K_j(N_x) = \sum_{i=1}^{n} w_i K_j(c_i) \tag{9-14}$$

式中，$K_j(N_x)$ 为评价对象 N_x 关于等级 j 的综合关联度，w_i 为指标权重，$K_j(c_i)$ 为第 i 个指标关于等级 j 的关联度，w_i 为第 i 个指标的权重值。

如果 $K_{ji} = \max[K_j(c_i)]$，（j=1，2，…，m），则表示第 i 个指标隶属于评价对象的第 j 等级；如果 $K_{jx} = \max[K_j(N_x)]$，（j=1，2，…，m），则表示待评价对象处于第 j 等级。

第三节　建立预警评价基础物元矩阵

根据评价指标的分级标准，参照式（9-8）、式（9-9）和已经确定的警度判别标准，构建预警评价的经典域物元矩阵，分别记为 R_1 = {健康}，R_2 = {较健康}，R_3 = {警戒}，R_4 = {中警}，R_5 = {重警} 和节域物元矩阵 R_p，具体表述为：

$$R_1 = \begin{bmatrix} & c1, & (0,\ 0.5) \\ & c2, & (0,\ 1) \\ & c3, & (0,\ 200) \\ & c4, & (0,\ 20) \\ & c5, & (0,\ 5) \\ & c6, & (-40,\ 0) \\ & c7, & (0,\ 500) \\ & c8, & (0,\ 500) \\ & c9, & (0.3,\ 0.5) \\ & c10, & (0,\ 10) \\ & c11, & (0,\ 1.5) \\ & c12, & (0,\ 50) \\ N_1, & c13, & (6\,000,\ 7\,000) \\ & c14, & (0,\ 20) \\ & c15, & (0,\ 20) \\ & c16, & (0,\ 15) \\ & c17, & (0,\ 15) \\ & c18, & (60,\ 80) \\ & c19, & (55,\ 65) \\ & c20, & (5,\ 6) \\ & c21, & (70,\ 90) \\ & c22, & (20\,000,\ 60\,000) \\ & c23, & (60,\ 85) \\ & c24, & (12\,000,\ 18\,000) \end{bmatrix}$$

$$R_2=\begin{bmatrix} & c1, & (0.5,\ 1) \\ & c2, & (1,\ 3) \\ & c3, & (200,\ 400) \\ & c4, & (20,\ 35) \\ & c5, & (5,\ 10) \\ & c6, & (0,\ 10) \\ & c7, & (500,\ 1\ 000) \\ & c8, & (500,\ 1\ 000) \\ & c9, & (0.1,\ 0.3) \\ & c10, & (10,\ 15) \\ & c11, & (1.5,\ 3) \\ & c12, & (50,\ 100) \\ N_2, & c13, & (5\ 000,\ 6\ 000) \\ & c14, & (25,\ 35) \\ & c15, & (20,\ 40) \\ & c16, & (15,\ 25) \\ & c17, & (40,\ 60) \\ & c18, & (45,\ 55) \\ & c19, & (60,\ 80) \\ & c20, & (4,\ 5) \\ & c21, & (55,\ 70) \\ & c22, & (10\ 000,\ 20\ 000) \\ & c23, & (40,\ 60) \\ & c24, & (6\ 000,\ 12\ 000) \end{bmatrix}$$

$$R_3 = \begin{bmatrix} & c1, & (1,\ 2) \\ & c2, & (3,\ 5) \\ & c3, & (400,\ 600) \\ & c4, & (35,\ 50) \\ & c5, & (10,\ 25) \\ & c6, & (10,\ 20) \\ & c7, & (1\ 000,\ 2\ 000) \\ & c8, & (1\ 000,\ 5\ 000) \\ & c9, & (0.08,\ 0.1) \\ & c10, & (15,\ 20) \\ & c11, & (3,\ 4) \\ & c12, & (100,\ 150) \\ N_3, & c13, & (4\ 000,\ 5\ 000) \\ & c14, & (35,\ 45) \\ & c15, & (40,\ 60) \\ & c16, & (25,\ 35) \\ & c17, & (20,\ 40) \\ & c18, & (35,\ 45) \\ & c19, & (50,\ 60) \\ & c20, & (3,\ 4) \\ & c21, & (40,\ 55) \\ & c22, & (8\ 000,\ 10\ 000) \\ & c23, & (30,\ 40) \\ & c24, & (4\ 000,\ 6\ 000) \end{bmatrix}$$

$$
R_4 = \begin{bmatrix}
 & c1, & (2,\ 3) \\
 & c2, & (5,\ 7) \\
 & c3, & (600,\ 900) \\
 & c4, & (50,\ 100) \\
 & c5, & (25,\ 40) \\
 & c6, & (20,\ 30) \\
 & c7, & (2\ 000,\ 5\ 000) \\
 & c8, & (5\ 000,\ 200\ 000) \\
 & c9, & (0.04,\ 0.08) \\
 & c10, & (20,\ 25) \\
 & c11, & (4,\ 5) \\
 & c12, & (150,\ 250) \\
N_4, & c13, & (2\ 500,\ 4\ 000) \\
 & c14, & (45,\ 60) \\
 & c15, & (60,\ 75) \\
 & c16, & (35,\ 50) \\
 & c17, & (10,\ 20) \\
 & c18, & (20,\ 35) \\
 & c19, & (40,\ 50) \\
 & c20, & (2,\ 3) \\
 & c21, & (20,\ 40) \\
 & c22, & (5\ 000,\ 8\ 000) \\
 & c23, & (20,\ 30) \\
 & c24, & (2\ 000,\ 4\ 000)
\end{bmatrix}
$$

$$
R_5 = \begin{bmatrix}
 & c1, & (3,\ 5) \\
 & c2, & (7,\ 9) \\
 & c3, & (900,\ 1\,300) \\
 & c4, & (100,\ 150) \\
 & c5, & (40,\ 55) \\
 & c6, & (30,\ 50) \\
 & c7, & (5\,000,\ 8\,000) \\
 & c8, & (20\,000,\ 50\,000) \\
 & c9, & (0,\ 0.04) \\
 & c10, & (25,\ 40) \\
 & c11, & (5,\ 6) \\
 & c12, & (250,\ 500) \\
N_5, & c13, & (0,\ 2\,500) \\
 & c14, & (60,\ 75) \\
 & c15, & (75,\ 90) \\
 & c16, & (50,\ 90) \\
 & c17, & (0,\ 10) \\
 & c18, & (0,\ 20) \\
 & c19, & (0,\ 40) \\
 & c20, & (0,\ 2) \\
 & c21, & (0,\ 20) \\
 & c22, & (0,\ 5\,000) \\
 & c23, & (0,\ 20) \\
 & c24, & (0,\ 2\,000)
\end{bmatrix}
$$

$$
R_p = \begin{bmatrix}
 & c1, & (0,\ 5) \\
 & c2, & (0,\ 9) \\
 & c3, & (0,\ 1\ 300) \\
 & c4, & (0,\ 150) \\
 & c5, & (0,\ 55) \\
 & c6, & (-40,\ 50) \\
 & c7, & (0,\ 8\ 000) \\
 & c8, & (0,\ 50\ 000) \\
 & c9, & (0,\ 0.5) \\
 & c10, & (0,\ 40) \\
 & c11, & (0,\ 6) \\
 & c12, & (0,\ 500) \\
N_p, & c13, & (0,\ 7\ 000) \\
 & c14, & (0,\ 75) \\
 & c15, & (0,\ 90) \\
 & c16, & (0,\ 90) \\
 & c17, & (0,\ 80) \\
 & c18, & (0,\ 65) \\
 & c19, & (0,\ 100) \\
 & c20, & (0,\ 6) \\
 & c21, & (0,\ 90) \\
 & c22, & (0,\ 60\ 000) \\
 & c23, & (0,\ 85) \\
 & c24, & (0,\ 18\ 000)
\end{bmatrix}
$$

第四节　预警评价结果与分析

一、土地生态系统健康警情时间特征

土地生态系统健康警情是动态变化的，因此对时间过程评价是获取健康警情变化的重要手段。本研究分从时间单因子指标关联度和多因子综合关联度两方面分析，单因子指标是评价体系中的单个指标，多因子是评价体系中隐患层、状态层、响应层中的多个指标：

1. 计算时间单因子指标关联度

单因子指标关联度表征各预警指标与各警度的关联程度，进而可以确定各指标隶属的警度，说明该预警指标因子导致土地生态风险的影响程度大小。待评物元为：

按照式（9-11）至式（9-13）可计算得出2000年各指标对应警度等级关联度。具体计算结果如表9-4。

依据式（9-14），2000年系统警情对应各警度等级的综合关联度分别为：$K_1(P_{2000年}) = -0.3228$，$K_2(P_{2000年}) = -0.0750$，$K_3(P_{2000年}) = -0.1771$，$K_4(P_{2000年}) = -0.1883$，$K_5(P_{2000年}) = -0.4563$。依据判断标准 $K_3(P_{2000年}) = \max K_j(P_{九江市城区})$，（j=1，2，3，4，5），判断2000年鄱阳湖生态经济区的健康警情警度级别较健康。

$$R=(N,c,v)=\begin{bmatrix} & c1, & 1.61 \\ & c2, & 5.99 \\ & c3, & 556.12 \\ & c4, & 19.10 \\ & c5, & 33.07 \\ & c6, & 10.62 \\ & c7, & 358.79 \\ & c8, & 221.71 \\ & c9, & 0.06 \\ & c10, & 17.60 \\ & c11, & 2.83 \\ & c12, & 152.59 \\ \text{鄱阳湖生态经济区（2000年）}, & c13, & 4\,915.56 \\ & c14, & 32.88 \\ & c15, & 21.68 \\ & c16, & 16.49 \\ & c17, & 38.98 \\ & c18, & 40.09 \\ & c19, & 84.10 \\ & c20, & 4.32 \\ & c21, & 41.83 \\ & c22, & 4\,395.56 \\ & c23, & 32.07 \\ & c24, & 2\,200.46 \end{bmatrix}$$

表 9-4　2000 年生态经济区各指标对应健康警情警度等级的关联度

关联度	健康	较健康	警戒	中警	重警	MAX	健康警度
$K_{2000年}(C_1)$	-0.4078	-0.2740	0.3938	-0.1969	-0.4646	0.3938	警戒
$K_{2000年}(C_2)$	-0.6231	-0.4975	-0.2463	0.4926	-0.2518	0.4926	中警
$K_{2000年}(C_3)$	-0.3904	-0.2192	0.2194	-0.0731	-0.3821	0.2194	警戒
$K_{2000年}(C_4)$	0.0452	-0.0452	-0.4544	-0.6181	-0.8090	0.0452	健康
$K_{2000年}(C_5)$	-0.5615	-0.5127	-0.2691	0.4618	-0.2401	0.4618	中警
$K_{2000年}(C_6)$	-0.2124	-0.0154	0.0618	-0.1924	-0.3298	0.0618	警戒
$K_{2000年}(C_7)$	0.2824	-0.2824	-0.6412	-0.8206	-0.9282	0.2824	健康
$K_{2000年}(C_8)$	0.4434	-0.5566	-0.7783	-0.9557	-0.9889	0.4434	健康
$K_{2000年}(C_9)$	-0.7906	-0.3717	-0.2146	0.4291	-0.2665	0.4291	中警
$K_{2000年}(C_{10})$	-0.3016	-0.1288	0.4793	-0.1198	-0.2959	0.4793	警戒
$K_{2000年}(C_{11})$	-0.3199	0.1118	-0.0559	-0.2919	-0.4335	0.1118	较健康
$K_{2000年}(C_{12})$	-0.4020	-0.2563	-0.0167	0.0259	-0.3896	0.0259	中警
$K_{2000年}(C_{13})$	-0.3422	-0.0389	0.0844	-0.3052	-0.5368	0.0844	警戒
$K_{2000年}(C_{14})$	-0.2815	0.1413	-0.0606	-0.2693	-0.4520	0.1413	较健康
$K_{2000年}(C_{15})$	-0.0719	0.0840	-0.4580	-0.6387	-0.7109	0.0840	较健康
$K_{2000年}(C_{16})$	-0.0830	0.1492	-0.3403	-0.5288	-0.6702	0.1492	较健康
$K_{2000年}(C_{17})$	-0.3503	-0.0255	0.0510	-0.3275	-0.4264	0.0510	警戒
$K_{2000年}(C_{18})$	-0.3745	-0.1647	0.4914	-0.1695	-0.4464	0.4914	警戒
$K_{2000年}(C_{19})$	0.2048	-0.2048	-0.6024	-0.6819	-0.7349	0.2048	健康
$K_{2000年}(C_{20})$	-0.2882	0.3199	-0.1599	-0.4400	-0.5800	0.3199	较健康
$K_{2000年}(C_{21})$	-0.4024	-0.2395	0.1220	-0.0419	-0.3429	0.1220	警戒
$K_{2000年}(C_{22})$	-0.7802	-0.5604	-0.4506	-0.1209	0.1209	0.1209	重警
$K_{2000年}(C_{23})$	-0.4655	-0.1982	0.2072	-0.0607	-0.2735	0.2072	警戒
$K_{2000年}(C_{24})$	-0.8166	-0.6333	-0.4499	0.1002	-0.0835	0.1002	中警

同理，可计算出1995年、2000年、2005年、2010年和2015年生态经济区这20年间土地生态系统健康警情警度状况级别，见表9-5。

表9-5 1995—2015年生态经济区土地生态系统健康警情警度等级的关联度及级别

	健康	较健康	警戒	中警	重警	Max	级别
1995	-0.1525	-0.1087	-0.1289	-0.1184	-0.376	-0.1087	较健康
2000	-0.3228	-0.1771	-0.075	-0.1883	-0.4563	-0.075	警戒
2005	-0.3321	-0.072	-0.0717	-0.2238	-0.4834	-0.0717	警戒
2010	-0.3486	-0.1241	-0.0461	-0.1765	-0.4666	-0.1241	较健康
2015	-0.1665	0.1858	-0.2593	-0.6761	-0.3665	0.1858	较健康

2. 计算时间多因子综合关联度

计算隐患、状态、响应各要素层与各健康警情警度等级的综合关联度，确定不同生态要素对健康警情预警的贡献程度，为健康预警管理提供数据支持，计算过程与时间单因子指标关联度一致，具体计算结果见表9-6、表9-7、表9-8。

表9-6 隐患层警度关联度

	健康	较健康	警戒	中警	重警	Max	级别
1995	-0.0802	-0.0895	-0.1466	-0.1826	-0.2512	-0.0802	较健康
2000	-0.2995	-0.2434	-0.3287	-0.0494	-0.4832	-0.2434	较健康
2005	-0.3556	-0.2979	-0.1755	-0.0972	-0.4747	-0.0972	中警
2010	-0.3944	-0.2343	0.0793	-0.1955	-0.5172	0.0793	警戒
2015	-0.1032	-0.0787	-0.0701	-0.1671	-0.2517	-0.0701	警戒

表9-7 状态层警度关联度

	健康	较健康	警戒	中警	重警	Max	级别
1995	-0.0819	-0.0452	-0.0432	-0.0285	-0.0826	-0.0285	中警
2000	-0.287	-0.0088	-0.0296	-0.2626	-0.4715	-0.0088	较健康

（续表）

	健康	较健康	警戒	中警	重警	Max	级别
2005	-0.3024	-0.0112	0.037	-0.25	-0.4665	0.037	警戒
2010	-0.3899	-0.2194	-0.0933	0.1013	-0.3263	0.1013	中警
2015	-0.0812	-0.0408	0.0283	0.0248	-0.0767	0.0283	较健康

表 9-8　响应层警度关联度

	健康	较健康	警戒	中警	重警	Max	级别
1995	-0.0005	0.0248	0.0541	0.136	0.1115	0.1360	中警
2000	-0.9481	-0.5108	-0.2373	-0.561	-1.3668	-0.2373	警戒
2005	-0.9856	-0.2221	-0.2097	-0.6523	-1.4319	-0.2097	警戒
2010	-1.0632	-0.1254	-0.417	-0.439	-1.3515	-0.1254	较健康
2015	-0.655	-0.8255	-0.3922	-0.8689	-0.4652	-0.3922	警戒

二、时间特征结果分析

根据表 9-5 所示，鄱阳湖生态经济区土地生态系统健康警情警度在 1995 为较健康，2000 年为警戒，在 2005 年为警戒，在 2010 年为较健康，2015 年为较健康具体情况如下。

1995 年鄱阳湖生态经济区土地生态系统健康警情警度综合关联度最大值为 -0.018 7，具备向较健康警度转化的条件。从隐患要素层面看，土地生态系统的警度关联度最大值是 -0.080 2，具备向健康等级转化的条件；响应层的警度关联度最大值是 -0.028 5，具备向警戒等级转化的条件。响应层的关联度最大值是 0.136 0，具备向警戒等级转化的条件。说明 1995 年健康警情可能存在隐患和响应方面，进行预警管理时需要重点关注。2000 年鄱阳湖生态经济区土地生态系统健康警情警度综合关联度最大值为 -0.750，具备向较健康警度转化的条件。从隐患要素层面看，土地生态系统的警度关联度最大值是 -0.024 3，具备向较健康等级转化的条件；响应层的警度

关联度最大值是 -0.008 8，具备向较健康等级转化的条件。响应层的关联度最大值是 -0.237 3，具备向警戒等级转化的条件。说明2000 年健康警情可能存在隐患和响应方面，进行预警管理时需要重点关注。2005 年鄱阳湖生态经济区土地生态系统健康警情警度综合关联度最大值为 -0.071 7，具备向警戒警度转化的条件。从隐患要素层面看，土地生态系统的警度关联度最大值是 -0.097 2，具备向中警等级转化的条件。响应层的警度关联度最大值是 0.037 0，具备向警戒等级转化的条件；响应层的关联度最大值是 -0.209 7，具备向警戒等级转化的条件。说明 2005 年健康警情可能存在于隐患、状态、响应三方面。2010 年鄱阳湖生态经济区健康警情警度综合关联度最大值为 -0.124 1，具备向较健康等级转化的条件。从隐患要素层面看，土地生态系统的警度关联度最大值是 0.079 3，隶属于警戒等级；响应层的警度关联度最大值是 0.101 3，隶属于中警等级；响应层的关联度最大值是 -0.125 4，具备向较健康等级转化的条件。说明当年鄱阳湖健康警情可能存在于隐患和状态方面。2015 年鄱阳湖生态经济区健康警情警度综合关联度最大值为 0.185 8，整体警情属于较健康。从隐患要素层面看，土地生态系统的警度关联度最大值是 -0.070 1，隶属于警戒等级；状态层的警度关联度最大值是 0.028 3，隶属于较健康等级；响应层的关联度最大值是 -0.392 2，具备向较健康等级转化的条件。

从表 9-5 可以看出，1995—2015 年，鄱阳湖生态经济区土地生态系统健康警情警度整体呈波动上升趋势。从 1995—2000 年从较健康状态转变为警戒状态，这种状态一直持续到了 2005 年，表征土地生态系统健康状况在此期间持续恶化。从表 9-6、表 9-7、表 9-8 可以看出，隐患、状态、响应三要素层的健康状况都有不同情况的恶化。究其原因发现，1995—2005 年这段时间，由于政策的导向，具体是因为江西实施中部崛起战略，以及城市化进程加快等多方面因素，自然环境、社会经济多方面对土地生态系统造成影响。人口增长率的提升，人口密度的增大，造成人均耕地的减少，对耕地粮食单产提出了更严苛的要求。耕地粮食单产任务加重又导致了化肥和农药的大量使用，经济的发展与土地的可持续利用不能统一。环保投资占 GDP 比没能跟上经济的发展速度，政府对经济区的生态保护没达到适时保障。森林覆盖率、生物多样性等指标表征区域环境的恶化。第三产业占国民生产总值比和农民人均纯收入等指标表征政府的响应速度和强度与经济的发展水平不一致，以上种种现象导致了从 1995—2005 年，鄱阳湖生态经济区土地生态系统健康状况变差、恶化。

2005—2015 年，鄱阳湖生态经济区土地生态系统健康警情警度从警戒状态转变为较健康状态，表明 2005—2015 年，全区内土地生态系统健康状况好转。从表 9-6、表 9-7、表 9-8 可以看出，隐患要素层警度升级，但状态和响应要素层的警度降低。说明从 2005 年以后，鄱阳湖生态经济区的高速发展给地区内的健康产生了很大的隐患，但政府的积极响应，采取的相关措施及时、有效地缓解了地区的压力，全区内土地生态系统趋于较健康。政府的许多政策在"十一五"期间得以落实，兴建了很多环境保护的基础设施，为区内的污染治理提供了基础保障。对农村的环境问题也予以重视并加大保护力度，生态建设和农村环境保护工作全面推进。分省、市、县三级建立的环境监测站，使得全区的环境监测能力得到提高，能够及时识别隐患，防患于未然。江西省在"十一五"期间致力构建环境友好型产业体系，第三产业占国民生产总值的比例提升，产业结构趋于健康。以上种种对策、措施，使得全区土地生态系统的健康状况好转。

三、土地生态系统健康警情空间分异

1. 计算空间单因子指标关联度

在空间上，各县（市、区）是组成鄱阳湖生态经济区土地生态系统健康警情评价的单因子。本小节以 2010 年的相关数据为评价基础数据，对生态经济区的 31 个县（市、区）进行健康状况的研究。以九江市城区为例：

$$R=(N, c, v)=\begin{bmatrix} & c1, & 1.61 \\ & c2, & 5.99 \\ & c3, & 556.12 \\ & c4, & 19.10 \\ & c5, & 33.07 \\ & c6, & 10.62 \\ & c7, & 358.79 \\ & c8, & 221.71 \\ & c9, & 0.06 \\ & c10, & 17.60 \\ & c11, & 2.83 \\ & c12, & 152.59 \\ \text{九江市城区,} & c13, & 4\,915.56 \\ & c14, & 32.88 \\ & c15, & 21.68 \\ & c16, & 16.49 \\ & c17, & 38.98 \\ & c18, & 40.09 \\ & c19, & 84.10 \\ & c20, & 4.32 \\ & c21, & 41.83 \\ & c22, & 4\,395.56 \\ & c23, & 32.07 \\ & c24, & 2\,200.46 \end{bmatrix}$$

按照式（9-11）至（9-13）可计算九江市城区的各预

警指标的关联度及其隶属的警度等级，具体计算结果如表 9-9。

依据式（9-14），九江市城区土地生态系统健康警情警度等级的综合关联度分别为：K_1（$P_{九江市城区}$）= －0.3703，K_2（$P_{九江市城区}$）= －0.2220，K_3（$P_{九江市城区}$）= －0.2437，K_4（$P_{九江市城区}$）= −0.3887，K_5（$P_{九江市城区}$）= −0.4256。依据判断标准 K_2（$P_{九江市城区}$）= max K_j（$P_{九江市城区}$），（j = 1，2，3，4，5），判断九江市城区的健康警情警度级别为较健康。

依据上述方法分别计算出生态经济区其余县（市、区）土地生态系统健康状况级别，结果见表 9-10、图 9-2。

表 9-9　九江市城区各指标关于土地生态系统健康等级的关联程度

关联度	健康	较健康	警戒	中警	重警	MAX	健康警度
$K_{九江市城区}$（C_1）	−0.1951	0.3200	−0.3400	−0.6700	−0.7800	0.3200	较健康
$K_{九江市城区}$（C_2）	−0.3990	0.0125	−0.0083	−0.4050	−0.5750	0.0125	较健康
$K_{九江市城区}$（C_3）	−0.3886	−0.2133	0.2563	−0.0854	−0.3903	0.2563	警戒
$K_{九江市城区}$（C_4）	−0.3735	−0.2269	0.0307	−0.0092	−0.5046	0.0307	警戒
$K_{九江市城区}$（C_5）	−0.9736	−0.9706	−0.9560	−0.9119	0.0881	0.0881	重警
$K_{九江市城区}$（C_6）	−0.0163	0.0674	−0.1865	−0.3221	−0.4189	0.0674	较健康
$K_{九江市城区}$（C_7）	−0.4644	−0.4233	−0.3189	0.4131	−0.2478	0.4131	中警
$K_{九江市城区}$（C_8）	−0.4946	−0.4892	−0.4407	−0.1315	0.1190	0.1190	重警
$K_{九江市城区}$（C_9）	−0.9520	−0.8560	−0.8200	−0.6401	0.3599	0.3599	重警
$K_{九江市城区}$（C_{10}）	−0.1859	0.4080	−0.1360	−0.3520	−0.4816	0.4080	较健康
$K_{九江市城区}$（C_{11}）	−0.4766	−0.2149	0.3553	−0.1311	−0.3653	0.3553	警戒
$K_{九江市城区}$（C_{12}）	0.0250	−0.0250	−0.5125	−0.6750	−0.8050	0.0250	健康
$K_{九江市城区}$（C_{13}）	0.0962	−0.0962	−0.5481	−0.6987	−0.7992	0.0962	健康
$K_{九江市城区}$（C_{14}）	−0.5429	−0.3715	−0.1620	0.3239	−0.2874	0.3239	中警
$K_{九江市城区}$（C_{15}）	−0.8393	−0.7750	−0.6250	−0.2500	0.2500	0.2500	重警

（续表）

关联度	健康	较健康	警戒	中警	重警	MAX	健康警度
$K_{九江市城区}$（C_{16}）	-0.8089	-0.7795	-0.7394	-0.6416	0.3584	0.3584	重警
$K_{九江市城区}$（C_{17}）	-0.6369	-0.4554	0.0892	-0.0757	-0.3511	0.0892	警戒
$K_{九江市城区}$（C_{18}）	-0.3784	-0.1786	0.4443	-0.1481	-0.4321	0.4443	警戒
$K_{九江市城区}$（C_{19}）	0.1815	-0.8185	-0.9093	-0.9274	-0.9395	0.1815	健康
$K_{九江市城区}$（C_{20}）	-0.1988	0.3300	-0.3350	-0.5567	-0.6675	0.3300	较健康
$K_{九江市城区}$（C_{21}）	-0.1749	0.3587	-0.2749	-0.4924	-0.6374	0.3587	较健康
$K_{九江市城区}$（C_{22}）	0.0700	-0.9300	-0.9440	-0.9462	-0.9491	0.0700	健康
$K_{九江市城区}$（C_{23}）	-0.2649	0.4367	-0.2183	-0.3747	-0.4789	0.4367	较健康
$K_{九江市城区}$（C_{24}）	0.1940	-0.1940	-0.5970	-0.6546	-0.6978	0.1940	健康

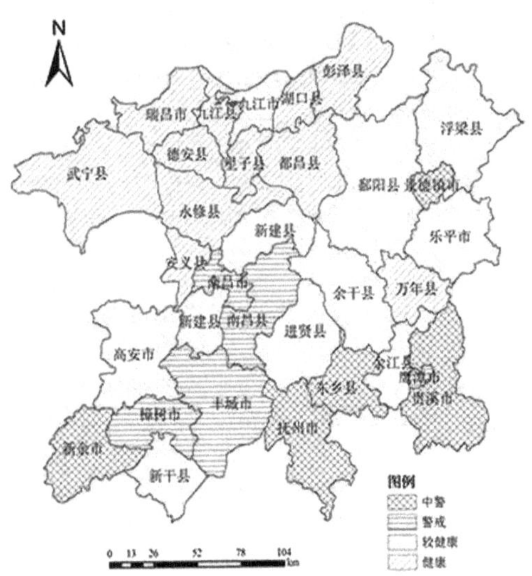

图 9-2　鄱阳湖生态经济区土地生态系统健康警情警度分布

表 9-10　2010 年研究区各县（市、区）土地生态系统健康状况

地区	健康	较健康	警戒	中警	重警	MAX	健康警度
南昌市城区	-0.3563	-0.3340	-0.3324	-0.3497	-0.4565	-0.3324	警戒
南昌县	-0.2527	-0.2703	-0.2333	-0.4642	-0.5261	-0.2333	警戒
新建县	-0.1826	-0.0591	-0.2606	-0.4042	-0.6110	-0.0591	较健康
安义县	-0.1643	-0.2173	-0.2875	-0.4120	-0.5860	-0.1643	健康
进贤县	-0.2591	-0.1381	-0.1437	-0.2958	-0.5296	-0.1381	较健康
景德镇市城区	-0.3744	-0.1951	-0.2183	-0.1464	-0.4161	-0.1464	中警
乐平市	-0.2204	0.0243	-0.2206	-0.3960	-0.5834	0.0243	较健康
浮梁县	-0.2043	-0.1911	-0.2933	-0.4066	-0.6122	-0.1911	较健康
九江市城区	-0.3703	-0.2220	-0.2437	-0.3887	-0.4256	-0.2220	较健康
九江县	-0.1517	-0.1548	-0.3288	-0.4730	-0.6178	-0.1517	健康
瑞昌市	-0.2520	-0.2721	-0.2630	-0.3892	-0.4479	-0.2520	健康
武宁县	-0.2661	-0.2753	-0.3435	-0.4914	-0.5056	-0.2661	健康
永修县	-0.2342	-0.2462	-0.2912	-0.3713	-0.4660	-0.2342	健康
德安县	-0.1020	-0.1101	-0.2117	-0.4171	-0.5718	-0.1020	健康
星子县	-0.1918	-0.2031	-0.2505	-0.4082	-0.5893	-0.1918	健康
都昌县	-0.1824	-0.2078	-0.2331	-0.3586	-0.5458	-0.1824	健康
湖口县	-0.1787	-0.1807	-0.2908	-0.4761	-0.5799	-0.1787	健康
彭泽县	-0.1536	-0.1735	-0.2328	-0.3819	-0.5818	-0.1536	健康
新余市城区	-0.2931	-0.2312	-0.2243	-0.1931	-0.4840	-0.1931	中警
鹰潭市城区	-0.3229	-0.2394	-0.2386	-0.2577	-0.5016	-0.2386	警戒
贵溪市	-0.3390	-0.1981	-0.2671	-0.1881	-0.4589	-0.1881	中警
余江县	-0.2335	-0.0979	-0.1883	-0.3865	-0.5508	-0.0979	较健康
新干县	-0.2618	0.0066	-0.1433	-0.3427	-0.5554	0.0066	较健康
余干县	-0.2751	-0.0945	-0.2170	-0.3330	-0.5390	-0.0945	较健康
鄱阳县	-0.3009	-0.0939	-0.2718	-0.4463	-0.4576	-0.0939	较健康
万年县	-0.1817	-0.2075	-0.3238	-0.4619	-0.5541	-0.1817	健康
丰城市	-0.3136	-0.0595	-0.0434	-0.2622	-0.4977	-0.0434	警戒
樟树市	-0.2811	-0.1710	-0.1141	-0.2445	-0.4988	-0.1141	警戒
高安市	-0.2874	-0.0725	-0.0836	-0.3173	-0.5084	-0.0725	较健康
抚州市城区	-0.3408	-0.1596	-0.1875	-0.1367	-0.4781	-0.1367	中警
东乡县	-0.3667	-0.1418	-0.1488	-0.1395	-0.4472	-0.1395	中警

同理，可计算出 1995 年、2000 年、2005 年和 2015 年鄱阳

湖生态经济区土地生态系统健康警情警度状况级别，结果见表9-11、表9-12、表9-13、表9-14。

表 9-11 1995 年研究区各县（市、区）土地生态系统健康状况

地区	健康	较健康	警戒	中警	重警	MAX	级别
南昌市城区	-0.21770	0.15684	-0.05785	-0.01796	-0.13734	0.15684	较健康
南昌县	0.02063	0.22219	0.14190	0.01861	-0.21544	0.22219	较健康
新建县	-0.20694	-0.11234	-0.15364	-0.04864	-0.24383	-0.04864	中警
安义县	-0.32361	0.02748	-0.16454	-0.09658	-0.25679	0.02748	较健康
进贤县	0.04178	0.01213	-0.10140	-0.11162	-0.29964	0.04178	健康
景德镇城区	-0.26385	-0.05153	-0.03036	-0.21033	-0.25982	-0.03036	警戒
乐平市	-0.12852	0.03508	-0.06320	-0.02270	-0.11182	0.03508	较健康
浮梁县	-0.07822	-0.07536	-0.15265	-0.18170	-0.34945	-0.07536	较健康
九江市城区	-0.11203	0.04325	-0.07497	-0.12897	-0.20326	0.04325	较健康
九江县	0.14392	-0.00434	-0.01529	-0.09147	-0.15294	0.14392	健康
瑞昌市	0.33597	0.07046	-0.11938	-0.17399	-0.21522	0.33597	健康
武宁县	0.27702	-0.00964	0.21232	-0.20169	-0.29027	0.27702	健康
永修县	-0.13626	-0.12772	-0.13479	-0.15637	-0.31668	-0.12772	较健康
德安县	-0.03932	-0.00773	-0.05793	-0.12098	-0.32410	-0.00773	较健康
星子县	0.03860	0.05441	-0.02665	-0.12912	-0.34332	0.05441	较健康
都昌县	-0.12931	-0.01698	-0.00048	-0.12696	-0.32090	-0.00048	警戒
湖口县	-0.14314	-0.08915	-0.06347	-0.23741	-0.30870	-0.06347	警戒
彭泽县	-0.05043	0.06937	-0.14276	-0.15151	-0.26574	0.06937	较健康
新余市城区	-0.18605	-0.10048	0.17249	0.01848	-0.12542	0.17249	警戒
鹰潭市城区	-0.21187	-0.05544	0.10835	0.10138	-0.11842	0.10835	警戒
贵溪市	-0.15039	-0.12258	-0.01088	0.00553	-0.10415	0.00553	中警
余江县	-0.10047	0.02206	0.06374	-0.00518	-0.13392	0.06374	警戒
新干县	-0.14505	-0.11259	-0.13694	-0.08014	-0.21325	-0.08014	中警
余干县	-0.07314	-0.03584	-0.02067	-0.10643	-0.17390	-0.02067	警戒
鄱阳县	-0.06969	-0.06967	-0.17228	-0.21319	-0.12070	-0.06967	较健康
万年县	-0.06345	0.05982	0.03851	-0.09212	-0.15896	0.05982	较健康

（续表）

地区	健康	较健康	警戒	中警	重警	MAX	级别
丰城市	-0.18334	0.09745	0.01612	-0.06165	-0.27041	0.09745	较健康
樟树市	-0.21048	-0.08912	-0.06008	0.06129	-0.11785	0.06129	警戒
高安市	-0.15749	-0.05674	-0.14616	-0.17019	-0.16738	-0.05674	较健康
抚州市城区	-0.29095	-0.15455	-0.17953	-0.38010	-0.19100	-0.15455	较健康
东乡县	-0.19103	-0.03341	-0.13415	-0.12184	-0.24217	-0.03341	较健康

表 9-12　2000 年研究区各县（市、区）土地生态系统健康状况

地区	健康	较健康	警戒	中警	重警	MAX	级别
南昌市城区	-0.2179	-0.1378	-0.1521	0.0651	-0.2584	0.0651	中警
南昌县	-0.1089	-0.1798	-0.1043	0.0179	-0.2821	0.0179	中警
新建县	-0.0763	-0.1991	-0.5624	-0.4327	-0.2072	-0.0763	健康
安义县	-0.0340	-0.2278	-0.1930	0.0010	-0.1223	0.0010	中警
进贤县	-0.0874	-0.1558	-0.1549	-0.0551	-0.2242	-0.0551	中警
景德镇城区	-0.1212	-0.2542	-0.1245	0.0924	-0.3116	0.0924	中警
乐平市	-0.1480	-0.2072	-0.0627	-0.0477	-0.0492	-0.0477	中警
浮梁县	-0.1768	-0.2028	-0.1603	-0.0102	-0.2257	-0.0102	中警
九江市城区	-0.1386	-0.2004	-0.0478	0.2340	-0.2839	0.2340	中警
九江县	-0.1768	-0.1517	-0.1462	-0.0074	-0.2239	-0.0074	中警
瑞昌市	-0.1321	-0.2042	-0.1908	-0.1139	-0.1795	-0.1139	中警
武宁县	-0.1198	-0.2429	-0.3170	-0.2744	-0.2149	-0.1198	健康
永修县	0.0470	-0.4251	-0.4004	-0.2773	-0.1532	0.0470	健康
德安县	-0.6714	-0.7400	-0.6999	-0.5245	-0.5852	-0.5245	中警
星子县	0.0989	-0.3584	-0.0644	-0.2190	-0.2420	0.0989	健康
都昌县	-0.1939	-0.1733	-0.3235	0.0094	-0.2461	0.0094	中警
湖口县	-0.2504	-0.1758	-0.4293	-0.1976	-0.2732	-0.1758	较健康
彭泽县	-0.1681	-0.2341	-0.2445	-0.0135	-0.1932	-0.0135	中警
新余市城区	-0.1553	-0.1369	-0.8053	-0.4539	-0.3651	-0.1369	较健康
鹰潭市城区	-0.1114	-0.1220	-0.5731	-0.3600	-0.2448	-0.1114	健康

（续表）

地区	健康	较健康	警戒	中警	重警	MAX	级别
贵溪市	-0.1761	-0.2908	-0.5686	-0.2190	-0.1531	-0.1531	重警
余江县	-0.1639	-0.2206	-0.2423	0.0610	-0.1632	0.0610	中警
新干县	-0.1438	-0.2242	-0.3005	-0.0467	-0.2426	-0.0467	中警
余干县	-0.1827	-0.1482	-0.4830	-0.2744	-0.2290	-0.1482	较健康
鄱阳县	-0.2103	-0.2902	-0.4500	-0.2754	-0.1952	-0.1952	重警
万年县	-0.1102	-0.2541	-0.3496	-0.0888	-0.2402	-0.0888	中警
丰城市	-0.1897	-0.2202	-0.2689	-0.0119	-0.1893	-0.0119	中警
樟树市	-0.1627	-0.2107	0.1987	-0.2217	-0.1778	0.1987	较健康
高安市	-0.1668	-0.2211	-0.2377	0.0504	-0.1432	0.0504	中警
抚州市城区	0.0599	-0.1746	-0.3376	-0.0036	0.0080	0.0599	健康
东乡县	-0.4021	-0.2139	-0.2593	0.0542	0.0013	0.0542	中警

表 9-13　2005 年研究区各县（市、区）土地生态系统健康状况

地区	健康	较健康	警戒	中警	重警	MAX	级别
南昌市城区	0.2971	-0.2674	-0.0895	0.3348	0.4169	0.4169	重警
南昌县	-0.0449	-0.1714	-0.1474	0.0919	-0.1132	0.0919	中警
新建县	0.0622	-0.1129	-0.1551	-0.0320	-0.1396	0.0622	健康
安义县	0.0448	-0.1115	-0.2494	-0.0948	-0.3496	0.0448	健康
进贤县	0.0670	-0.0964	-0.1692	-0.1030	-0.1942	0.0670	健康
景德镇城区	-0.2563	-0.1299	0.0329	0.1789	0.0432	0.1789	中警
乐平市	-0.0740	-0.0774	-0.1526	-0.0378	-0.0826	-0.0378	中警
浮梁县	-0.0155	-0.1713	-0.1959	-0.1183	-0.2491	-0.0155	健康
九江市城区	-0.4086	-0.1735	0.0043	0.1991	-0.0827	0.1991	中警
九江县	0.1215	0.0124	-0.1002	-0.1107	-0.2485	0.1215	健康
瑞昌市	-0.0072	-0.0280	-0.2540	-0.2039	-0.2356	-0.0072	健康
武宁县	0.6866	-0.1826	-0.3218	-0.1183	0.3535	0.6866	健康
永修县	-0.1616	-0.1553	-0.0521	-0.1574	-0.2647	-0.0521	警戒
德安县	0.0862	0.1843	-0.1523	-0.1111	-0.1605	0.1843	较健康

（续表）

地区	健康	较健康	警戒	中警	重警	MAX	级别
星子县	0.0431	0.1249	-0.1555	0.0479	-0.2433	0.1249	较健康
都昌县	-0.1073	-0.1144	-0.0823	-0.1200	-0.1216	-0.0823	警戒
湖口县	-0.1228	-0.0635	0.0909	0.0865	-0.2915	0.0909	警戒
彭泽县	-0.0359	-0.1694	-0.2215	0.0976	-0.2601	0.0976	中警
新余市城区	-0.1680	-0.0889	-0.0414	0.1573	0.0874	0.1573	中警
鹰潭市城区	-0.2069	-0.0932	0.0592	0.1781	-0.1322	0.1781	中警
贵溪市	-0.0911	-0.1854	-0.1718	0.0378	0.1047	0.1047	重警
余江县	-0.0956	-0.0966	-0.1341	0.1446	-0.1352	0.1446	中警
新干县	-0.1118	-0.0835	0.0687	-0.0917	-0.2082	0.0687	警戒
余干县	-0.0770	0.0765	-0.1479	-0.0736	0.0522	0.0765	较健康
鄱阳县	-0.0775	-0.2266	-0.0717	-0.2099	-0.2055	-0.0717	警戒
万年县	-0.0732	-0.1080	-0.1942	0.1028	-0.3553	0.1028	中警
丰城市	-0.1538	0.0117	-0.0574	0.0710	-0.0788	0.0710	中警
樟树市	-0.2220	-0.0684	-0.1744	-0.1986	-0.0917	-0.0684	较健康
高安市	-0.1646	0.0303	-0.1282	-0.1446	-0.1708	0.0303	较健康
抚州市城区	-0.2683	-0.1026	-0.2655	-0.3685	-0.1399	-0.1026	较健康
东乡县	-0.1525	-0.1241	-0.0312	-0.0973	-0.0869	-0.0312	警戒

表 9-14　2015 年研究区各县（市、区）土地生态系统健康状况

地区	健康	较健康	警戒	中警	重警	MAX	级别
南昌市城区	-0.1569	-0.1743	-0.1130	0.1436	-0.2807	0.1436	中警
南昌县	-0.1408	-0.1637	0.0065	0.2781	-0.0644	0.2781	中警
新建县	-0.1433	-0.1988	-0.4696	-0.1982	-0.2582	-0.1433	健康
安义县	-0.1732	-0.3978	-0.2578	0.1429	-0.2486	0.1429	中警
进贤县	-0.1008	-0.1015	-0.3078	-0.0822	-0.2309	-0.0822	中警
景德镇城区	-0.6419	-0.6059	-0.5661	-0.2855	-0.5658	-0.2855	中警
乐平市	-0.1395	-0.4151	-0.2982	-0.0373	-0.2509	-0.0373	中警
浮梁县	-0.1719	-0.4828	-0.3405	-0.0487	-0.2135	-0.0487	中警

（续表）

地区	健康	较健康	警戒	中警	重警	MAX	级别
九江市城区	-0.6272	-0.6658	-0.5228	-0.1834	-0.4315	-0.1834	中警
九江县	-0.1710	-0.4352	-0.0541	-0.0365	-0.1929	-0.0365	中警
瑞昌市	-0.1285	-0.5868	-0.4720	-0.2698	-0.1717	-0.1285	健康
武宁县	-0.1132	-0.0282	-0.4605	-0.3220	-0.1208	-0.0282	较健康
永修县	-0.3970	-0.4251	-0.4004	-0.2773	-0.2495	-0.2495	重警
德安县	-0.6714	-0.7400	-0.6999	-0.5245	-0.2318	-0.2318	重警
星子县	0.0989	-0.3584	-0.0644	-0.2190	-0.2622	0.0989	健康
都昌县	-0.1581	0.0168	-0.3235	-0.1906	-0.2228	0.0168	较健康
湖口县	-0.1504	-0.1758	-0.4293	-0.1976	-0.2269	-0.1504	健康
彭泽县	-0.1681	-0.2341	-0.2445	-0.0135	-0.2129	-0.0135	中警
新余市城区	-0.1553	-0.2569	-0.8053	-0.4539	-0.2329	-0.1553	健康
鹰潭市城区	-0.1114	-0.1220	-0.5731	-0.3600	-0.2681	-0.1114	健康
贵溪市	-0.1761	-0.2908	-0.5686	-0.2190	0.1682	0.1682	重警
余江县	-0.1639	-0.2206	-0.2423	0.0610	-0.1742	0.0610	中警
新干县	-0.1438	-0.2242	-0.3005	-0.0467	-0.2118	-0.0467	中警
余干县	-0.1827	-0.2482	-0.4830	-0.2744	-0.2082	-0.1827	健康
鄱阳县	-0.2103	-0.2902	-0.4500	-0.2754	-0.1752	-0.1752	重警
万年县	-0.1102	-0.2541	-0.3496	-0.0888	-0.2412	-0.0888	中警
丰城市	-0.1897	-0.2202	-0.2689	-0.0119	-0.2010	-0.0119	中警
樟树市	-0.1627	-0.2107	-0.5076	-0.2217	-0.0355	-0.0355	重警
高安市	-0.1668	-0.2211	-0.2377	0.0504	-0.1224	0.0504	中警
抚州市城区	0.0599	-0.1746	-0.3376	-0.0036	0.0073	0.0599	健康
东乡县	-0.1512	-0.2139	-0.2593	0.0542	-0.1871	0.0542	中警

2. 计算多因子综合关联度

土地生态系统健康警情的形成非常复杂，由多因子耦合作用导致，在进行土地生态系统预警评价时必须充分考虑要素层的相互作用。根据本研究论述的土地生态系统预警评价体系，按照式

(9-14)，结合各空间因子的权重值和关联度，计算隐患、状态、响应要素层与各警度等级的综合关联度，确定不同要素层对健康警情的干扰程度，为区域土地生态系统健康预警管理提供数据支持，计算过程与时间单因子指标关联度计算一致，具体计算结果见表9-15至表9-29。

表9-15　1995年研究区土地生态系统健康隐患层综合关联度

地区	健康	较健康	警戒	中警	重警	MAX	级别
南昌市城区	-0.1259	-0.0935	-0.0924	-0.1364	-0.2046	-0.0924	警戒
南昌县	-0.1154	-0.0660	-0.1226	-0.1867	-0.2390	-0.0660	较健康
新建县	-0.0930	-0.1064	-0.1760	-0.1720	-0.2118	-0.0930	健康
安义县	-0.0662	-0.0947	-0.1950	-0.2116	-0.2430	-0.0662	健康
进贤县	-0.0728	-0.0418	-0.1292	-0.2038	-0.2570	-0.0418	较健康
景德镇城区	-0.1644	-0.0689	-0.0524	-0.2311	-0.2462	-0.0524	警戒
乐平市	-0.0984	-0.0883	-0.1565	-0.1942	-0.2250	-0.0883	较健康
浮梁县	-0.0433	-0.1570	-0.1967	-0.2250	-0.2558	-0.0433	健康
九江市城区	-0.1307	-0.1333	-0.1350	-0.2640	-0.2519	-0.1307	较健康
九江县	-0.0900	-0.0391	-0.0945	-0.2075	-0.2572	-0.0391	较健康
瑞昌市	-0.0891	-0.0796	-0.1132	-0.1893	-0.2112	-0.0796	较健康
武宁县	-0.0292	-0.1493	-0.1908	-0.2238	-0.2549	-0.0292	健康
永修县	-0.0800	-0.1752	-0.1637	-0.2201	-0.2329	-0.0800	健康
德安县	-0.0780	-0.0812	-0.1061	-0.2069	-0.2563	-0.0780	健康
星子县	-0.0481	-0.0751	-0.1714	-0.2154	-0.2529	-0.0481	健康
都昌县	-0.0822	-0.0494	-0.1188	-0.1970	-0.2483	-0.0494	较健康
湖口县	-0.0835	-0.0855	-0.1305	-0.2033	-0.2431	-0.0835	较健康
彭泽县	-0.0691	-0.0800	-0.1183	-0.1751	-0.2208	-0.0691	健康
新余市城区	-0.1086	-0.0559	-0.1147	-0.1853	-0.2293	-0.0559	较健康
鹰潭市城区	-0.1437	-0.0959	-0.0253	-0.1434	-0.2422	-0.0253	警戒
贵溪市	-0.0772	-0.0730	-0.1493	-0.2159	-0.2142	-0.0730	较健康
余江县	-0.0709	-0.1263	-0.1727	-0.1703	-0.2278	-0.0709	健康

(续表)

地区	健康	较健康	警戒	中警	重警	MAX	级别
新干县	-0.0994	-0.0857	-0.1298	-0.1671	-0.2194	-0.0857	较健康
余干县	-0.0606	-0.1075	-0.1555	-0.1944	-0.1880	-0.0606	健康
鄱阳县	-0.1089	-0.0882	-0.1531	-0.1989	-0.1956	-0.0882	较健康
万年县	-0.0502	-0.0635	-0.1768	-0.2279	-0.2491	-0.0502	健康
丰城市	-0.1178	-0.0661	-0.1000	-0.1506	-0.2115	-0.0661	较健康
樟树市	-0.1549	-0.1555	-0.2265	-0.0150	-0.1497	-0.0150	中警
高安市	-0.0986	-0.1541	-0.2046	-0.2539	-0.1929	-0.0986	健康
抚州市城区	-0.2309	-0.1622	-0.2704	-0.4599	-0.2059	-0.1622	较健康
东乡县	-0.1345	-0.0966	-0.1410	-0.1582	-0.1919	-0.0966	较健康

表 9-16 1995 年研究区土地生态系统健康状态层综合关联度

地区	健康	较健康	警戒	中警	重警	MAX	级别
南昌市城区	-0.1270	-0.0250	-0.0603	-0.1647	-0.0649	-0.0250	较健康
南昌县	-0.0003	0.0004	-0.0330	-0.0332	-0.0766	0.0004	较健康
新建县	-0.1695	-0.0103	-0.0606	-0.0698	-0.0847	-0.0103	较健康
安义县	-0.3216	0.0247	-0.0704	-0.1135	-0.1194	0.0247	较健康
进贤县	-0.0756	-0.0003	-0.0256	-0.0519	-0.0953	-0.0003	较健康
景德镇城区	-0.1320	-0.0664	-0.0764	-0.0039	-0.0192	-0.0039	中警
乐平市	-0.0805	0.0341	-0.0012	-0.0419	-0.0890	0.0341	较健康
浮梁县	-0.0452	-0.0416	-0.0110	-0.0743	-0.0992	-0.0110	警戒
九江市城区	-0.1077	-0.0013	-0.0152	-0.0520	-0.0716	-0.0013	较健康
九江县	-0.0036	-0.0695	-0.0049	-0.0726	-0.0974	-0.0036	健康
瑞昌市	-0.1075	-0.0202	-0.0727	-0.0625	-0.0297	-0.0202	较健康
武宁县	-0.0564	-0.0029	-0.0463	-0.0646	-0.0590	-0.0029	较健康
永修县	-0.0594	-0.0598	-0.0164	-0.0484	-0.0843	-0.0164	警戒
德安县	-0.0726	-0.0591	-0.0021	-0.0435	-0.0889	-0.0021	警戒
星子县	-0.0494	-0.0475	-0.0157	-0.0544	-0.0909	-0.0157	较健康
都昌县	-0.0505	-0.0330	-0.0317	-0.0476	-0.0829	-0.0317	警戒

（续表）

地区	健康	较健康	警戒	中警	重警	MAX	级别
湖口县	-0.0552	-0.0719	-0.0230	-0.0547	-0.0918	-0.0230	警戒
彭泽县	-0.0663	-0.0130	-0.0570	-0.0684	-0.0514	-0.0130	较健康
新余市城区	-0.0708	-0.0947	0.0032	-0.0567	-0.0977	0.0032	警戒
鹰潭市城区	-0.0651	-0.0252	-0.0037	-0.0491	-0.0868	-0.0037	警戒
贵溪市	-0.0681	-0.0653	0.0116	-0.0507	-0.0916	0.0116	警戒
余江县	-0.0225	0.0946	-0.0348	-0.0974	-0.1118	0.0946	较健康
新干县	-0.0406	-0.0893	-0.1107	-0.0826	-0.0989	-0.0406	健康
余干县	-0.0202	0.0280	-0.0479	-0.0725	-0.0923	0.0280	较健康
鄱阳县	-0.0387	-0.1531	-0.0782	-0.1036	-0.0484	-0.0387	健康
万年县	-0.0208	0.0763	-0.0409	-0.1044	-0.1124	0.0763	较健康
丰城市	-0.0617	-0.0578	0.0025	-0.0593	-0.0875	0.0025	警戒
樟树市	-0.0521	-0.0567	-0.0010	-0.0651	-0.0934	-0.0010	警戒
高安市	-0.0564	-0.0493	-0.0596	-0.0581	-0.0861	-0.0493	较健康
抚州市城区	-0.0597	-0.0894	-0.0005	-0.0741	-0.0962	-0.0005	警戒
东乡县	-0.0619	-0.0359	-0.0491	-0.0451	-0.0715	-0.0359	较健康

表 9-17　1995 年研究区土地生态系统健康响应层综合关联度

地区	健康	较健康	警戒	中警	重警	MAX	级别
南昌市城区	0.0352	0.2753	0.0948	0.2832	0.1322	0.2832	中警
南昌县	0.1363	0.2878	0.2976	0.2385	0.1003	0.2976	警戒
新建县	0.0555	0.0044	0.0830	0.1932	0.0527	0.1932	中警
安义县	0.0641	0.0974	0.1009	0.2286	0.1056	0.2286	中警
进贤县	0.1903	0.0543	0.0534	0.1440	0.0526	0.1903	健康
景德镇城区	0.0326	0.0838	0.0984	0.0247	0.0056	0.0984	警戒
乐平市	0.0504	0.0893	0.0945	0.2133	0.2022	0.2133	中警
浮梁县	0.0102	0.1233	0.0550	0.1176	0.0056	0.1233	较健康
九江市城区	0.1264	0.1778	0.0752	0.1870	0.1203	0.1870	中警
九江县	0.2376	0.1043	0.0841	0.1886	0.2017	0.2376	健康

（续表）

地区	健康	较健康	警戒	中警	重警	MAX	级别
瑞昌市	0.5325	0.1703	0.0665	0.0778	0.0256	0.5325	健康
武宁县	0.3627	0.1427	0.4494	0.0867	0.0237	0.4494	警戒
永修县	0.0032	0.1073	0.0453	0.1121	0.0006	0.1121	中警
德安县	0.1112	0.1326	0.0503	0.1294	0.0211	0.1326	较健康
星子县	0.1362	0.1770	0.1605	0.1407	0.0005	0.1770	较健康
都昌县	0.0033	0.0654	0.1500	0.1177	0.0103	0.1500	警戒
湖口县	−0.0044	0.0683	0.0900	0.0206	0.0262	0.0900	警戒
彭泽县	0.0850	0.1623	0.0325	0.0920	0.0065	0.1623	较健康
新余市城区	−0.0067	0.0502	0.2840	0.2604	0.2016	0.2840	警戒
鹰潭市城区	−0.0031	0.0657	0.1373	0.2939	0.2106	0.2939	中警
贵溪市	−0.0051	0.0157	0.1268	0.2721	0.2017	0.2721	中警
余江县	−0.0070	0.0537	0.2712	0.2625	0.2056	0.2712	警戒
新干县	−0.0051	0.0624	0.1036	0.1695	0.1051	0.1695	中警
余干县	0.0076	0.0436	0.1827	0.1605	0.1063	0.1827	警戒
鄱阳县	0.0779	0.1716	0.0590	0.0893	0.1232	0.1716	较健康
万年县	0.0075	0.0471	0.2562	0.2402	0.2026	0.2562	警戒
丰城市	−0.0038	0.2213	0.1136	0.1483	0.0286	0.2213	较健康
樟树市	−0.0034	0.1231	0.1674	0.1414	0.1252	0.1674	警戒
高安市	−0.0025	0.1467	0.1180	0.1419	0.1116	0.1467	较健康
抚州市城区	−0.0004	0.0970	0.0914	0.1539	0.1111	0.1539	中警
东乡县	0.0053	0.0990	0.0559	0.0814	0.0212	0.0990	较健康

表 9-18　2000 年研究区土地生态系统健康隐患层综合关联度

地区	健康	较健康	警戒	中警	重警	MAX	级别
南昌市城区	−0.1188	−0.1033	−0.1715	−0.1439	−0.1586	−0.1033	较健康
南昌县	−0.1123	−0.1525	−0.0890	−0.0910	−0.2147	−0.0890	警戒
新建县	−0.0860	−0.1915	−0.1472	−0.1433	−0.1738	−0.0860	健康
安义县	−0.0960	−0.1992	−0.1980	−0.1301	−0.1602	−0.0960	健康

（续表）

地区	健康	较健康	警戒	中警	重警	MAX	级别
进贤县	-0.0777	-0.1845	-0.1567	-0.1664	-0.1766	-0.0777	健康
景德镇城区	-0.0821	-0.1409	-0.1601	-0.1505	-0.1963	-0.0821	健康
乐平市	-0.1023	-0.1791	-0.0664	-0.1981	-0.1862	-0.0664	警戒
浮梁县	-0.1153	-0.2016	-0.2108	-0.1955	-0.1908	-0.1153	健康
九江市城区	-0.1022	-0.1932	-0.2045	-0.2106	-0.2130	-0.1022	健康
九江县	-0.0867	-0.1698	-0.2023	-0.2406	-0.2014	-0.0867	健康
瑞昌市	-0.0398	-0.1713	-0.1769	-0.2240	-0.1887	-0.0398	健康
武宁县	-0.0660	-0.1960	-0.2252	-0.2778	-0.2321	-0.0660	健康
永修县	-0.0940	-0.1301	-0.1512	-0.1926	-0.1699	-0.0940	健康
德安县	-0.0895	-0.1411	-0.1563	-0.2034	-0.1740	-0.0895	健康
星子县	-0.0366	-0.1225	-0.2019	-0.1835	-0.1863	-0.0366	健康
都昌县	-0.0743	-0.1185	-0.1748	-0.0083	-0.1837	-0.0083	中警
湖口县	-0.0703	-0.1216	-0.1418	-0.1551	-0.1808	-0.0703	健康
彭泽县	-0.1021	-0.1495	-0.1196	-0.1724	-0.1619	-0.1021	健康
新余市城区	-0.1283	-0.1125	-0.2257	-0.1575	-0.2138	-0.1125	较健康
鹰潭市城区	-0.0749	-0.1003	-0.1052	-0.1351	-0.1725	-0.0749	健康
贵溪市	-0.0887	-0.2026	-0.1991	-0.1412	-0.1565	-0.0887	健康
余江县	-0.0961	-0.1718	-0.1377	-0.1503	-0.1537	-0.0961	健康
新干县	-0.0963	-0.2121	-0.1637	-0.1681	-0.1609	-0.0963	健康
余干县	-0.0922	-0.0592	-0.1478	-0.1936	-0.1737	-0.0592	较健康
鄱阳县	-0.0823	-0.1435	-0.1783	-0.2102	-0.1784	-0.0823	健康
万年县	-0.0952	-0.1614	-0.1630	-0.1503	-0.1497	-0.0952	健康
丰城市	-0.1088	-0.1692	-0.1270	-0.1406	-0.1622	-0.1088	健康
樟树市	-0.1094	-0.1750	-0.1343	-0.0938	-0.1100	-0.0938	中警
高安市	-0.0865	-0.1849	-0.1539	-0.1629	-0.0909	-0.0865	健康
抚州市城区	-0.0940	-0.1817	-0.1714	-0.1213	-0.1404	-0.0940	健康
东乡县	-0.0974	-0.1902	-0.1557	-0.1219	-0.1404	-0.0974	健康

表 9-19 2000 年研究区土地生态系统健康状态层综合关联度

地区	健康	较健康	警戒	中警	重警	MAX	级别
南昌市城区	-0.1063	-0.0240	-0.0809	-0.0988	-0.1009	-0.0240	较健康
南昌县	-0.0387	-0.0466	-0.0565	-0.0390	-0.0906	-0.0387	健康
新建县	-0.0005	-0.0029	-0.0624	-0.0653	-0.0855	-0.0005	健康
安义县	-0.0336	-0.0453	-0.0474	-0.0417	-0.0938	-0.0336	健康
进贤县	-0.0616	0.0005	-0.0439	-0.0509	-0.0707	0.0005	较健康
景德镇城区	-0.0314	0.0031	-0.0439	-0.0326	-0.0922	0.0031	较健康
乐平市	-0.0576	-0.0429	-0.0596	-0.0480	-0.0795	-0.0429	较健康
浮梁县	-0.0756	-0.0213	-0.0181	-0.0240	-0.0669	-0.0181	警戒
九江市城区	-0.0388	0.0214	0.0513	0.1154	-0.0941	0.1154	中警
九江县	-0.0842	-0.0233	-0.0416	-0.0295	-0.0455	-0.0233	较健康
瑞昌市	-0.1153	-0.0331	-0.0557	-0.0463	-0.0140	-0.0140	重警
武宁县	-0.1338	-0.0945	-0.1045	-0.0706	-0.0059	-0.0059	重警
永修县	-0.0810	-0.0579	-0.0193	0.0133	-0.0475	0.0133	中警
德安县	-0.0331	-0.0240	-0.0365	-0.0361	-0.0899	-0.0240	较健康
星子县	-0.0601	-0.0430	-0.0667	0.0058	-0.0770	0.0058	中警
都昌县	-0.1016	-0.0658	-0.0198	0.0239	-0.0411	0.0239	中警
湖口县	-0.0744	-0.0348	-0.0077	0.0008	-0.0692	0.0008	中警
彭泽县	-0.0619	-0.0684	-0.0463	0.0106	-0.0543	0.0106	中警
新余市城区	-0.0245	-0.0472	-0.0735	-0.0667	-0.1193	-0.0245	健康
鹰潭市城区	-0.0328	-0.0341	-0.0431	-0.0473	-0.0953	-0.0328	健康
贵溪市	-0.0790	-0.0988	-0.0825	-0.0568	-0.0067	-0.0067	重警
余江县	-0.0614	-0.0620	-0.0556	-0.0166	-0.0436	-0.0166	中警
新干县	-0.0554	-0.0043	-0.0196	-0.0184	-0.0819	-0.0043	较健康
余干县	-0.0805	-0.0412	-0.0424	-0.0101	-0.0577	-0.0101	中警
鄱阳县	-0.1228	-0.0997	-0.0615	-0.0550	-0.0199	-0.0199	重警
万年县	-0.0112	-0.0686	-0.0815	-0.0712	-0.0918	-0.0112	健康
丰城市	-0.0887	-0.0535	-0.0016	0.0465	-0.0601	0.0465	中警
樟树市	-0.0635	-0.0381	-0.0201	0.0149	-0.0679	0.0149	中警
高安市	-0.0768	-0.0332	-0.0275	0.0203	-0.0547	0.0203	中警

（续表）

地区	健康	较健康	警戒	中警	重警	MAX	级别
抚州市城区	-0.0715	-0.0153	-0.0376	-0.0112	-0.0825	-0.0112	中警
东乡县	-0.0792	-0.0440	-0.0001	0.0236	-0.0683	0.0236	中警

表 9-20　2000 年研究区土地生态系统健康响应层综合关联度

地区	健康	较健康	警戒	中警	重警	MAX	级别
南昌市城区	0.0072	-0.0105	0.1002	0.3078	0.0012	0.3078	中警
南昌县	0.0422	0.0193	0.0412	0.1479	0.0231	0.1479	中警
新建县	0.0102	-0.0046	-0.3528	-0.2240	0.0522	0.0522	重警
安义县	0.0956	0.0167	0.0524	0.1728	0.1317	0.1728	中警
进贤县	0.0519	0.0282	0.0457	0.1622	0.0231	0.1622	中警
景德镇城区	-0.0077	-0.1164	0.0796	0.2754	-0.0232	0.2754	中警
乐平市	0.0119	0.0149	0.0634	0.1985	0.2165	0.2165	重警
浮梁县	0.0140	0.0201	0.0686	0.2092	0.0321	0.2092	中警
九江市城区	0.0024	-0.0286	0.1054	0.3291	0.0231	0.3291	中警
九江县	-0.0059	0.0415	0.0977	0.2626	0.0231	0.2626	中警
瑞昌市	0.0230	0.0002	0.0418	0.1564	0.0231	0.1564	中警
武宁县	0.0800	0.0476	0.0126	0.0740	0.0231	0.0800	健康
永修县	0.2220	-0.2370	-0.2299	-0.0980	0.0642	0.2220	健康
德安县	-0.5488	-0.5749	-0.5071	-0.2851	-0.3213	-0.2851	中警
星子县	0.1956	-0.1929	0.2042	-0.0413	0.0213	0.2042	警戒
都昌县	-0.0179	0.0110	-0.1289	-0.0062	-0.0212	0.0110	较健康
湖口县	-0.1058	-0.0194	-0.2798	-0.0433	-0.0232	-0.0194	较健康
彭泽县	-0.0041	-0.0163	-0.0786	0.1482	0.0231	0.1482	中警
新余市城区	-0.0025	0.0228	-0.5061	-0.2297	-0.0320	0.0228	较健康
鹰潭市城区	-0.0038	0.0124	-0.4248	-0.1777	0.0230	0.0230	重警
贵溪市	-0.0084	0.0106	-0.2870	-0.0210	0.0100	0.0106	较健康
余江县	-0.0064	0.0131	-0.0490	0.2280	0.0341	0.2280	中警
新干县	0.0079	-0.0078	-0.1171	0.1398	0.0002	0.1398	中警

（续表）

地区	健康	较健康	警戒	中警	重警	MAX	级别
余干县	-0.0099	-0.0478	-0.2928	-0.0707	0.0023	0.0023	重警
鄱阳县	-0.0052	-0.0470	-0.2102	-0.0102	0.0031	0.0031	重警
万年县	-0.0037	-0.0242	-0.1051	0.1327	0.0012	0.1327	中警
丰城市	0.0078	0.0025	-0.1403	0.0822	0.0330	0.0822	中警
樟树市	0.0103	0.0024	0.3532	-0.1428	0.0000	0.3532	警戒
高安市	-0.0035	-0.0030	-0.0563	0.1930	0.0023	0.1930	中警
抚州市城区	0.2254	0.0224	-0.1286	0.1288	0.2310	0.2310	重警
东乡县	-0.2254	0.0203	-0.1036	0.1525	0.2100	0.2100	重警

表 9-21 2005 年研究区土地生态系统健康隐患层综合关联度

地区	健康	较健康	警戒	中警	重警	MAX	级别
南昌市城区	-0.1251	-0.1241	-0.1267	-0.0228	-0.1543	-0.0228	中警
南昌县	-0.1198	-0.0832	-0.1511	-0.1679	-0.2117	-0.0832	较健康
新建县	-0.0488	-0.0839	-0.1610	-0.2083	-0.2601	-0.0488	健康
安义县	-0.0699	-0.1196	-0.2186	-0.2232	-0.2354	-0.0699	健康
进贤县	-0.0596	-0.0726	-0.1381	-0.2105	-0.2559	-0.0596	健康
景德镇城区	-0.1726	-0.0942	-0.0568	-0.2055	-0.2404	-0.0568	警戒
乐平市	-0.0753	-0.0936	-0.1488	-0.1775	-0.2421	-0.0753	健康
浮梁县	-0.0588	-0.1726	-0.2046	-0.2268	-0.2564	-0.0588	健康
九江市城区	-0.1493	-0.1094	-0.0911	-0.2291	-0.2418	-0.0911	警戒
九江县	-0.0624	-0.0565	-0.1161	-0.2101	-0.2574	-0.0565	较健康
瑞昌市	-0.0613	-0.0267	-0.1481	-0.1951	-0.2124	-0.0267	较健康
武宁县	-0.0555	-0.1775	-0.2182	-0.0523	-0.2323	-0.0523	中警
永修县	-0.0906	-0.1880	-0.0181	-0.2105	-0.2207	-0.0181	警戒
德安县	-0.0470	-0.0138	-0.1163	-0.2000	-0.2499	-0.0138	较健康
星子县	-0.0426	-0.0995	-0.1554	-0.0310	-0.2649	-0.0310	中警
都昌县	-0.0601	-0.1183	-0.1654	-0.1992	-0.0448	-0.0448	重警
湖口县	-0.0691	-0.1047	-0.1402	-0.0204	-0.2428	-0.0204	中警

（续表）

地区	健康	较健康	警戒	中警	重警	MAX	级别
彭泽县	−0.0642	−0.1577	−0.1515	−0.0168	−0.2007	−0.0168	中警
新余市城区	−0.0999	−0.0729	−0.1252	−0.1953	−0.2307	−0.0729	较健康
鹰潭市城区	−0.1434	−0.0950	−0.0228	−0.1457	−0.2431	−0.0228	警戒
贵溪市	−0.0250	−0.1252	−0.2004	−0.2331	−0.0223	−0.0223	重警
余江县	−0.0660	−0.1333	−0.1761	−0.0172	−0.2286	−0.0172	中警
新干县	−0.0662	−0.1435	−0.1613	−0.1718	−0.2198	−0.0662	健康
余干县	−0.0645	−0.1196	−0.1557	−0.1756	−0.0176	−0.0176	重警
鄱阳县	−0.0966	−0.1712	−0.0226	−0.2023	−0.1636	−0.0226	警戒
万年县	−0.0588	−0.1209	−0.2121	−0.0235	−0.2509	−0.0235	中警
丰城市	−0.0882	−0.0981	−0.1200	−0.0155	−0.2125	−0.0155	中警
樟树市	−0.1572	−0.1641	−0.2181	−0.3066	−0.1440	−0.1440	重警
高安市	−0.1023	−0.0974	−0.1967	−0.2390	−0.1929	−0.0974	较健康
抚州市城区	−0.2037	−0.1884	−0.2976	−0.4654	−0.2073	−0.1884	较健康
东乡县	−0.0917	−0.1569	−0.0182	−0.1430	−0.1782	−0.0182	警戒

表 9-22　2005 年研究区土地生态系统健康状态层综合关联度

地区	健康	较健康	警戒	中警	重警	MAX	级别
南昌市城区	−0.2023	−0.2023	−0.1888	−0.1464	−0.0603	−0.0603	重警
南昌县	−0.0473	−0.0706	−0.0883	−0.0319	−0.1036	−0.0319	中警
新建县	−0.0261	−0.0437	−0.0554	−0.0586	−0.1205	−0.0261	健康
安义县	0.0506	−0.0328	−0.0891	−0.0865	−0.1194	0.0506	健康
进贤县	−0.0636	−0.0561	−0.0491	−0.0362	−0.0998	−0.0362	中警
景德镇城区	−0.1185	−0.0807	−0.0876	−0.0437	−0.0380	−0.0380	重警
乐平市	−0.0491	−0.0209	−0.0568	−0.0564	−0.1056	−0.0209	较健康
浮梁县	−0.0452	−0.0423	−0.0354	−0.0573	−0.0992	−0.0354	警戒
九江市城区	−0.1612	−0.1311	−0.1291	−0.0729	−0.0461	−0.0461	重警
九江县	−0.0536	0.0014	−0.0392	−0.0672	−0.0974	0.0014	较健康
瑞昌市	−0.1075	−0.0738	−0.1010	−0.0575	−0.0297	−0.0297	重警

（续表）

地区	健康	较健康	警戒	中警	重警	MAX	级别
武宁县	-0.0742	-0.0988	-0.1010	-0.0908	-0.0295	-0.0295	重警
永修县	-0.0742	-0.0314	-0.0448	-0.0369	-0.0545	-0.0314	较健康
德安县	-0.0820	-0.0552	-0.0462	-0.0256	-0.0759	-0.0256	中警
星子县	-0.0505	-0.0481	-0.0333	-0.0386	-0.0890	-0.0333	警戒
都昌县	-0.0505	-0.0527	-0.0548	-0.0279	-0.0829	-0.0279	中警
湖口县	-0.0493	-0.0093	-0.0294	-0.0633	-0.1009	-0.0093	较健康
彭泽县	-0.0566	-0.0562	-0.0743	-0.0557	-0.0616	-0.0557	中警
新余市城区	-0.0614	-0.0489	-0.0724	-0.0478	-0.0944	-0.0478	中警
鹰潭市城区	-0.0604	-0.0437	-0.0537	-0.0402	-0.0942	-0.0402	中警
贵溪市	-0.0610	-0.0759	-0.1069	-0.0892	-0.0751	-0.0610	健康
余江县	-0.0225	0.0012	-0.0640	-0.0836	-0.1118	0.0012	较健康
新干县	-0.0406	-0.0023	-0.0402	-0.0696	-0.0989	-0.0023	较健康
余干县	-0.0202	-0.0444	-0.0648	-0.0504	-0.0923	-0.0202	健康
鄱阳县	-0.0587	-0.2260	-0.1042	-0.0938	-0.0484	-0.0484	重警
万年县	-0.0220	-0.0147	-0.0651	-0.0865	-0.1109	-0.0147	较健康
丰城市	-0.0617	-0.0115	-0.0163	-0.0411	-0.0875	-0.0115	较健康
樟树市	-0.0614	-0.0274	-0.0272	-0.0252	-0.0900	-0.0252	中警
高安市	-0.0598	-0.0190	-0.0197	-0.0265	-0.0842	-0.0190	较健康
抚州市城区	-0.0641	0.0078	-0.0232	-0.0457	-0.0948	0.0078	较健康
东乡县	-0.0661	-0.0362	-0.0366	-0.0176	-0.0702	-0.0176	中警

表 9-23 2005 年研究区土地生态系统健康响应层综合关联度

地区	健康	较健康	警戒	中警	重警	MAX	级别
南昌市城区	0.6245	0.0590	0.2261	0.5040	0.6316	0.6316	重警
南昌县	0.1222	-0.0177	0.0919	0.2917	0.2021	0.2917	中警
新建县	0.1371	0.0146	0.0613	0.2349	0.2411	0.2411	重警
安义县	0.0641	0.0409	0.0584	0.2150	0.0053	0.2150	中警
进贤县	0.1903	0.0323	0.0180	0.1436	0.1616	0.1903	健康

（续表）

地区	健康	较健康	警戒	中警	重警	MAX	级别
景德镇城区	0.0348	0.0449	0.1772	0.4281	0.3217	0.4281	中警
乐平市	0.0504	0.0371	0.0530	0.1961	0.2652	0.2652	重警
浮梁县	0.0884	0.0436	0.0442	0.1659	0.1065	0.1659	中警
九江市城区	-0.0982	0.0671	0.2245	0.5011	0.2053	0.5011	中警
九江县	0.2376	0.0676	0.0550	0.1666	0.1064	0.2376	健康
瑞昌市	0.1615	0.0725	-0.0050	0.0488	0.0065	0.1615	健康
武宁县	0.8163	0.0938	-0.0026	0.0248	0.6152	0.8163	健康
永修县	0.0032	0.0641	0.0107	0.0901	0.0105	0.0901	中警
德安县	0.2152	0.2533	0.0102	0.1145	0.1653	0.2533	较健康
星子县	0.1362	0.2726	0.0332	0.1174	0.1107	0.2726	较健康
都昌县	0.0033	0.0565	0.1379	0.1071	0.0062	0.1379	警戒
湖口县	-0.0044	0.0504	0.2605	0.1702	0.0522	0.2605	警戒
彭泽县	0.0850	0.0445	0.0043	0.1701	0.0022	0.1701	中警
新余市城区	-0.0067	0.0328	0.1563	0.4004	0.4126	0.4126	重警
鹰潭市城区	-0.0031	0.0456	0.1356	0.3640	0.2052	0.3640	中警
贵溪市	-0.0051	0.0157	0.1355	0.3601	0.2022	0.3601	中警
余江县	-0.0070	0.0355	0.1060	0.2453	0.2052	0.2453	中警
新干县	-0.0051	0.0624	0.2702	0.1497	0.1106	0.2702	警戒
余干县	0.0076	0.2404	0.0726	0.1525	0.1621	0.2404	较健康
鄱阳县	0.0779	0.1706	0.0551	0.0862	0.0065	0.1706	较健康
万年县	0.0075	0.0276	0.0830	0.2128	0.0065	0.2128	中警
丰城市	-0.0038	0.1213	0.0790	0.1276	0.2212	0.2212	重警
樟树市	-0.0034	0.1231	0.0708	0.1332	0.1423	0.1423	重警
高安市	-0.0025	0.1467	0.0882	0.1209	0.1063	0.1467	较健康
抚州市城区	-0.0004	0.0781	0.0553	0.1426	0.1622	0.1622	重警
东乡县	0.0053	0.0690	0.0235	0.0633	0.1616	0.1616	重警

表 9-24 2010 年研究区土地生态系统健康隐患层综合关联度

地区	健康	较健康	警戒	中警	重警	MAX	健康警度
南昌市城区	-0.5086	-0.3402	-0.2844	-0.4829	-0.3805	-0.2844	警戒
南昌县	-0.3777	-0.1652	0.0824	-0.3211	-0.5672	0.0824	警戒
新建县	-0.3169	-0.0531	-0.0348	-0.3703	-0.5939	-0.3169	健康
安义县	-0.2515	-0.2561	-0.2343	-0.3573	-0.5410	-0.2343	健康
进贤县	-0.3031	-0.1545	0.0357	-0.3389	-0.5691	-0.1545	较健康
景德镇城区	-0.4708	-0.2755	-0.2343	0.0997	-0.4067	0.0997	中警
乐平市	-0.3348	0.0361	-0.1388	-0.3342	-0.5953	0.0361	较健康
浮梁县	-0.2154	-0.2491	-0.2390	-0.3685	-0.6146	-0.2154	健康
九江市城区	-0.5250	-0.3348	-0.3500	-0.2655	-0.3929	-0.2655	警戒
九江县	-0.2562	-0.0619	-0.1859	-0.4612	-0.6585	-0.1859	警戒
瑞昌市	-0.2491	-0.1979	-0.2148	-0.4382	-0.5580	-0.1979	较健康
武宁县	-0.2595	-0.1699	-0.3207	-0.5621	-0.5768	-0.1699	较健康
永修县	-0.2749	-0.1966	-0.2417	-0.4529	-0.5777	-0.1966	较健康
德安县	-0.2478	-0.1367	-0.0692	-0.4884	-0.6726	-0.0692	警戒
星子县	-0.2043	-0.0293	-0.3371	-0.5209	-0.6658	-0.0293	健康
都昌县	-0.1158	-0.1521	-0.3866	-0.4305	-0.6587	-0.1158	健康
湖口县	-0.0966	-0.0930	-0.3651	-0.5486	-0.7096	-0.0930	较健康
彭泽县	0.0125	-0.2466	-0.2919	-0.5978	-0.7284	0.0125	健康
新余市城区	-0.4127	-0.3044	-0.0705	-0.0139	-0.4668	-0.0705	警戒
鹰潭市城区	-0.3757	-0.2582	-0.1045	-0.2561	-0.5381	-0.1045	警戒
贵溪市	-0.4041	-0.3055	-0.3420	-0.2599	-0.4666	-0.2599	中警
余江县	-0.2925	-0.0965	-0.1463	-0.3468	-0.5747	-0.0965	较健康
新干县	-0.2693	-0.1628	-0.1006	-0.3394	-0.5751	-0.1006	警戒
余干县	-0.3012	-0.2064	-0.1187	-0.4510	-0.5577	-0.1187	警戒
鄱阳县	-0.2744	-0.1010	-0.3498	-0.4998	-0.5399	-0.1010	较健康
万年县	-0.1465	-0.2035	-0.3372	-0.4635	-0.6609	-0.1465	健康
丰城市	-0.3573	-0.0651	-0.0002	-0.3323	-0.5775	-0.0002	警戒
樟树市	-0.3816	-0.1990	-0.0012	-0.2261	-0.5178	-0.0012	警戒
高安市	-0.2991	-0.1671	-0.1480	-0.3236	-0.5372	-0.1480	警戒

（续表）

地区	健康	较健康	警戒	中警	重警	MAX	健康警度
抚州市城区	−0.4318	−0.1691	−0.1377	−0.0191	−0.4829	−0.0191	中警
东乡县	−0.3477	−0.1655	−0.1627	−0.2223	−0.5190	−0.1627	警戒

表 9−25　2010 年研究区土地生态系统健康状态层综合关联度

地区	健康	较健康	警戒	中警	重警	MAX	健康警度
南昌市城区	−0.2458	−0.3198	−0.3079	−0.4423	−0.4485	−0.2458	健康
南昌县	−0.0384	−0.2374	−0.3994	−0.5316	−0.5696	−0.0384	较健康
新建县	0.0720	−0.0993	−0.4670	−0.5638	−0.7108	0.0720	健康
安义县	0.0026	−0.1879	−0.4597	−0.5462	−0.7034	0.0026	健康
进贤县	−0.1004	−0.1057	−0.4016	−0.3296	−0.5378	−0.1004	健康
景德镇城区	−0.3159	−0.0281	−0.3025	−0.4273	−0.4214	−0.0281	较健康
乐平市	−0.0534	−0.1577	−0.3991	−0.4977	−0.6089	−0.0534	健康
浮梁县	−0.2334	−0.1971	−0.2527	−0.3300	−0.5540	−0.1971	健康
九江市城区	−0.3394	−0.2050	−0.2431	−0.3465	−0.3906	−0.2050	较健康
九江县	−0.0688	−0.2318	−0.4697	−0.3839	−0.5377	−0.0688	健康
瑞昌市	−0.4595	−0.4351	−0.4922	−0.2758	−0.1599	−0.1599	重警
武宁县	−0.4143	−0.4564	−0.4222	−0.4463	−0.2704	−0.2704	重警
永修县	−0.2547	−0.3001	−0.3279	−0.3201	−0.3334	−0.2547	健康
德安县	−0.2117	−0.0608	−0.2320	−0.4416	−0.5119	−0.0608	较健康
星子县	−0.2315	−0.1552	−0.0290	−0.2307	−0.4731	−0.0290	警戒
都昌县	−0.2342	−0.3066	−0.2306	−0.2205	−0.3866	−0.2205	中警
湖口县	−0.2894	−0.1920	−0.1887	−0.4096	−0.4760	−0.1887	警戒
彭泽县	−0.2609	−0.2931	−0.2407	−0.0898	−0.4345	−0.0898	中警
新余市城区	−0.1685	−0.1209	−0.3658	−0.3469	−0.4896	−0.1209	较健康
鹰潭市城区	−0.3076	−0.0755	−0.0985	−0.2193	−0.4836	−0.0755	较健康
贵溪市	−0.4102	−0.1325	−0.1411	−0.0476	−0.3771	−0.0476	中警
余江县	−0.2036	0.0572	−0.2735	−0.3875	−0.4805	0.0572	较健康
新干县	−0.2395	0.2202	−0.2544	−0.3841	−0.5795	0.2202	较健康

（续表）

地区	健康	较健康	警戒	中警	重警	MAX	健康警度
余干县	-0.2157	0.0227	-0.2152	-0.2349	-0.4814	0.0227	较健康
鄱阳县	-0.3116	-0.1692	-0.4623	-0.5493	-0.3007	-0.1692	较健康
万年县	0.0126	-0.1830	-0.4796	-0.5361	-0.6702	0.0126	健康
丰城市	-0.2518	-0.0822	-0.2157	-0.1695	-0.4598	-0.0822	较健康
樟树市	-0.0348	-0.1907	-0.4035	-0.3464	-0.5865	-0.0348	健康
高安市	-0.2415	-0.0189	-0.2270	-0.2890	-0.4810	-0.0189	较健康
抚州市城区	-0.2918	-0.2132	-0.2917	-0.0838	-0.4355	-0.0838	中警
东乡县	-0.4525	-0.2033	-0.2164	0.1168	-0.2880	0.1168	中警

表 9-26 2010 年研究区土地生态系统健康响应层综合关联度

地区	健康	较健康	警戒	中警	重警	MAX	健康警度
南昌市城区	-1.0532	-1.0070	-0.9792	-1.0858	-1.3440	-0.9792	警戒
南昌县	-0.7098	-0.7826	-0.7062	-1.3897	-1.5890	-0.7062	警戒
新建县	-0.4969	-0.1841	-0.7981	-1.2401	-1.8438	-0.1841	较健康
安义县	-0.4537	-0.6534	-0.8976	-1.2559	-1.7719	-0.4537	健康
进贤县	-0.7333	-0.4143	-0.4745	-0.8929	-1.5835	-0.4143	较健康
景德镇城区	-1.1128	-0.5449	-0.6908	-0.4829	-1.2401	-0.4829	中警
乐平市	-0.6341	0.0269	-0.6899	-1.1942	-1.7432	0.0269	较健康
浮梁县	-0.6241	-0.5823	-0.8501	-1.1789	-1.8049	-0.5823	较健康
九江市城区	-1.1257	-0.6751	-0.7355	-1.1409	-1.2285	-0.6751	较健康
九江县	-0.4532	-0.4662	-0.9937	-1.3762	-1.8192	-0.4532	健康
瑞昌市	-0.8161	-0.8529	-0.8390	-1.1287	-1.2605	-0.8161	健康
武宁县	-0.8426	-0.8615	-1.0395	-1.4577	-1.4432	-0.8426	健康
永修县	-0.7237	-0.7373	-0.8626	-1.0945	-1.3581	-0.7237	健康
德安县	-0.6412	-0.3188	-0.3289	-1.2554	-1.6972	-0.3188	较健康
星子县	-0.5870	-0.5729	-0.6908	-1.1768	-1.7305	-0.5729	较健康
都昌县	-0.5565	-0.6406	-0.7089	-1.0318	-1.5915	-0.5565	健康
湖口县	-0.5568	-0.5329	-0.8435	-1.4065	-1.7128	-0.5329	较健康

（续表）

地区	健康	较健康	警戒	中警	重警	MAX	健康警度
彭泽县	-0.4713	-0.5626	-0.6979	-1.0776	-1.7079	-0.4713	健康
新余市城区	-0.8522	-0.6663	-0.6899	-0.6044	-1.4467	-0.6044	中警
鹰潭市城区	-0.9676	-0.6805	-0.6500	-0.7514	-1.4915	-0.6500	警戒
贵溪市	-1.0422	-0.5998	-0.7703	-0.5238	-1.3412	-0.5238	中警
余江县	-0.6957	-0.2572	-0.5784	-1.1442	-1.6223	-0.2572	较健康
新干县	-0.7778	0.0549	-0.4481	-1.0279	-1.6618	0.0549	较健康
余干县	-0.8061	-0.2701	-0.6340	-0.9791	-1.5910	-0.2701	较健康
鄱阳县	-0.8981	-0.3111	-0.8756	-1.3657	-1.3254	-0.3111	较健康
万年县	-0.4857	-0.6126	-1.0080	-1.3940	-1.6959	-0.4857	健康
丰城市	-0.9362	-0.1789	-0.1610	-0.7544	-1.4768	-0.1610	警戒
樟树市	-0.7948	-0.5121	-0.3956	-0.7442	-1.5074	-0.3956	警戒
高安市	-0.8545	-0.2001	-0.2843	-0.9266	-1.5029	-0.2001	较健康
抚州市城区	-1.0121	-0.4888	-0.5817	-0.3868	-1.4193	-0.3868	中警
东乡县	-1.1147	-0.4417	-0.4675	-0.3566	-1.2994	-0.3566	中警

表 9-27　2015 年研究区土地生态系统健康隐患层综合关联度

地区	健康	较健康	警戒	中警	重警	MAX	级别
南昌市城区	-0.1253	-0.1430	-0.1788	-0.1564	-0.1741	-0.1253	健康
南昌县	-0.1183	-0.1459	-0.0823	-0.0887	-0.2133	-0.0823	警戒
新建县	-0.0865	-0.1920	-0.1468	-0.1428	-0.1738	-0.0865	健康
安义县	-0.1071	-0.1793	-0.1838	-0.1184	-0.1556	-0.1071	健康
进贤县	-0.0892	-0.1756	-0.1495	-0.1606	-0.1738	-0.0892	健康
景德镇城区	-0.0925	-0.0964	-0.1361	-0.1191	-0.1746	-0.0925	健康
乐平市	-0.1145	-0.1349	-0.1156	-0.1232	-0.1626	-0.1145	健康
浮梁县	-0.1103	-0.1956	-0.2031	-0.1819	-0.1778	-0.1103	健康
九江市城区	-0.0554	-0.1853	-0.2301	-0.2387	-0.2255	-0.0554	健康
九江县	-0.0929	-0.1144	-0.1551	-0.1802	-0.1548	-0.0929	健康
瑞昌市	-0.0516	-0.1372	-0.1537	-0.2008	-0.1827	-0.0516	健康

（续表）

地区	健康	较健康	警戒	中警	重警	MAX	级别
武宁县	-0.0751	-0.1590	-0.1999	-0.2547	-0.2124	-0.0751	健康
永修县	-0.0940	-0.1301	-0.1512	-0.1926	-0.1699	-0.0940	健康
德安县	-0.0895	-0.1411	-0.1563	-0.2034	-0.1740	-0.0895	健康
星子县	-0.0366	-0.1225	-0.2019	-0.1835	-0.1863	-0.0366	健康
都昌县	-0.0743	-0.1185	-0.1748	-0.2083	-0.1837	-0.0743	健康
湖口县	-0.0703	-0.1216	-0.1418	-0.1551	-0.1808	-0.0703	健康
彭泽县	-0.1021	-0.1495	-0.1196	-0.1724	-0.1619	-0.1021	健康
新余市城区	-0.1283	-0.2325	-0.2257	-0.1575	-0.1138	-0.1138	重警
鹰潭市城区	-0.0749	-0.1003	-0.1052	-0.1351	-0.1725	-0.0749	健康
贵溪市	-0.0887	-0.2026	-0.1991	-0.1412	-0.1565	-0.0887	健康
余江县	-0.0961	-0.1718	-0.1377	-0.1503	-0.1537	-0.0961	健康
新干县	-0.0963	-0.2121	-0.1637	-0.1681	-0.1609	-0.0963	健康
余干县	-0.0922	-0.1592	-0.1478	-0.1936	-0.1737	-0.0922	健康
鄱阳县	-0.0823	-0.1435	-0.1783	-0.2102	-0.1784	-0.0823	健康
万年县	-0.0952	-0.1614	-0.1630	-0.1503	-0.1497	-0.0952	健康
丰城市	-0.1088	-0.1692	-0.1270	-0.1406	-0.1622	-0.1088	健康
樟树市	-0.1094	-0.1750	-0.1343	-0.0938	-0.1100	-0.0938	中警
高安市	-0.0865	-0.1849	-0.1539	-0.1629	-0.0909	-0.0865	健康
抚州市城区	-0.0940	-0.1817	-0.1714	-0.1213	-0.1404	-0.0940	健康
东乡县	-0.0974	-0.1902	-0.1557	-0.1219	-0.1404	-0.0974	健康

表 9-28　2015 年研究区土地生态系统健康状态层综合关联度

地区	健康	较健康	警戒	中警	重警	MAX	级别
南昌市城区	-0.0156	-0.0472	-0.0698	-0.0786	-0.1078	-0.0156	健康
南昌县	-0.0256	-0.0248	-0.0532	-0.0409	-0.0827	-0.0248	较健康
新建县	-0.0466	-0.0022	-0.0378	-0.0284	-0.0855	-0.0022	较健康
安义县	0.0296	0.0701	0.0966	0.1922	-0.0932	0.1922	中警
进贤县	-0.0634	0.0624	-0.0197	-0.0340	-0.0605	0.0624	较健康

（续表）

地区	健康	较健康	警戒	中警	重警	MAX	级别
景德镇城区	−0.0269	−0.0055	−0.0520	−0.0414	−0.0890	−0.0055	较健康
乐平市	−0.0369	−0.0137	−0.0494	−0.0398	−0.0905	−0.0137	较健康
浮梁县	−0.0756	−0.0179	−0.0030	0.0013	−0.0669	0.0013	中警
九江市城区	−0.0369	0.0267	0.0605	0.1060	−0.1027	0.1060	中警
九江县	−0.0723	−0.0460	−0.0353	0.0086	−0.0492	0.0086	中警
瑞昌市	−0.0999	−0.0618	−0.0538	−0.0259	−0.0201	−0.0201	重警
武宁县	−0.1181	−0.0925	−0.0833	−0.0546	−0.0116	−0.0116	重警
永修县	−0.0810	−0.0579	−0.0193	0.0133	−0.0475	0.0133	中警
德安县	−0.0331	−0.0240	−0.0365	−0.0361	−0.0899	−0.0240	较健康
星子县	−0.0601	−0.0430	−0.0667	0.0058	−0.0770	0.0058	中警
都昌县	−0.1016	−0.0658	−0.0198	0.0239	−0.0411	0.0239	中警
湖口县	−0.0744	−0.0348	−0.0077	0.0008	−0.0692	0.0008	中警
彭泽县	−0.0619	−0.0684	−0.0463	0.0106	−0.0543	0.0106	中警
新余市城区	−0.0245	−0.0472	−0.0735	−0.0667	−0.1193	−0.0245	健康
鹰潭市城区	−0.0328	−0.0341	−0.0431	−0.0473	−0.0953	−0.0328	健康
贵溪市	−0.0790	−0.0988	−0.0825	−0.0568	−0.0067	−0.0067	重警
余江县	−0.0614	−0.0620	−0.0556	−0.0166	−0.0436	−0.0166	中警
新干县	−0.0554	−0.0043	−0.0196	−0.0184	−0.0819	−0.0043	较健康
余干县	−0.0805	−0.0412	−0.0424	−0.0101	−0.0577	−0.0101	中警
鄱阳县	−0.1228	−0.0997	−0.0615	−0.0550	−0.0199	−0.0199	重警
万年县	−0.0112	−0.0686	−0.0815	−0.0712	−0.0918	−0.0112	健康
丰城市	−0.0887	−0.0535	−0.0016	0.0465	−0.0601	0.0465	中警
樟树市	−0.0635	−0.0381	−0.0201	0.0149	−0.0679	0.0149	中警
高安市	−0.0768	−0.0332	−0.0275	0.0203	−0.0547	0.0203	中警
抚州市城区	−0.0715	−0.0153	−0.0376	−0.0112	−0.0825	−0.0112	中警
东乡县	−0.0792	−0.0440	−0.0001	0.0236	−0.0683	0.0236	中警

表 9-29　2015 年研究区土地生态系统健康响应层综合关联度

地区	健康	较健康	警戒	中警	重警	MAX	级别
南昌市城区	-0.0161	0.0160	0.1357	0.3786	0.0012	0.3786	中警
南昌县	0.0031	0.0070	0.1420	0.4076	0.2316	0.4076	中警
新建县	-0.0102	-0.0046	-0.2851	-0.0270	0.0011	0.0011	重警
安义县	-0.0956	-0.2886	-0.1707	0.0691	0.0002	0.0691	中警
进贤县	0.0519	0.0117	-0.1386	0.1124	0.0033	0.1124	中警
景德镇城区	-0.5225	-0.5039	-0.3780	-0.1250	-0.3021	-0.1250	中警
乐平市	0.0119	-0.2666	-0.1332	0.1258	0.0021	0.1258	中警
浮梁县	0.0140	-0.2693	-0.1344	0.1319	0.0313	0.1319	中警
九江市城区	-0.5349	-0.5072	-0.3531	-0.0508	-0.1032	-0.0508	中警
九江县	-0.0059	-0.2747	0.1364	0.1351	0.0111	0.1364	警戒
瑞昌市	0.0230	-0.3877	-0.2646	-0.0431	0.0310	0.0310	重警
武宁县	0.0800	0.2233	-0.1772	-0.0127	0.1032	0.2233	较健康
永修县	-0.2220	-0.2370	-0.2299	-0.0980	-0.0321	-0.0321	重警
德安县	-0.5488	-0.5749	-0.5071	-0.2851	0.0321	0.0321	重警
星子县	0.1956	-0.1929	0.2042	-0.0413	0.0011	0.2042	警戒
都昌县	0.0179	0.2011	-0.1289	-0.0062	0.0021	0.2011	较健康
湖口县	-0.0058	-0.0194	-0.2798	-0.0433	0.0231	0.0231	重警
彭泽县	-0.0041	-0.0163	-0.0786	0.1482	0.0033	0.1482	中警
新余市城区	-0.0025	0.0228	-0.5061	-0.2297	0.0002	0.0228	较健康
鹰潭市城区	-0.0038	0.0124	-0.4248	-0.1777	-0.0003	0.0124	较健康
贵溪市	-0.0084	0.0106	-0.2870	-0.0210	0.3313	0.3313	重警
余江县	-0.0064	0.0131	-0.0490	0.2280	0.0231	0.2280	中警
新干县	0.0079	-0.0078	-0.1171	0.1398	0.0310	0.1398	中警
余干县	-0.0099	-0.0478	-0.2928	-0.0707	0.0231	0.0231	重警
鄱阳县	-0.0052	-0.0470	-0.2102	-0.0102	0.0231	0.0231	重警
万年县	-0.0037	-0.0242	-0.1051	0.1327	0.0002	0.1327	中警
丰城市	0.0078	0.0025	-0.1403	0.0822	0.0213	0.0822	中警
樟树市	0.0103	0.0024	-0.3532	-0.1428	0.1423	0.1423	重警
高安市	-0.0035	-0.0030	-0.0563	0.1930	0.0231	0.1930	中警

（续表）

地区	健康	较健康	警戒	中警	重警	MAX	级别
抚州市城区	0.2254	0.0224	-0.1286	0.1288	0.2302	0.2302	重警
东乡县	0.0254	0.0203	-0.1036	0.1525	0.0216	0.1525	中警

四、空间分异结果分析

通过表 9-10 至表 9-14 可知，鄱阳湖生态经济区 31 个县（市、区）的土地生态系统健康警情警度共分为五个警度级别。分别为健康等级、较健康等级、警戒等级、中警、重警等级，具体到各县（市、区）的警情情况如下。

1. 警情警度健康区

通过表 9-10 至表 9-14 可以看出：1995 年进贤县、九江县、瑞昌市、武宁县 4 个评价单元土地生态系统处于警情警度健康级别；2000 年新建县、武宁县、永修县、星子县、鹰潭市城区、抚州市城区 6 个评价单元土地生态系统处于警情警度健康级别；2005 年新建县、安义县、进贤县、浮梁县、九江县、瑞昌市、武宁县、永修县 8 个评价单元土地生态系统处于警情警度健康级别；2010 年安义县、九江县、瑞昌市、武宁县、永修县、星子县、德安县、都昌县、湖口县、彭泽县、万年县 11 个评价单元土地生态系统处于警情警度健康级别；2015 年新建县、瑞昌市、星子县、湖口县、新余市城区、余干县、抚州市城区 7 个评价单元土地生态系统处于警情警度健康级别。通过多因子关联度的计算可以看出，处于健康区的各县（市、区）在隐患层、状态层、响应层的健康情况大致相同，在隐患层，各县（市、区）存在各自的问题，均受到隐患不同程度影响。各县（市、区）均在状态层、响应层表现出来了健康或较健康的水平，说明当地通过土地生态系统自然恢复以及政府的响应措施，控制了隐患的触发传递，使得总体水平仍处于一个健康的状态。

2. 警情警度较健康区

通过表9-10至表9-14可以看出：1995年南昌市城区、南昌县、安义县、乐平市、浮梁县、九江市城区、永修县、德安县、星子县、彭泽县、鄱阳县、万年县、丰城市、高安市、抚州市城区、东乡县16个评价单元土地生态系统处于警情警度较健康区；2000年湖口县、新余市城区、余干县3个评价单元土地生态系统处于警情警度较健康区；2005年德安县、星子县、余干县、樟树市、高安市、抚州市城区6个评价单元土地生态系统处于警情警度较健康区；2010年进贤县、新建县、乐平市、浮梁县、九江市城区、余江县、新干县、余干县、鄱阳县、高安市10个县（市、区）处于健康警情警度较健康区；2015年武宁县、都昌县2个评价单元土地生态系统处于警情警度较健康区。同时通过多因子关联度的计算以看出，各县（市、区）在隐患、状态、响应三要素层呈现出的健康状态差异很大，说明警度为较健康区的各县（市、区）遇到的健康警情是不同的，应该从各个县（市、区）的实际出发，以九江市为例：九江市城区是经济区内健康状况最好的城区，隐患层处于警戒警度，状态层和响应层处于较健康警度。表明九江市城区在隐患层面还是面临着较大的健康风险，政府的实时响应使得健康状态维持在较健康的水平。发展经济与保护环境双管齐下，值得其他县（市、区）学习和借鉴。

3. 警情警度警戒区

通过表9-10至表9-14可以看出：1995年景德镇城区、都昌县、湖口县、新余市城区、鹰潭市城区、余江县、樟树市7个评价单元土地生态系统处于警情警度警戒区；2000年仅樟树市处于警情警度警戒区；2005年永修县、都昌县、湖口县、新干县、鄱阳县、东乡县6个评价单元土地生态系统处于警情警度警戒区；2010 年南昌市城区、南昌县、鹰潭市城区、丰城市、樟树市 5 个县（市、区）处于健康警情警度警戒区；2015 年没有评价单元土地生态系统处于警情警度警戒区。通过多因子关联度的计算以看出，各县（市、区）在状态层呈现出较健康态势，在隐患和响应层则出现不同情形的警情。说明在表征状态层的指标中，各县（市、区）的健康情况总体还可以，像自然灾害面积比、城市化水平、水资源利用率等指标，都呈现出较健康的状态。但是在隐患层和响应层，健康警度都呈现出警戒状态，说明这五个县（市、区），在经济水平高速发展的同时，政府未能作出及时、有效的响应，具体体现在各指标值与健康警度的差距。具体到有效灌溉面积比、人均 GDP、环保治理投资占 GDP 比、工业废水循环使用率等均较低。

4. 警情警度中警区

通过表 9-10 至表 9-14 可以看出：1995 年新建县、贵溪市、新干县 3 个评价单元土地生态系统处于警情警度中警区；2000 年南昌市城区、南昌县、安义县、进贤县、景德镇城区、乐平市、浮梁县、九江市城区、九江县、瑞昌市、德安县、都昌县、彭泽县、余江县、新干县、万年县、丰城市、高安市、东乡县 19 个评价单元土地生态系统处于警情警度中警区；2005 年南昌县、景德镇城区、乐平市、九江市城区、彭泽县、新余市城区、鹰潭市城区、余江县、万年县、丰城市 10 个评价单元土地生态系统处于警情警度中警区；2010 年景德镇市城区、新余市城区、贵溪市、抚州市城区、东乡县 5 个县（市、区）处于健康警情警度中警区。2015 年南昌市城区、南昌县、安义县、进贤县、景德镇城区、乐平市、浮梁县、九江市城区、九江县、彭泽县、余江县、新干县、万年县、丰城市、高安市、东乡县 16 个评价单元土地生态系统处于警情警度中警区。其中景德镇市城区、新余市城区和抚州市城区是各市的主城区，贵溪市是中国的铜冶炼基地，国家的铜工业中心。而坐落于东乡县境内的江西东乡经济开发区是江西省第一批重点省级工业园区。这5个县（市、区）的经济发展水平都很好，由此产生的危害也很大。通过多因子关联度的计算以看出，中警警度的县（市、区）在隐患、状态、响应三要素层的表现类似与警度警戒区的地区，区别在于处于警度中警区的这些县（市、区）的土地生态系统健康警度更加严重，中警表征这些县（市、区）遭遇的健康警情强于其他城市，原因还是在于经济发展过快和政府响应的滞后。具体到各个指标的表现：人口增长率、人口密度、人均耕地面积等指标的不理想说明人、地关系的紧张，经济密度、人均GDP、农民人均纯收入等指标表征经济的发展水平，环保治理投资占GDP比、水土流失面积比、土壤侵蚀模数、单位耕地面积化肥、农药负荷等指标表征政府响应的滞后，第三产业占国民生产总值比、城市化水平等指标表征经济发展方式的是否健康、可持续。以上种种原因，使得这些县（市、区）的土地生态系统处于中警警度。

5. 警情警度重警区

1995年没有评价单元土地生态系统处于警情警度重警区；2000年仅贵溪市和鄱阳县土地生态系统处于警情警度重警区；2005年南昌市城区、贵溪市2个评价单元土地生态系统处于警情警度重警区；2010年没有评价单元土地生态系统处于警情警度重警区；2015年永修县、德安县、贵溪市、鄱阳县、樟树市5个评价单元土地生态系统处于警情警度重警区。通过多因子关联度的计算以看出，重警警度的县（市、区）在隐患、状态、响应三要素层均表现出类似与警度中警戒的地区。区别在于处于警度重警区的这些县（市、区）的土地生态系统健康已经完全被破坏，土地生态系统已丧失完整的功能，自然灾害多发，恢复和重建困难。

第五节 土地生态系统健康警情产生驱动力分析

土地生态系统健康以人类、社会和城市可持续发展为目标，目的是实现自然、经济和社会三者的协调发展。土地生态系统健康不是突然或者一瞬间的结果，而是对土地生态系统在某一时段内健康状况的描述。土地生态系统健康取决于自然生态环境因素和社会经济因素的综合变化情况，而各个因素又受到指标层的各因子影响。要了解土地生态系统健康警情产生的情况，对其驱动力的分析是必不可少的环节。由于土地生态系统是一个复杂巨系统，涉及的范围宽广，是集自然、环境、社会于一体的综合系统，而影响土地生态系统健康的因子错综复杂，相互之间耦合相连，因此本研究基于 PSR（隐患-状态-响应）模型从自然环境和社会经济的角度选取了 24 个指标因子，通过物元模型将 1995—2015 年生态健康警情预警结果分为健康、较健康、警戒、中警和重警五个等级。

通过物元模型计算结果分析可以看出，1995—2015 年鄱阳湖经济生态区土地生态系统健康警情增减变化复杂，空间变化特征明显。总体呈较健康-警戒-较健康状态，在隐患层、状态层和响应层也表现出差异较大的警情，尤其在 2005 年最为突出，在 5 个警情级别都有涉及。这一系列变化都是自然因素和社会因素共同作用的结果，本研究将从自然因素、社会因素对鄱阳湖经济生态区土地生态系统健康警情驱动力进行分析。

一、自然因素

通过收集鄱阳湖生态经济区气象资料，可以发现研究区局部气候的变化，气温和降水是影响经济区土地系统健康的主要因子。气温的升高以及降水量的减少对鄱阳湖湿地造成了威胁。但是自然因子对土地系统健康的影响周期过于冗长，在社会经济发展迅速的今天，人类活动对土地生态系统造成的影响早已超过了自然环境因素，所以社会因素是影响土地生态系统健康的核心驱动力。

二、社会经济因素

1. 经济驱动力因子

通过查阅研究区统计年鉴资料得出：鄱阳湖生态经济区国民生产总值从 1995 年到 2015 年持续迅猛增长，在 2015 年突破 10 000 亿元；人均 GDP 从 1995 年的 2 958. 32. 04 元到 2015 年的 36 162. 35 元，20 年间增长了十几倍，尤其 2010 年以来，GDP 增长率高达 25%；三大产业结构也发生了巨大变化；经济研究区经济的快速发展是引起鄱阳湖生态经济区土地生态系统健康警情产生的根本驱动力，它对土地生态系统健康警情产生的影响是深层次、全方位的。经济的飞速发展势必加速城市化进程，城镇边缘用地不断向外围扩张，城镇数量和规模也不断扩大。从 2005 年研究区进入工业化阶段初期之后，在这种在较低经济发展阶段的快速经济增长模式下，高投入、高消耗、高排放的粗放模式就成了经济增长的主要模式，这就导致鄱阳湖生态经济区土地生态系统健康变差、恶化。

2. 人口驱动力因子

人口是影响鄱阳湖生态经济区土地生态系统健康警情产生的最主要因素之一。研究区人口密度从 1995 年的 451 人/km^2 增加到到 2015 年的 550 人/km^2；人均耕地面积从 1995 年 1 512. 47m^2/人减少 2015 年的 856. 98m^2/人；人口增长率的提升、人口密度的增大将引起对粮食、住房等需求增加。这就需要不断扩大建设用地面积，造成人均耕地面积减少，因此就会对粮食单产提出更高要求。粮食单产的任务加重又会造成单位面积化肥农药的使用率增大，经济的发展与土地的可持续利用不能统一，因此形成恶循环，使得土地生态系统健康变差。

3. 政策导向驱动力因子

自国家实施“中部崛起战略”以来，2009 年 12 月 12 日《鄱阳湖生态经济区规划》获得国务院正式批复，加快了鄱阳湖流域城市圈的进程。伴随着“鄱阳湖生态经济区规划”上升为国家战略，鄱阳湖生态经济区的建设也加快了步伐。环鄱阳湖城市群及相关产业也将慢慢兴起，如生物制药产业、航空产业、新能源产业、光电产业、优质钢材深加工产业、铜冶炼及精深加工产业、汽车及零部件产业、炼油及化工产业等。在城市发展、国民生产总值增长、城市人口迅速膨胀的同时，环湖区域的湿地被大量围垦，用于城市建筑或农业用地，以上种种也都加速了土地生态系统健康警情的演变。

综上，鄱阳湖生态经济区土地生态系统健康警情产生的驱动力归纳为社会因素和自然环境因素。自然因素为经济区警情的演变提供了内在动力，而社会因素加速了土地生态系统健康的变化，成为了警情演变的主要驱动力。社会因素中，经济和人口的增减是影响警情的主要因子，国家的政策调控也直接影响到土地系统生态健康，这些应是今后相关部门调控的主要方向。

三、小结

从时间特征可以看出，1995 年到 2015 年，鄱阳湖生态经济区的土地生态系统健康状况呈现出了由较健康向警戒再向较健康演替的情况，健康警情状况呈现出整体较好态势。2005 年是鄱阳湖生态经济区土地生态系统健康警情状况波动的拐点，究其原因是由于在江西中部战略的大背景之下，经济区呈现出高速发展的态势，从而带来了一系列的自然、环境以及社会经济问题，政府的响应显得相对滞后。人口、环境、经济发展的不对称性，政府的政策与措施的落后和实施不到位，导致了期间土地生态系统健康状况的恶化。2005 年以后，基于政府各部门对可持续发展的认知，江西省对“十一五”规划中提出的“绿色江西”做出了行之有效的践行。这段时间，经济的发展依然呈现出高速的状态，政府的“响应”也跟上了经济发展的脚步。产业结构得到优化，政府对环境保护的投入加大，环境保护的理念深入人心，种种举措的共同努力，到 2015 年，鄱阳湖生态经济区土地生态系统健康警情警度恢复到了较健康的级别。

从空间的分异结果可以看出，在全内，九江地区的健康状况最佳，上饶地区和南昌的大部分地区的健康警情状况次之，处于较健康级别。大部分城市城区属于较健康级别，永修县、德安县、贵溪市、鄱阳县、樟树市、乐平市、瑞昌市、樟树市、南昌县、安义县、贵溪市、余干县、东乡县等县的健康警情状况也较差，有连续几年都在警戒及中警警度。因此，这些地区在经济发展的同时应采取相应的防治措施，避免其健康状况恶化，同时积极采取响应措施，争取使其生态状况向健康转变，逐渐恢复生态健康。

分析鄱阳湖生态经济区土地生态系统健康预警的评价结果，造成研究区健康警情的原因集中在人与地、人与环境的紧张关系，通过计算单因子指标关联度和隐患层、状态层、响应层与的综合关联度，确定不同生态要素对土地生态系统健康警情预警的贡献程度。据此可以得出：隐患层对土地生态系统健康警情的预警贡献程度最大，状态层和响应层的贡献程度相当。隐患层的指标要求政府控制水土流失、实施环境监管、加强环境污染治理和优化产业结构，通过控制隐患的产生来缓和土地生态系统健康警情。

主要参考文献

曹欢，苏维词 . 2010. 喀斯特生态系统健康评价方法比较研究［J］. 环境科学与技术，33（1）：183-187.

常婷婷，姜世中，彭文甫 . 2015. 基于熵权物元模型的四川省土地生态安全评价［J］. 中国农学通报，31（26）：122-127.

范树平，刘友兆，张红梅，等 . 2015. 基于层次模糊物元模型的承接产业用地空间适宜评价［J］. 农业工程学报（6）：266-276.

范铁玲 . 2006. 城市生态系统健康评价研究［D］. 重庆：西南大学.

高洁芝，夏梦蕾，孟展，等 . 2017. PSR 框架下土地生态系统健康诊断［J］. 江苏农业科学，45（11）：240-243.

何新，姜广辉，张瑞娟，等 . 2015. 基于 PSR 模型的土地生态系统健康时空变化分析：以北京市平谷区为例［J］. 自然资源学报，30（12）：2057-2068.

洪惠坤，廖和平，魏朝富，等 . 2015. 基于改进 TOPSIS 方法的三峡库区生态敏感区土地利用系统健康评价［J］. 生态学报，35（24）：8016-8027.

黄木易，何翔 . 2016. 基于云模型与熵权法的安徽省土地生态安全评价研究［J］. 土壤，48（5）：1049-1054.

李婷婷 . 2011. 基于物元模型的山区公路安全评价研究［J］. 西南大学学报（自然科学版），33（7）：109-113.

林斌，邸利，张富，等 . 2010. 黄土丘陵小流域生态系统健康评价指标体系研究——以安家沟小流域为例［J］. 干旱区资源与环境，24（5）：31-36.

孟展，张锐，刘友兆，等 . 2014. 基于熵值法和灰色预测模型的土地生态系统健康评价［J］. 水土保持通报，34（4）：226-231.

施开放，刁承泰，左太安，等 . 2013. 基于熵权物元模型的耕地占补平衡生态安全评价［J］. 中国生态农业学报，21（2）：243-250.
宋艳春 . 2014. 基于物元模型的土地生态系统健康研究［D］. 南昌：江西农业大学.
吴冠岑，牛星 . 2010. 土地生态安全预警的惩罚型变权评价模型及应用：以淮安市为例［J］. 资源科学（5）：992-999.
易武英，苏维词，吴克华，等 . 2015. 基于土地利用视角下的施秉云台山地区生态健康诊断［J］. 地球与环境，43（5）：552-557.
于海洋，张飞，曹雷，等 . 2017. 基于乡镇尺度的土地生态安全时空格局评价研究：以博尔塔拉蒙古自治州为例［J］. 生态学报，37（19）：6355-6369.
余敦，陈文波 . 2011. 基于物元模型的鄱阳湖生态经济区土地生态安全评价［J］. 应用生态学报，22（10）：2681-2685.
余敦，高群，欧阳龙华 . 2012. 鄱阳湖生态经济区土地生态安全警情研究［J］. 长江流域资源与环境，21（06）：678-683.
张锐，郑华伟，刘友兆 . 2013. 基于熵权可拓物元模型的耕地生态安全评价［J］. 水土保持通报（4）：149-154.
张祥义，许皞，刘名冲，等 . 2014. 基于熵权物元模型的耕地生态安全评价研究：以河北省肥乡县为例［J］. 土壤通报（1）：18-23.
赵宏波，马延吉 . 2014. 基于变权——物元分析模型的老工业基地区域生态安全动态预警研究：以吉林省为例［J］. 生态学报，34（16）：4720-4733.

第十章　研究区土地生态系统健康警情调控研究

第一节　土地生态系统健康警情调控模式

调控模式的确定有利于促进调控措施的具体实施，有利于调控目标的准确达成。本研究根据鄱阳湖生态经济区土地生态系统健康设计将调控模式分为总体调控模式与典型区域调控模式。

一、总体调控模式

依据前文对鄱阳湖生态经济区土地生态系统健康的判定与调控模拟分析可知，为推进土地生态系统健康与社会经济可持续发展，研究区土地生态系统健康的调控需要考虑社会、经济、自然等各方面因素。为此，结合鄱阳湖生态经济区实际，土地生态系统健康应围绕生态环境保护和生态产业发展两个核心理念，加快发展升级，以提高土地的综合效益为导向，综合考虑自然、环境、社会、经济等方面因素，通过“三生体系”的建设和完善，推进生命有机体和自然环境协调可持续发展，实现“五位一体”总体布局快速形成，促进人地关系和谐统一。其调控模式可概括为：生产生态化体系、生活生态化体系、生态环境体系“三生驱动”模式，框架图如图 10-1。

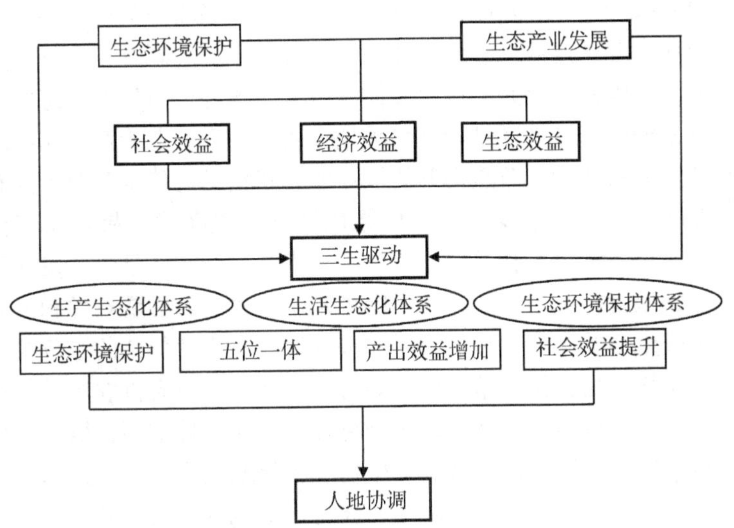

图 10-1 鄱阳湖生态经济区土地生态安全调控“三生驱动”模式框架

1. 生产生态化体系

大力推进产业发展生态化、生态经济产业化，不断强化经济发展，着力构建以生态农业生产、生态工业生产及生态服务业为主体的具有鄱阳湖生态经济区特色的生产生态化体系。

一是积极进行生态农业生产。我国从 2003 年起对“三农”工作持续关注，2017 年党的十九大首次提出实施乡村振兴战略，提出“产业兴旺、生态宜居、乡风文明、治理有效、生活富裕”20 字总要求，旨在让农业成为有奔头的产业、让农民成为有吸引力的职业、让农村成为安居乐业的美丽家园。乡村振兴战略中，产业兴旺是重点，而产业兴旺不仅仅提升经济，更应该是生态产业兴旺。2018 年中央一号文件进一步细化了乡村振兴的总体要求、内涵、目标与任务，再一次重申要把“三农”问题作为全党工作的重中之重。与此同时，《国家乡村振兴战略规划

(2018—2022年)》出台，进一步细化产业兴旺的要求，要求构建现代农业产业体系、生产体系、经营体系，实现环境友好型产业发展。因此，有必要按照整体、协调、循环、再生等生态原则对鄱阳湖生态经济区进行统筹规划，优化生态农业生产，完善农业产业体系建设，改造提升传统农业，积极推进传统产业向生态农业转变。具体来说：①突出绿色发展，提高优质粮食生产能力。实现粮食自给自足，不仅在于技术与创新，而且绿色发展更是引领粮食行业发展的方向。绿色是永续发展的必要条件和人们对美好生活的必要体现，必须加快发展具有当地特色的绿色粮食生态系统，提升优质粮食生产能力。②开发绿色有机农产品。充分利用鄱阳湖生态经济区的区域特性，优化品种结构，推行绿色病虫害防控、测土配方施肥、生物工程等绿色农业生产技术，大力发展土猪、土鸡、高山蔬菜、药材等绿色有机农产品。

二是加快发展生态工业生产。无论城镇还是乡村，目前工业带来污染逐渐加大，越来越影响人们的生活质量及自然环境。因此，加快发展生态工业生产尤为重要。首先，大力发展循环经济，积极扶持先进装备制造、新材料、新能源、文化创意、信息、生物、节能环保等产业。其次，改造提升传统优势产业。比如进贤县长白晏乡、钟陵乡、下埠集乡等地处丘陵地带，草禽畜是其优势产业，但可以对其进行改造，升级其饲养技术，延长产业链，推广"猪-沼-果、猪-沼-菜"等种养模式，减少环境污染。景德镇依靠千年瓷都的产业基础和品牌优势，大力发展功能陶瓷、结构陶瓷、工艺陶瓷和精品建筑陶瓷等。另外，还可以大力发展先进制造业与高技术产业。

三是大力发展生态服务业。鄱阳湖是我国最大的淡水湖，生物多样性丰富，旅游优势明显。2009年12月12日，国务院正式批复《鄱阳湖生态经济区规划》，标志着鄱阳湖生态经济区建设上升为国家战略，是江西发展史上的重要里程碑。"金山银山不如绿水青山”，绿水青山是鄱阳湖生态经济区的特色，有必要让鄱阳湖的绿水青山带来“金山银山”，促进生态农业发展。进一步开发鄱阳湖生态经济区的生态和旅游资源，完善旅游基础设施，构建旅游配套服务体系，打造全国知名、西部一流的旅游目的地，积极发展生态观光农业，促进农旅融合。

2. 生活生态化体系

生活上提出建设生态化体系，主要针对生活垃圾和饮食结构。生活垃圾上，城镇对垃圾分类普及率较高，但是大部分农村目前对垃圾处理问题依旧不到位，垃圾直接倒入河流、道路或者园地，造成河流堵塞、道路垃圾拦截等环境问题。因此，有必要重视生活垃圾分类并集中处理。另外，农村改厕工作也应重视，并可以充分利用沼气池等设施减少粪便污染环境且增加利用效率。饮食结构上，一方面，人们可以追求食用有机农产品，减少使用农药化肥，让饮食结构更加健康；另一方面，对于一些珍稀或者野生动物保持一种敬畏，让它们从餐桌上解放出来，让饮食结构更关注生态环境。

3. 生态环境保护体系

生态环境体系的建设应遵循治理与建设相结合的原则，一方面，鄱阳湖生态经济区要强化土地生态环境保护，加强生态建设与保护，完善土地生态系统功能，包括环保机制建设与文化建设等；另一方面，综合治理各类污染，包括工矿污染、城市内河污染、大气污染及土壤污染等。

一是强化生态环境保护管理，建立完善的土地生态安全管理监督体系。习近平总书记指出，“生态兴则文明兴、生态衰则文明衰”，“保护生态环境就是保护生产力，改善生态环境就是发展生产力”。建立完善的土地生态安全管理监督体系，需要强化法律监管，健全法规执行监督机制，严格执行相关土地生态安全管理制度，严肃打击违法占用土地、破坏土地、乱建土地等行为。建立完善的土地生态安全管理监管体系，需要加强规划监管。乡村振兴，规划先行，谋定后动。规划土地生态有举足轻重的作用，必须规划先行，强化规划监管措施，切实让规划从谋划到落地。建立完善的土地生态安全管理监管体系，需要加强政策监管。实施最严格的节约集约用地政策、耕地保护政策、生态红线等，全面实施生态用地用途管制政策，切实保护好耕地与生态用地，真正让生态环境得到保护与管理。

二是积极推进土地生态道德文化建设。土地利用不仅仅是经济行为，实际上人的意识、道德水平都对土地利用产生较大的影响，尊重自然、人地和谐的土地利用观将对土地利用带来积极的影响（但新球，2008）。因此，有必要培育人们的土地生态道德文化。充分利用现代电子科技技术，如手机、互联网、媒体等开展多层次的舆论宣传，大力倡导土地生态利用、爱护环境、集约利用土地，使土地生态道德深入人们的思想与生活中，提高人们的土地生态安全维护的责任意识。

三是综合治理各种污染，减少各类污染排放对环境的影响。坚持防治并举，统筹生产生活，兼顾城市与农村，包含工矿污染、城市污水垃圾排放、农村生活垃圾厕所等各种污染（李景保，2011）。工矿污染上，依据国家产业结构调整指导目录，关停、淘汰一批污染严重、效益低下的小水泥、小造纸等“五小”企业。大力开展清洁生产，积极推广先进的生产工艺和设备，实现“三废”的循环利用，减少污染排放。大力发展高科技产业，如依托大型航空工业集团以及重点研究所，积极发展民用飞机，研制开发高级教练机、多用途直升机，积极参与我国大飞机部件研制和生产，提高机部件专业化生产能力，大力推进南昌航空高技术产业基地建设。城市环境上，全面开展城市环境综合整治加快城镇污水、垃圾处理设施建设，尤其垃圾分类并集中处理。积极推进城市内河、餐饮污染的整治。积极控制建筑扬尘、机动车尾气等大气污染问题。尤其旧城改造、新城建设等建筑污染较为严重，既要控制建筑扬尘问题，又要利用该机会外迁污染企业，构建更合理的城市生态圈。农村环境治理上，结合乡村振兴战略，从产业兴旺、生态宜居、乡风文明、治理有效、生活富裕的总要求出发，加大对农村环境治理的投入与实施力度。一方面，加强农村的基础公共卫生建设，包括卫生间与垃圾分类箱的设置；另一方面，积极开展农村土壤污染综合治理，使用创新技术、工程，推动污染土壤的生态修复。比如彭泽县，其生态预警状态在中警告，主要原因与其工业污染有关系，对当地河流水质与土壤造成一定影响。

二、典型区域调控模型

《鄱阳湖生态经济区规划》根据自然生态系统的不同特征和经济地域的内在联系，将鄱阳湖生态经济区划分为湖体核心保护区、滨湖控制开发带和高效集约发展区。因此，本研究依据各区域资源环境承载能力、发展现状和开发潜力，界定各区域功能，明确调控模型。

1. 湖体核心保护区

湖体核心保护区，范围为鄱阳湖水体和湿地，以 1998 年 7 月 30 日鄱阳湖最高水位线（吴淞高程湖口水位 22.48m）为界线，面积 5 181km^2，功能是强化生态功能，禁止开发建设。在湖体核心保护区，必须坚持生态优先，把生态建设与环境保护放在首要位置，做到保护“一湖清水”，建设绿色家园。但由于社会经济发展、不合理的土地开发等影响，湖区及湿地面临着面积减少、湿地功能减退、面源污染及点源污染等一系列生态环境的问题。维护和治理好湖体核心保护区的生态环境，对鄱阳湖及周边的持续发展具有至关重要的作用，可以推行“人水和谐”模式（图 10-2）。具体来说，以人水和谐的基本理念为指导，通过人与湖两个角度协调处理好社会经济发展与湖泊生态系统保护的关系，改善单位耕地农药和化肥施用量、森林覆盖率、水土协调度、污水处理率，进而改善湖体水质与周边环境，推进人水和谐。

从人的角度看，主要做好以下三个方面措施：一是加强排污限制。这点可与规划相结合，测算湖体核心保护区的资源环境容量和生态环境容量后，分解排污指标到各个湖区周边区域、部门与企业，定期与不定期相结合检查监督排污情况，严格控制污染物的排放；二是积极建立污水处理厂、垃圾处理厂等各类环保设施，重点提升其处理能力与处理标准，确保排入湖体的水是干净、无污染的，保护湖体与湿地；三是积极发展低碳及循环产业甚至不发展产业，对于周边的造纸、水电、化工等产业部门必须采取关停并转等措施，改善源头污染问题；四是鄱阳湖生态经济区建设已经上升为国家战略，因此，国家及地方政府应该共同推进鄱阳湖区的生态建设。

从湖的角度看，同样要做好以下三个方面措施：一是积极退湖还田，严禁对湖泊进行围垦，恢复湖泊面积，维护湿地面积带。二是大力推进防洪治涝工程。鄱阳湖生态经济区属于亚热带气候，六七月极易形成洪涝，必须加强推进防洪治涝工程。加固加高防洪大堤、定期清淤工程、湖体周围防护林建设等，共同增强防涝治涝水平。三是实施鄱阳湖生态修复工程，建立和推广与其水环境相适应并利于减少污染的水生生物系统，促进鄱阳湖水体生态修复。四是理顺鄱阳湖流域的径流关系，鄱阳湖流域上下流政府能够充分调动积极性，不推卸责任，共同推进生态同建。

2. 滨湖控制开发带

滨湖控制开发带范围为沿湖岸线邻水区域，以最高水位线为界线，向陆地延伸 3km，面积 3 746km^2，功能是构建生态屏障，严格控制开发。滨湖控制开发带应坚持“统筹规划、合理布局、

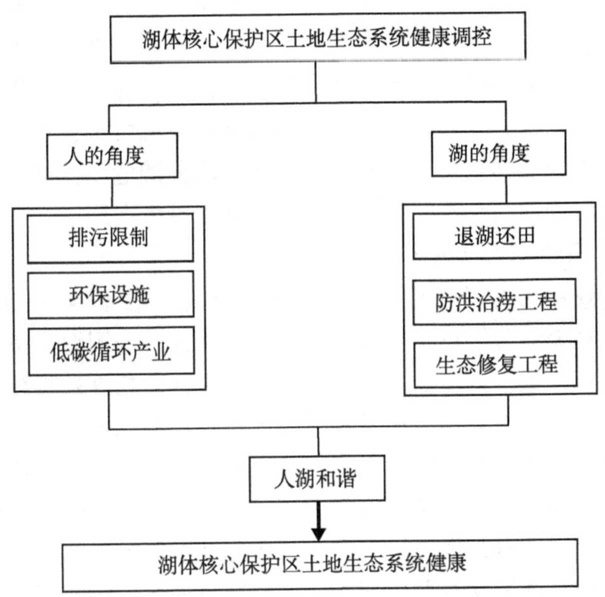

图 10–2　湖体核心保护区土地生态健康调控“人水和谐”模式框架

因地制宜、讲求实效”的原则，严守生态保护红线。具体，可有以下几点措施。

一是严格执行土地利用总体规划和区域自然保护区规划，科学分析滨湖控制开发带存在的问题，并积极提出相对应的对策。如滨湖控制带有较多农户进行围湖造田及养鱼养虾，湖泥沙淤积严重，水面缩小，针对这种情况需要及时制止，实行退耕还湖、清理淤积泥沙等措施。

二是滨湖控制开发带土地以生态环境保护为主导用途，坚持规划管控，适当发展生态旅游业、文化产业、物流商贸业、新能源产业和船舶制造业等。而对于排放较大，尤其污染水质等造纸、化学等工业必须严格制止。

三是加强生态保护。首先可加强该带森林植被的恢复与保护，植树造林与退耕还林相结合，减少水土流失，因地制宜适当发展生态产业。其次严禁在该带从事采矿采石等破坏景观，还可能造成水土流失的一系列活动，禁止乱砍乱伐现象。重要的是注重水质的保护，水质要稳定在Ⅲ类以上；空气质量达到国家Ⅱ级以上；生物多样性得到有效保护，保护珍稀濒危动植物；提升流域综合管理能力，不断提高滨湖控制开发带生态环境。

3. 高效集约发展区

高效集约发展区范围为区域其他地区，面积 4.22 万 km^2，功能是集聚经济人口，高效集约开发。该区是鄱阳湖生态经济区的大面积区域，为了让调控模式更有针对性，把高效集约区划分为城市地区、城乡结合部及农村地区进行详细调控。

城市地区：城市地区由于经济发展较快，人口与产业高度集中，土地稀缺与发展需求矛盾越来越突出；土地利用结构不合理，利用效率有待提高。基于这一实际情况，城市地区应该构建资源节约与环境友好型模式。一方面城市地区土地应该积极推进土地利用方式转型，将外延式的扩大土地利用规模的发展方式转变为内涵式的、集约经营、集约利用的节约利用方式，提高土地资源利用效率，减少建设用地无序扩张；另一方面应积极推进土地生态建设，大面积保护城市生态，加快发展生态农业、新型工业和现代服务业，构建生态产业体系，减少产业和城市发展的污染排放。

城乡接合部：城乡结合部是城市向农村的过渡带，城市建设用地与农村建设用地兼而有之，权属及开发利用直接受到农村及城市的双重影响（Richard A R，1996），故为城乡建设中最复杂的区域（顾朝林，1995）。由于受两方影响，而利用类型复杂，城乡结合部普遍呈现出建设用地快速膨胀、各类用地交错、土地浪费严重、土地管理混乱、环境污染严重等问题，人口、资源、环境矛盾突出。在生态安全维护中，要秉承“合理利用、合理保护、合理管理”的原则，形成“利用+保护+管理”三位一体的调控模式，改善单位土地废水负荷、人均建设用地面积、森林覆盖率、人均公园绿地面积、经济密度、第三产业比重、农民人均纯收入、工业固体废弃物综合利用率、污水处理率等指标状况，推进土地生态系统向高效、合理、低碳、集约、持续的方向转变。在合理利用中，一要科学安排各类土地，根据相关规划、项目建设等，科学安排农用地、农村建设用地及城市建设用地，确定各类用地的最佳规模与分布，即优化用地结构、用地分区及空间布局；二要提高建设用地效率，如对空心房、废弃工厂及时进行开发再利用；三是根据不同城乡结合部的特点，因地制宜布置生态农业开发模式、生态工业园建设模式、生态旅游带动模式、科教园区建设模式等，推动各个城乡结合部因地制宜发展。在合理保护中，一要加强环境污染的综合治理，推进城乡接合部的整体卫生，如加大污水、垃圾处理等环保设施；二要根据城乡结合部各区域的不同功能及环境承载力，对建设规模、发展形态和开发方式进行分区控制，设立禁止开发的重要环境保护区。另外，尤其重视依法保护基本农田保护区、蔬菜保护基地、自然保护区以及重要的绿地、河流、湿地、特色景观等，切忌由于发展产业而破坏了生态保护红线、永久基本农田、城镇开发边界三条控制线，努力营造绿色、宜居的人居环境；三要建设一条城市隔离带，有效组织城市的热岛效应及建设的污染。在合理管理中，一是实施土地用途管制，依法规定土地用途转变的许可、限制许可、不许可条件，严格限制不符合用途管制的土地用途转变行为；二是建立统一的城乡结合部土地利用管理机制，编制兼顾城市拓展和区域生态环境保护的城乡结合部土地利用总体规划及专项规划，探索成立兼具城乡特点的土地管理机构，推进城乡结合部土地合理利用，改变目前多头管理的局面。

农村地区：农村地区既有乡村建设用地，又有农业用地，是目前学者、政府普遍关注的区域，是目前乃至未来发展的重中之重。由于利用类型较为复杂，规划较为缺乏，人口、资源与环境问题逐渐突出。在生态安全维护中，要秉承“合理利用、合理保护、合理管理”的原则，形成“利用+保护+管理”三位一体的调控模式，改善农村生活环境，提高农民人均纯收入、工业固体废弃物综合利用率、污水处理率等指标状况，推进土地生态系统向高效、合理、低碳、集约、持续的方向转变。在合理利用方面，要遵循“生存、发展、生态保护相结合”的原则，从村庄整体利益出发，根据各部门的发展规划、项目建设等，科学合理安排农业、乡镇企业、基础设施建设等各类用地，确定各类用地的最佳分布位置和规模。在合理保护方面，根据不同土地利用类型以及生态环境容量，对开发方式及利用进行分区控制保护，设立禁止开发的重要环境保护区，依法保护基本农田保护区、蔬菜保护基地、自然保护区以及重要的绿地、河流、湿地、特色景观等，努力营造绿色、宜居的农村人居环境。在合理管理方面，一方面基层干部与党员同志要起领导带头作用，编制并严格执行相应土地规划管理机制；另一方面坚持村民参与村内管理，充分体现民生民意，扎实做好入户调查、村民讨论、集体决策等基础工作，让村民同样参与并进行土地生态管理。

第二节　土地生态系统健康警情调控

情境分析法是目前土地生态系统健康警情模拟中最为广泛也是最为成熟的方法（曾忠禄，2005）。它通过设定几个虚拟情境，调节一个或若干个指标因子，最终实现整个生态系统健康警情变化趋势与演变过程的模拟。此方法最早运用于军事领域的模拟演戏，模拟外部因素可能发生的多种交叉情境分析和各种可能前景的预测。如今，情境分析法已广泛运用于经济评价领域、企业管理领域、资源环境领域等方面（冯艳君，2015；王知津，2013；张峰，2012；王知津，2010）。该方法具有全面性和准确性的特点，通过设置多种情景进行预测，克服了传统数学预测模型预测结果单一性的缺陷，同时考虑了事物发展的正面和负面发展情形，结果可靠性更强。

一、情境设置

将情境分析法运用于土地生态系统健康预警研究，通过多种情景模拟探讨鄱阳湖生态经济区未来土地生态系统健康调控的模式和方向。依据鄱阳湖生态经济区土地生态系统健康的实际，参考相关文献资料，以 2015 年相关数据为基础。设置自然因素调控情境、土地生态状况调控情景和社会经济提升调控情境三种调控情境，对鄱阳湖生态经济区 2015—2020 年土地生态系统健康调控问题进行模拟。

1. 情景一：自然因素调控情景

鄱阳湖是长江的重要调节器，年均入江水量达 1 450 亿 m^3，约占长江径流量的 15.6%，水质长年保持在Ⅲ类以上，鄱阳湖水量、水质的持续稳定，承担着调洪蓄水、调节气候、降解污染等多种生态功能，拥有丰富的鱼类、鸟类等物种资源，是全球 95%以上的越冬白鹤栖息地，在保护全球生物多样性方面具有不可替代的作用，千百年来，鄱阳湖生态经济区为中华文明的发展作出了重要贡献。自然因素调控情景下，旨在强调通过调控人口规模、外来物种入侵度、森林覆盖度等受自然条件约束较大的指标，以调整研究区土地生态系统健康水平。依据《鄱阳湖生态经济区规划（2008—2020 年）》，鄱阳湖生态经济区以江西省 30%的面积，承载了江西省近 50%的人口创造了 60%以上的经济总量，具有良好的发展基础。2009—2015 年，森林覆盖率和森林质量不断提高，水土流失面积持续减少。此情景下，对外来物种入侵度、人口增长率、人口密度、森林覆盖率、生物多样性5个指标进行上下调节，即正向指标上调5%，负向指标下调5%，其余指标仍维持2015年水平。调控情景一模拟下研究区各区域土地生态系统健康警情结果如表10-1所示。

表10-1　调控情景一下的各县（市、区）土地生态系统健康警情结果

地区	压力层警情	状态层警情	响应层警情	综合警情
南昌市城区	健康	健康	中警	中警
南昌县	警戒	较健康	中警	中警
新建县	健康	较健康	健康	中警
安义县	健康	中警	健康	中警
进贤县	健康	较健康	中警	中警
景德镇城区	健康	较健康	重警	重警
乐平市	健康	较健康	中警	中警
浮梁县	健康	中警	中警	中警
九江市城区	健康	中警	重警	中警
九江县	健康	中警	中警	中警
瑞昌市	健康	重警	健康	重警
武宁县	健康	重警	健康	重警
永修县	健康	中警	健康	重警
德安县	健康	较健康	重警	重警
星子县	健康	中警	警戒	警戒
都昌县	健康	中警	健康	健康
湖口县	健康	中警	重警	健康
彭泽县	健康	中警	中警	中警
新余市城区	重警	健康	较健康	健康
鹰潭市城区	健康	健康	较健康	健康
贵溪市	健康	重警	较健康	重警
余江县	健康	中警	中警	中警

（续表）

地区	压力层警情	状态层警情	响应层警情	综合警情
新干县	健康	较健康	中警	较健康
余干县	健康	中警	重警	健康
鄱阳县	健康	重警	重警	重警
万年县	健康	健康	中警	警戒
丰城市	健康	中警	中警	中警
樟树市	中警	中警	健康	健康
高安市	健康	中警	中警	中警
抚州市城区	健康	中警	健康	健康
东乡县	健康	中警	健康	中警

2. 情景二：土地生态状况调控情景

土地生态状况是土地生态系统健康水平的重要基础，土地是自然、社会、经济综合体，这决定了其为生态环境提供土地保障（曾德慧，1999）。同时，解决好鄱阳湖生态经济区生态环境问题，为土地生态问题解决提供了新途径。加强土地生态状况调控，一方面，需要优化土地利用结构，严格控制建设用地新增指标，按照布局集中、开发有序、集约利用、生态优先的原则，推动产业集聚与人口集聚，形成合理的城镇空间；另一方面，要加强耕地资源管护，注重耕地质量与数量双重管理。具体而言，即一要加大土地整治力度，提高土地利用率，其中重点加快宜农土地的开发、复垦、整理和宜林荒山荒地的造林绿化，不断补充耕地数量，并逐步提高森林覆盖率；二要加速中低产田地改造的进程，增加财力、人力、物力的投入，不断培肥和提高地力，逐年扩大高产稳产农田占总耕地的比例；三要加速低产林地、低产园地和低产水面的改造，逐步提高林地、园地和水面集约经营水平和生产率；四要加速土地利用基础设施建设（如交通、水利水电、环保工程等），促进土地资源开发利用；五要加速对农地和非农地实施用途管制和规划转用许可制度的进程，切实保护耕地，严格控制非农建设占用耕地，促进耕地总量动态平衡的实现；六要加速土地有偿使用制度改革，为土地集约经营增加投资资金来源，达到以地养地持续利用。

为保护耕地数量与质量，要通过物理、化学、生物等技术手段进行水土流失治理，降低水土流失率。荒山、荒坡、残次林、坡耕地、沿湖砂山、沿江沙地及交通沿线侧坡等水土容易流失的区域要加强植被、恢复及保护开展小流域综合治理，鼓励适度农牧业开发，禁止破坏性开发。根据前述研究结果，2015 年研究区单位耕地面积化肥负荷为 639. 34kg/km^2，单位耕地面积农药化肥负荷为 25. 71kg/km^2。为此，一要进一步加深农民对耕作的进一步认识，提高农民对农地保护的感性认知；二是相关部门指导农民在生产过程中的农药、化肥施用量及方式，尤其教导种植绿肥、增施有机肥等土壤改良方式，让农民种植粮食作物与经济作物有一定方法可寻。此情景下，对水土流失率、单位耕地面积农药负荷、单位耕地面积化肥负荷、万元产值污染物排放量、水资源利用率、工业废水循环使用率 6 个指标进行调节，以探求符合鄱阳湖生态经济区实际情况的调控措施。即正向指标上调 5%，负向指标下调 5%，其余指标仍维持 2015 年水平。调控情景二模拟下研究区各区域土地生态系统健康警情结果如表 10-2 所示。

表 10-2 调控情景二下的各县（市、区）土地生态系统健康警情结果

地区	压力层警情	状态层警情	响应层警情	综合警情
南昌市城区	健康	健康	中警	中警
南昌县	警戒	较健康	中警	中警
新建县	健康	较健康	健康	中警
安义县	健康	中警	健康	中警

（续表）

地区	压力层警情	状态层警情	响应层警情	综合警情
进贤县	健康	较健康	中警	中警
景德镇城区	健康	较健康	重警	中警
乐平市	健康	较健康	中警	中警
浮梁县	健康	中警	中警	中警
九江市城区	健康	中警	重警	中警
九江县	健康	中警	中警	中警
瑞昌市	健康	重警	健康	重警
武宁县	健康	重警	健康	重警
永修县	健康	中警	健康	重警
德安县	健康	较健康	重警	重警
星子县	健康	中警	警戒	警戒
都昌县	健康	中警	健康	健康
湖口县	健康	中警	重警	健康
彭泽县	健康	中警	中警	中警
新余市城区	重警	健康	较健康	健康
鹰潭市城区	健康	健康	较健康	健康
贵溪市	健康	重警	较健康	重警
余江县	健康	中警	中警	中警
新干县	健康	较健康	中警	较健康
余干县	健康	中警	重警	健康
鄱阳县	健康	重警	重警	重警
万年县	健康	健康	中警	警戒
丰城市	健康	中警	中警	中警
樟树市	中警	中警	健康	健康
高安市	健康	中警	中警	中警
抚州市城区	健康	中警	中警	中警
东乡县	健康	中警	中警	中警

3. 情景三：社会经济提升调控情景

国家生态文明试验区（江西）实施方案提出了推进生态文明的重要目标，其定位是山水林田湖综合治理样板区、中部地区绿色崛起试验区、生态环境保护管理制度创新区、生态扶贫共享发展示范区。主要内容包括构建山水林田湖草系统保护与综合治理制度体系，构建最严格的环境保护与监管体系，构建促进绿色产业发展的制度体系，构建环境治理和生态保护市场体系，构建绿色共享共治制度体系，构建全过程的生态文明绩效考核和责任追究制度体系，通过改革创新和制度探索，率先在全国建成具有江西特色、系统完整的生态文明制度体系，初步走出一条绿色崛起新路子。随着研究区产业结构的调整和不断优化，1995—2015年，工业和服务业水平得到快速发展。鄱阳湖生态经济区已成为中国南方经济最活跃的地区之一，发挥着维护区域经济稳定的作用。但是，重开发、轻保护的传统发展模式惯性依然较大，社会经济发展对土地生态系统健康的冲击不容忽视。

社会经济发展依赖于土地等自然资源，对于生态系统健康水平的演化途径及具体内容具有显著影响（肖风劲，2002）。社会经济结构合理、关系协调是衡量生态系统与功能是否合理高效和生态效益能否提高的标志。简而言之，即为自然资源的开发利用所产生的经济效益需要与社会效益、生态效益有机统一。该情景模式下，主要对经济密度、第二产业占 GDP 比重、人均 GDP、第三产业占国民生产总值、农民人均纯收入 5 个指标进行调节，正向指标上调 5%，负向指标下调 5%，其余指标仍维持 2015 年水平。调控情景三模拟下研究区各区域土地生态系统健康警情结果如表 10-3 所示。

表 10-3　调控情景三下的各县（市、区）土地生态系统健康警情结果

地区	压力层警情	状态层警情	响应层警情	综合警情
南昌市城区	健康	健康	中警	中警
南昌县	中警	较健康	中警	中警
新建县	健康	较健康	健康	中警
安义县	健康	中警	健康	中警
进贤县	健康	较健康	中警	中警
景德镇城区	较健康	较健康	重警	重警
乐平市	健康	较健康	中警	中警
浮梁县	健康	中警	中警	中警
九江市城区	健康	中警	重警	中警
九江县	健康	中警	中警	中警
瑞昌市	健康	重警	健康	重警
武宁县	健康	重警	健康	重警
永修县	健康	中警	健康	重警
德安县	健康	较健康	重警	重警
星子县	健康	中警	警戒	警戒
都昌县	健康	中警	健康	健康
湖口县	健康	中警	重警	健康
彭泽县	健康	中警	中警	中警
新余市城区	重警	健康	较健康	健康
鹰潭市城区	健康	健康	较健康	较健康
贵溪市	健康	重警	较健康	重警
余江县	健康	中警	中警	中警
新干县	健康	较健康	中警	较健康
余干县	健康	中警	中警	健康
鄱阳县	健康	重警	中警	中警
万年县	健康	健康	中警	警戒
丰城市	健康	中警	中警	中警
樟树市	中警	中警	健康	健康

（续表）

地区	压力层警情	状态层警情	响应层警情	综合警情
高安市	健康	中警	中警	中警
抚州市城区	健康	中警	健康	健康
东乡县	健康	中警	健康	中警

二、基于情景分析的土地生态系统健康警情分析

依据设置的三个调控情景对研究区土地生态系统健康警情调控问题进行全面模拟，并运用 ArcGIS 的显示功能，分别得到不同情景模式下土地生态系统压力层、状态层、响应层以及总体警情状况，见图 10-3、图 10-4、图 10-5。由此分析三种调控模式下鄱阳湖生态经济区土地生态系统健康警情及各子系统的警情演变趋势如下。

1. 模拟情景一各系统健康警情演变趋势

由图 10-3 可知，在自然因素调控情景模拟下，有 6 个县（市、区）为健康状态，1 个县（市、区）为较健康状态，2 县（市、区）为警戒状态，15 县（市、区）为中警状态，7 县（市、区）为重警状态。各子系统的土地生态健康警情出现较大分异。其中，压力层新余市城区呈现重警状态，樟树市为中警状态，南昌县为中警状态，其余县（市、区）均为健康状态。状态层方面，警情空间分布呈现较大分异特征。警情较小的区域主要集中分布于湖体核心区域，武宁县、瑞昌市等 4 个区域为重警状态，中警区域主要是围绕南昌市呈环形分布。响应层方面，警情呈现西高东低且有向东转移的趋势，余干县、德安县等地区呈现重警状态。

总体而言，该情景模拟下，大部分区域皆处于中警状态下，北部的武宁县、鄱阳县等地区呈现重警。这说明，自然因素的变

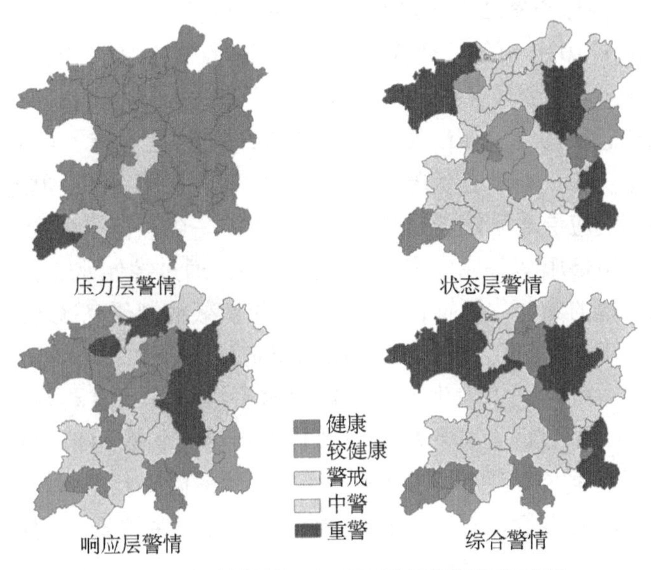

图 10-3　调控情景一各系统健康警情演变趋势

化对于土地生态系统警情变化具有显著影响。人口规模和自然生态环境的变化都将驱动系统生态环境朝不同方向演替。即使在压力子系统中新余市城区和樟树市都出现不同程度的警情，但是通过状态层和响应层的调节，此两个地区的警情都得到化解。这也说明了在该情景状态下，缓解研究区土地生态系统警情，关键在于提升状态层指标。统筹协调其他社会经济指标，对研究区土地生态系统健康水平的提升具有重要意义。随着工业、人口规模及城镇化发展，水质将面临考验，水环境质量和经济发展的矛盾将日益突出。能源结构短期内无法改变，煤炭消费量占能源消费的比重较大，大规模的土地开发和新城建设，机动车增长加剧，城市扬尘等近地面颗粒物无组织排放及其衍生的二次污染等问题；同时受大气环流及大气化学的双重作用，中部地区间的大气污染变化过程呈现明显的同步性。

2. 模拟情景二各系统健康警情演变趋势

由图 10-4 可知，研究区的综合警情有 6 个县（市、区）为健康状态，1 个县（市、区）为较健康状态，2 县（市、区）为警戒状态，16 县（市、区）为中警状态，6 县（市、区）为重警状态。在土地生态状况调控情景下，压力层子系统、状态层子系统和响应层子系统警情与调控情景基本一致。但是，抚州市综合警情由健康演替成中警状态。这说明，通过控制水土流失率、降低耕地的农药化肥符合等措施，能够有效控制研究区土地生态系统健康警情恶化。环境指标的调控尤其是耕地保护和水资源利用管控对研究区土地生态系统健康水平维护具有重要意义。到 2020 年，研究区土壤环境质量总体保持稳定，农用地和建设用地土壤环境安全得到基本保障，土壤环境风险得到基本管控。耕地土壤环境质量达标率不低于 85%，受污染耕地安全利用率达

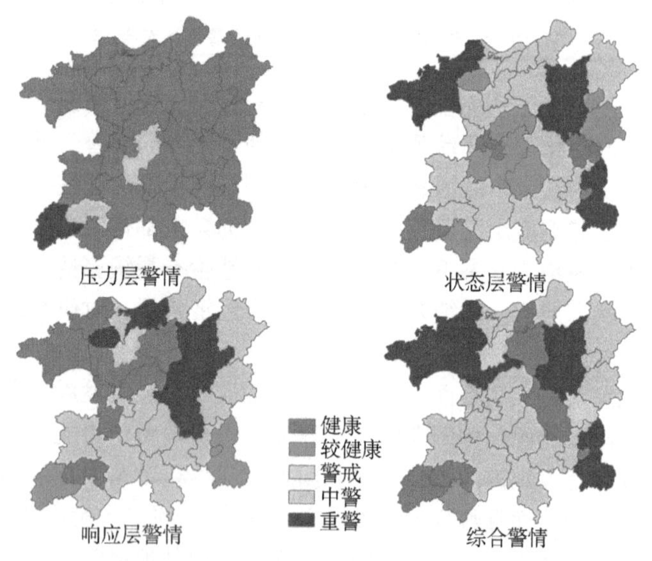

图 10-4　调控情景二各系统健康警情演变趋势

到90%左右，污染地块安全利用率达到90%以上。在土壤环境保护优先区域内实行严格的环境保护制度。强化重点规划环评和排放重金属、有机污染物的项目环评审核，规范垃圾、污泥无害化处理处置措施，加强农业面源污染防治，严控新增土壤污染。开展全区土壤环境状况详查及土壤环境质量评估，划分土壤环境质量等级，逐步建立土壤环境分类管理信息库，实行分类管控。加强土壤环境污染防治能力建设，建立土壤环境质量定期监测和信息发布制度，强化土壤环境监管和风险防控。严格污染场地开发利用和流转审批，对新增建设用地和现有建设用地土地用途变更实施强制性土壤环境调查评估与备案制度。

3. 模拟情景三各系统健康警情演变趋势

由图10-5可知，研究区的综合警情有6个县（市、区）为健康状态，2个县（市、区）为较健康状态，2县（市、

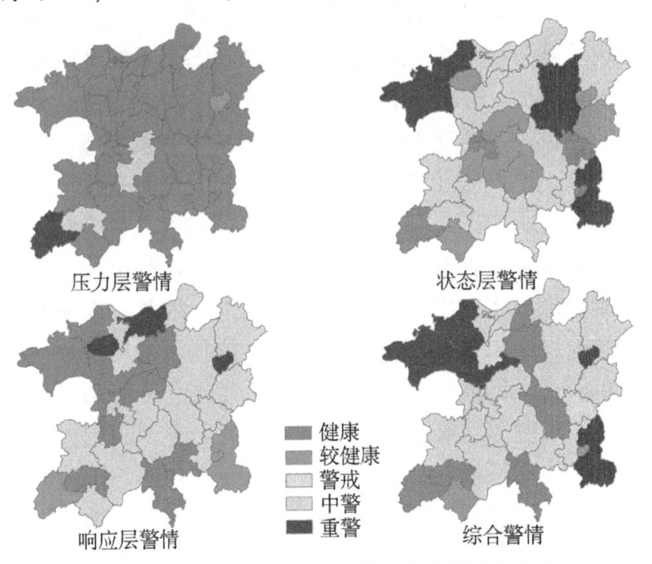

图10-5 调控情景三各系统健康警情演变趋势

区）为警戒状态，15县（市、区）为中警状态，6县（市、区）为重警状态。相较于情景一而言，在社会经济提升情景下，响应层的警情得到明显缓解，鄱阳县和余干县由重警下降至中警。余干县的综合警情得到化解，呈现健康状态。与情景二相比，在响应层子系统下，鄱阳县和余干县的警情由重警变为中警。抚州市城区由中警变为健康状态。此调控警情下，可通过优化产业结构，推动工业化发展水平，协调农业、工业和服务业三产比重，从而实现绿色江西生态理念。具体而言，鄱阳湖生态经济区可针对绿色生态农业发展和生态保护投入大量的政策、工程和资金扶持，包括推动优质粮食产业工程建设，加大对南昌县、新建县、高安市和樟树市基本农田建设、中低产田改造、良种繁育体系建设等。

综上，鄱阳湖生态经济区2015—2020年土地生态系统健康警情在不同情景模式下各区域内警情特征各异，在各子系统间健康警情也呈现不同的变化趋势，尤其是状态子系统和响应子系统内警情波动较大。单一的依靠某种调控情景暂时无法达到排警调控的目的，鄱阳湖生态经济区土地生态系统健康状态，伴随着不同利用强度、不同利用方式和外部环境的变化而变化。工业化和城镇化发展进程中的人口增长、城市扩张和由此带来的人口规模增长、城市化水平上升，加大了对资源环境承载负荷，土地生态系统健康受外界多方因素的影响作用很强。因此，未来鄱阳湖生态经济区土地生态系统健康警情调控可依托调控经济发展模式和资源利用模式，即通过调整、转变经济发展和资源利用方式实现土地生态系统健康的维护和改善。从研究区土地利用方式、生物环境、土壤地质环境和社会经济活动等要素构建与土地生态系统健康相关的产业体系、环境体系、资源体系、文化体系，统筹各大调控体系的建设和完善，形成具有鄱阳湖当地特色的整体调控模式，调节影响土地生态系统健康的主要因子，以期推动土地生态健康朝正向的方向演替，促进土地生态系统不受生态环境的制约与威胁，逐步向健康平衡的状态转变。

主要参考文献

但新球，李晓明 . 2008. 生态文化体系架构的初步设想 [J]. 中南林业调查规划，27（3）：51-54.

冯艳君，曹轶 . 2015. 基于情景分析法的地下空间规模预测 [J]. 地下空间与工程学报，11（5）：1094-1103.

顾朝林 . 1995. 中国大城市边缘区研究 [M]. 北京：科学出版社.

李景保，代勇，尹辉，等 . 2011. 1950—2009 年洞庭湖流域农业旱灾演变特征及趋势预测 [J]. 冰川冻土，33（6）：1391-1398.

王知津，周鹏，韩正彪 . 2010. 基于情景分析法的企业危机发展预测 [J]. 图书馆论坛，30（6）：299-302.

王知津，周鹏，韩正彪 . 2013. 基于情景分析法的技术预测研究 [J]. 图书情报知识（5）：115-122.

肖风劲，欧阳华 . 2002. 生态系统健康及其评价指标和方法 [J]. 自然资源学报，17（2）：203-209.

曾德慧，姜风岐，范志平，等 . 1999. 生态系统健康与人类可持续发展 [J]. 应用生态学报，10（6）：751-756.

曾忠禄，张冬梅 . 2005. 不确定环境下解读未来的方法：情景分析法 [J]. 情报杂志（5）：14-16.

张峰，马洪云，沙景华 . 2012. 基于情景分析法的 2020 年我国铜资源需求预测 [J]. 资源与产业，14（4）：30-35.

Richard A R，Jvreskog K G. 1996. Applide factor analysis in the natural sciences [M]. Cambridge：Cambridge University Press.

第十一章 研究区土地生态系统健康保障措施

第一节 政策措施

一、严守耕地保护红线，加大耕地保护力度

鄱阳湖生态经济区目前的耕地现状是人均面积少、后备资源不足、流失强度大，如果不稳定耕地面积，严格农用地非农化约束机制，任由非农用地建设扩张，将会对土地系统生态健康构成巨大威胁，进而危害粮食安全。因此，需要切实采取有效措施，以确保耕地总量不减少、用途不改变、质量有提高。

首先，要加强基本农田保护。基本农田是为了满足一定时期人口和社会经济发展对农产品的需求而必须确保的耕地，是老百姓的“吃饭田”“保命田”。加强基本农田保护，是实现耕地资源安全的基础。

其次，随着鄱阳湖生态经济区镇化进程的加快发展，在一定时期内必然大规模增加非农用地来满足日益增长的各类建设需求，城市面积和规模逐渐扩大，会占用研究区内大量的耕地、林地、草地、湿地，这打破了原有的土地生态平衡，危害了土地生态系统健康。因此，要尽量控制非农建设占用耕地，减轻耕地非农化对土地生态系统的压力，控制建设占用耕地并非不允许占用

耕地，而是要控制非农用地无限度不合理地占用耕地，防止盲目建设和扩张。要严格依据国家和地方确定的城市主体功能区划和生态区划进行科学的城镇规划，坚决落实节约用地制度、严守耕地红线、科学划定永久基本农田等制度。

最后，在保证耕地数量的同时，还要保证耕地质量的提升以满足生态系统健康的需要。耕地主要存在的质量问题主要来源于农药化肥的滥施滥用，使得土壤肥力下降，耕地资源遭受破坏。因此要加强耕地面源污染防治，以保障农业土地生态环境安全：一是要深入开展壤环境质量调查，明确土壤污染面积与污染分布情况，加强建设土壤环境质量监测点与土壤环境质量监测网络，对农用地进行分类管理；二是引导发展农药化肥施用的新技术，改良土壤理化性状，积极研究、开发减轻危害或无危害的氮肥稳定剂、化肥增效添加剂和无毒农药等新技术产品。同时要加强化肥、农药生产企业的技术改造和设备更新，大规模生产优质高效肥料和高效、低毒、低残留的生物农药。与此同时，要提高化肥、农药的利用效率，减少化肥、农药残留量，施用农家肥，并与化肥合理搭配，减少农业生产过程中的土地环境污染，防止耕地退化，提高耕地生产力，提高农作物单位产量。

二、合理控制城市发展规模，集约节约利用土地

推动城镇化发展中，要制定科学的土地利用总体规划和城市规划，必须从规划上对城市的盲目扩展加以限制，处理好重点项目审批和一般建设项目审批的关系，科学合理制定各类用地规模，把城市用地的需求转到内涵式城市用地集约利用上去，进一步优化城市空间布局。合理调整城市已利用和已规划土地的利用结构和方式，要明确各类用地性质，包括住宅用地、建设用地、公共用地和绿化用地等各类用地，严厉打击违法变更用地性质的行为；在已规划但未利用的土地中，要做到提前合理科学的规

划，减少用地浪费。

在对矿产资源和野生动植物资源进行开发利用时一定要落实先审批后开发的政策，对不同等级的开发项目要逐级申报，做到合法合规开发利用。同时，在开发过程中，要注重对周边环境的影响，把对周边环境的影响降到最低或可控范围内。

项目开发利用完成后，还需要对土地生态环境进行修复，以求环境生态能力得以最快恢复。积极调整不合理的土地利用布局，对于超标用地的居民点尤其是城乡接合部的农村居民点，坚决执行相关的拆迁制度，提高土地的有效利用率和投入产出比。要注重建设用地的内涵式增长，应坚持“控制增量、盘活存量和管控总量”的原则，引导和鼓励资金、人力、物力的规模集中，充分发挥土地资源的集聚效应，提高单位土地的投资强度和产出效益，大力提高土地节约、集约利用水平，提高土地产出经济效益。

三、实施生态保护规划，整治改良受污染破坏土地

区域开发建设规划要符合土地生态和环境保护的目标与要求，要将环境保护和可持续发展的思想贯穿其中，并通过制定土地保护规划，指导其经济布局和生态建设，坚持开发和保护相结合。

首先，要科学编制林业规划，合理利用林业资源，抓好丘陵山区天然林防护与人工林工程建设，将林地占有比例进行合理调整，进行规模化整合；加强公路、河流沿线及农田防护林建设，适当增加森林面积，加强森林保护，改造荒坡、荒地，通过建设经济林地及种植农作物，提高植被覆盖，这有利于增强系统恢复能力和土地自我调节能力；对养殖用地和园地进行合理规划布局，大力推进低产林改造与荒山荒地绿化，推进生态脆弱地区的植被恢复建设，有助于帮助土地生态系统良性发展，对于生态保

护具有重大意义。

其次，要严格控制工业污染物的排放标准，提高工业污染物的排放达标率。修建污水处理设备，强化水和土壤等污染防治，要避免和禁止使用污染水资源灌溉农田，尽量减少化肥、农药、农膜的使用量，倡导生态农业模式，减少对环境的污染，减小对土地生态安全的压力。对于重点地区如水源地等的乡镇污染企业，要予以坚决取缔，以维护地区生态健康。加强生态功能区保护和管理，对建立的生态功能区予以重点保护，如加强对河流、湿地、森林这些重要生态功能区的保护，限制其建设开发。

最后，通过保护生态用地和基本农田，防治土地退化、水土流失和土地污染，提高区域水土保持和涵养水源的能力；对重度污染的农用地，优先治理，重点监控，在恢复其生态功能前，禁止种植食用农产品；对轻中度污染的土地加强监管，控制污染程度，人工干预和土地自净作用相结合，对于未经污染或轻微污染的土地加强保护，维护其生态系统健康。

第二节　法律措施

一、建立和完善土地生态保护法律法规体系

全面推进依法治国是我国一项基本治国方略，但是目前我国关于土地生态环境保护的法律体系还不是很健全，根据我国土地资源保护立法体系的现状分析，在水土流失、土地沙漠化、土地固体废弃物污染、农药化肥等化学品污染、大气污染、水污染、土地破坏以及耕地保护等方面已有综合性和专门性法律法规，例如《土地管理法》《土地资源保护法》，环境保护方面的《环境保护法》，森林防护方面的《森林法》，还有其他方面的《水土

保持法》《湿地保护法》《土壤污染防治法》《生态补偿法》《大气污染防治法》《水污染防治法》《生态退耕条例》等，但是在土地生态保护的开发、建设、监测、预警等以及生物多样性、生物安全管理等方面缺少法律的保障。且已有的一部分法律制定年代久远，内容具有综合性，出现较多不适用、不符合现阶段情况的问题，无法体现复杂多变的生态环境现状。

为维护土地资源生态健康，应当就这些未被充分关注的问题进行研究，建立健全土地资源生态保护法律体系，让土地生态保护真正做到有法可依。具体来看，省级、市级、县级各相关部门可根据各区域的特点，制定相关保护土地生态保护的法规，强化生物安全管理。如对林地、湿地、绿地和保持动植物多样性的保护法规，通过重点公益林、湿地保护区和自然保护小区的建设，有效维持生物多样性，加强生物多样性保护监管能力建设，加大生物多样性保护的宣传、教育和培训力度。同时，在制定发展战略计划时，应当充分统筹考虑生态环境与社会经济的关系，做到实现经济效益、社会效益、生态效益共同效益的最大化。

二、加大环境执法力度，对违法犯罪严惩不贷

维护土地生态系统健康，不仅要制定严谨的法律措施，使区域法律程序发展完善，更要在土地管理中注重对土地生态健康的保护，把相关土地生态保护法律法规落实到土地利用过程中，对违反土地生态保护相关法律法规的行为作出严厉打击，对土地生态健康做到最大化保护。

目前，当今社会上仍然普遍存在一些违法违规乱采、乱用、乱砍滥伐，肆无忌惮地毁坏深林植被的行为，造成大量水土流失，生物链被破坏；还有大规模高消耗、低利用率的工业生产，废气、废渣的无控制排放等破坏土地生态环境的行为。而有关部门如国土、林业、环保等部门在执法时，对一些土地违法行为存

在交叉执法、执法不严、执法不规范、执法不透明现象，对一些违法用地行为睁一只眼闭一只眼，甚至产生腐败问题等。可见，“徒法不足以自行”，执法失之于宽，监管失之于软，就守不好绿水青山、保不住美丽家园。所以严格执法显得尤为重要，对破坏生态环境的行为，不能手软，不能不为。要加大对违规用地的惩处力度、加强国土资源监察队伍建设，确保规划的执行力和刚性秉公执法，对未经审批、擅自修改并实施土地利用规划的行为和组织绝不姑息建立区、提高对破坏土地生态环境行为违法成本。良好生态环境是一笔既买不来也借不到的宝贵财富，破坏了就很难恢复。违法毁林、搞违建，既逾越了法律边界，更危害了我们赖以生存的家园，在生态环境保护问题上，加强对土地生态红线不能逾越、有一起处理一起的坚定态度，只要越雷池一步，就应该受到惩罚，绝不手软。

三、加大对土地生态法律法规的宣传教育

当前，全民环境意识和守法观念还很薄弱：一方面人民群众不知法、不懂法、不守法的现象还普遍存在，特别是在农村地区，有调查显示，一个贫穷的农村几乎有55%以上的人对法律一无所知，19%的人认为法律不如村规民约可信；另一方面土地利用主体在进行土地开发建设等经济活动中，只追求经济效益，忽视生态效益，只有大力增强环境保护法治教育，才能从根本上解决这种问题。

增强全民环保意识，首先要发挥宣传部门，新闻单位舆论工具的作用，利用报纸、电视媒体、网络新媒体，宣传土地生态环境保护的实际案例、法律、或者制作土地生态环境保护主题的纪录片，全方位的宣传保护土地生态环境的重要性，让全体市民了解到土地生态环境保护的重要性，使民众逐步对环境污染对人类在生存、健康、生命和安全等方面带来的不良影响和后果有具体

而深切的感受和认识，从而增强环境忧患意识。

其次司法部门、普法办要把环保法列入普法规划，进行《农业法》《土地管理法》《环境保护法》等条例的法制宣传；各种学校要把环境保护教育列入教学大纲，加强学校教育，让学生树立起生态保护的意识。学生是受教育的主体，也是社会未来的重要力量。建立监督机制，鼓励民众参与，利用新闻媒体宣传土地生态安全保护法律法规，并对违反土地生态安全法律法规的行为进行揭露，加强监管力度；强化全社会的法律、法制观念，要使人们抛弃掉以前“地大物博”的旧观念，树立起“人多地少、人均耕地不足”的忧患观念，摒除只考虑当前和局部利益的思想，使民众将“十分珍惜和合理利用每一寸土地”，转变成为一种自觉行为。

第三节　经济措施

一、转变经济增长方式，促进产业优化结构

在过去几十年里，区域的经济增长主要是用一种粗放外延经济，这种经济模式促进了区域经济的高速增长，起到了积极的作用，但这是以牺牲生态资源环境为代价得来的。这种以高投入、高消耗为特征的粗放型经济，不仅大量消耗土地资源而且造成生态的破坏和环境的污染，区域经济增长的效率长期难以提高。因此，要想搞好生态建设，必须大力推进经济增长方式的转变，实现产业结构的转型和升级，切实转变传统的高能耗、低产出的生产方式，调整产业结构和布局，不断扩大可再生能源使用的比例以及使用领域，走出一条以提高效益和质量为中心的节约型的发展道路。

首先，要大力开展土地生态环境的维护和整治，停止一切对土地生态环境的破坏大力发展资源节约型产业，限制资源耗费型产业，大力发展“循环”经济和可循环产业，限制有污染产业的发展。

其次，要加速产业升级，不断加大技术密集型产业的各项投入，着力培育生物医药、节能环保、新能源等战略性新兴产业的现代工业体系；将传统的依靠资源优势转变到依靠新型的科学技术上来大，力发展商贸流通、现代物流、电子商务和现代服务业。

最后，要培育高效生态农业，加强保护耕地资源，采取积极措施，改善污染土地物资循环与环境质量，如加强土壤修复技术研究、加强对污染土地的综合治理、加大投入力度、强化土壤修复等，由此来提高土地资源的生态功能恢复；强化农产品安全监管，推广有机化肥，逐步降低化肥使用量；采用农业技术以及土地整治，提升耕地质量等级；提倡农业生态种植，推广种植有机、绿色、无公害三类农产品。

二、加大环保资金投入

不注重长期利益，生产过程存在各种生态环境污染现象，导致环境治理速度赶不上污染速度，土地污染情况日益严重，且投入生态环境保护的资金占 GDP 的比重仍然很低，特别是土地生态环境的保护工作需要较大的人力、物力支持。

因此要政府部门高度重视，在今后需要进一步增加对维护土地生态环境保护的财政资金投入，提高生态环境保护的资金占 GDP 的比重；通过增加环保投入，可以维护已有生态功能区的功能以及构建维护新的生态功能区，提升生态环境质量。但生态环境建设需要巨大的资金支持，见效慢，单靠政府的财政支持只是杯水车薪，必须坚持国家、地方、集体和个人一起参与，多渠道、多元化、多层次、多方位地筹集建设资金。这就需要政府积极拓宽在土地生态环境保护领域的筹资渠道通，做好预算，统筹安排，提高资金使用效益，奖励政策和资金扶持政策，积极引导工商企业、城镇居民、个体工商户、企业、外商投资等社会资本投资。最后利用资金支持企业实施清洁生产工程，发展原料、产品、废弃物三者间的循环经济，增加对农业方面的投入，尽量增加有机肥的施用量，维持并在此基础上提高肥力；适当平整土地，进一步采用更加高效的灌溉技术，努力向节使经巧发展对主地生态环境的影响控制在其承载力之内，有针对性提倡发展循环经巧和绿色经济，最终达到区内生态效益、经济效益、社会效益各者之间整体效益最大化。

三、建立并完善生态补偿机制

生态补偿机制是以保护生态环境、促进人与自然和谐为目的，根据生态系统服务价值、生态保护成本、发展机会成本，综合运用行政和市场手段，调整生态环境保护和建设相关各方之间利益关系的一种制度安排。主要针对区域性生态保护和环境污染防治领域，是一项具有经济激励作用、与“污染者付费”原则并存、基于“受益者付费和破坏者付费”原则的环境经济政策。政府要根据区域地生态安全实际情况，探索建立适宜的土地生态补偿机制，对于为维护土地生态环境保护而做出一定利益牺牲的企业、个人、社会组织等按照一定标准做出合适的各类补偿政策和措施，合理协调各方利益。目前我国建立生态补偿机制的重点领域有 4 个方面。

一是自然保护区的生态补偿。要理顺和拓宽自然保护区投入渠道，提高自然保护区规范化建设水平，引导保护区及周边社区居民转变生产生活方式，降低周边社区对自然保护区的压力，全面评价周边地区各类建设项目对自然保护区生态环境破坏或功能区划调整、范围调整带来的生态损失，研究建立自然保护区生态补偿标准体系。

二是重要生态功能区的生态补偿。要推动建立健全重要生态功能区的协调管理与投入机制，建立和完善重要生态功能区的生态环境质量监测、评价体系，加大重要生态功能区内的城乡环境综合整治力度，开展重要生态功能区生态补偿标准核算研究，研究建立重要生态功能区生态补偿标准体系。

三是矿产资源开发的生态补偿。要全面落实矿山环境治理和生态恢复责任，做到“不欠新账、多还旧账”，联合有关部门科学评价矿产资源开发环境治理与生态恢复保证金和矿山生态补偿基金的使用状况，研究制定科学的矿产资源开发生态补偿标准体系。

四是流域水环境保护的生态补偿。各地应当确保出界水质达到考核目标，根据出入境水质状况确定横向补偿标准，搭建有助于建立流域生态补偿机制的政府管理平台，推动建立流域生态保护共建共享机制。建立生态补偿机制，有利于推动环境保护工作实现从以行政手段为主向综合运用法律、经济、技术和行政手段的转变，有利于推进资源的可持续利用，加快环境友好型社会建设，实现不同地区、不同利益群体的和谐发展。

第四节　社会措施

一、合理控制人口增长，协调人与土地和谐发展

众所周知，土地资源是不可再生资源。人口的过快增长意味着区域需要开发更多的土地资源来满足人的居住、生活、工作等需求，这样必然会导致开发更多的土地来支持经济社会的发展，

因此会给土地生态环境带来巨大的压力。在土地资源不可能增加的情况下，人口的增长始终是土地资源供求的主要矛盾。因此，合理调控人口规模、确定城市人口承载力是缓解区域人地矛盾、维护土地生态系统健康的主要措施之一。

据关于土地承载力的研究显示，在土地高利用强度下，到2025年，以人均500kg粮食计，我国极限人口承载量为16.6亿人，这是中国人口控制的最后界限。因此，为了未来社会经济的可持续发展，必须控制人口数量，提高人口质量，制定与土地承载力相适应的人口政策和人口发展规划，要严格按照国家有关人口政策，继续推进计划生育政策，完善人口和计划生育利益导向机制，有效控制人口数量的过快增长，提高人口的质量。

二、建立先进的环境监测预警体系，提高防范风险的能力

目前，我国的环境保护工作主要由各级环保部门进行监督和管理。经过这么多年的沉淀，虽然也在环保事业上形成了一些体系，但是这些产业体系在各类技术管理的应用和建设仍然存在较多的弊端。先进的环境监测预警体系可以对监测对象具有即时的动态的监测功能，改变只能定时反应的弊端；可以对环境污染发展趋势及环境污染事故风险具有事先的预警监测功能，对污染风险进行预警，可以及时采取应对措施，大大减少风险事故的发生；因此，建立先进的环境监测预警体系有利于提高环境保护总体水平。

具体来看，需要加大鄱阳湖生态经济区各级政府的投入，大力引入现代技术对环境进行检测，比如建立全面的地理信息系统、人工智能监测系统、卫星数据传输系统或“3S”技术在内的监测体系，加强对区域内土地地质灾害、水土流失、水土污染等土地生态环境安全隐患进行动态监控，全面掌握并及时向社会

公布相关信息，对土地生态风险做出及时预警，及时制订相关风险防范措施预案，提高应对土地生态环境风险和突发事件的防控应急处理，最大限度地杜绝生态破坏行为的发生。

三、加强环境保护宣传力度，增强公民生态意识

生态环境保护任重而道远，不仅需要政府的力量，更需要广大群众的参与。土地生态环境遭到破坏，区域生态健康受到威胁，直接的原因都是由于民众或其他社会主体的不当行为引起的。所以要改善土地生态环境，最主要、最基本的就是增强人们的生态安全意识，树立生态安全观念。

首先，政府要加强环境保护宣传力度，充分利用电视、广播、报纸等媒体，对环境保护的重要性进行宣传，使公众意识到土地生态状况对自身生活有重要影响，增强公民责任感与危机，使土地生态环境保护意识深入人心。

其次，要鼓励社会力量监督，同时要加大宣传力度。建设公民意识培养的文化氛围，提高公众对土地生态保护与防治活动的支持力度，鼓励社会成员积极主动地参与到生态安全建设、监管活动中去，对先进的个人和事件进行宣传和表扬，同样地，也要对不利生态安全的行为直接揭露和批评。营造一种生态安全建设人人有责，鼓励人们参与其中的氛围，激发公众主动参与意愿，使保护土地生态切实成为全民参与的行动。

最后，要建设和发展社会主义生态文明。改革开放以来，中国的社会主义生态文明建设取得了巨大成就，但社会主义生态文明建设的任务依然沉重。基于中国社会主义生态文明建设面临的困境与挑战，中国必须继续坚持以人为本，以人与自然和谐共存为主线，以经济发展为核心，以提高人民生活质量为根本出发点，以体制创新为突破口，推动整个社会走上生产发展、生活富裕、生态良好的文明发展道路。具体来说，可以从以下四方面来

着手：

一是加强生态教育，提高研究区民众的生态道德素质。必须把道德关怀引入人与自然的关系中，树立起人对于自然的道德义务感，养成良好的“生态德性”。尤其要抓好学校教育的环节，特别要重视青少年生态道德意识的培育和提高，帮助学生树立环境生态观念、环境资源观念、环境道德观念。

二是改革生产方式，做强生态产业。对现行的生产方式进行生态化改造是推进社会主义生态文明建设的重要手段。为此，要研究开发生态技术，防止土壤肥力退化，进行植物病虫害综合防治，实现生活用能替代和多能互补、废弃地复垦利用和陡坡地退耕还林，发展山地综合开发复合型生态经济、以庭院为主的院落生态经济，以及农村绿色产业和绿色产品，提高农业产业化水平，促进农村生态经济的发展。另外，还要重视生态旅游业和环保产业的发展。

三是实施生态工程，全面推进研究区内生态环境的保护和治理。既要加强城乡饮用水水源地保护，加强工业废水和城市污水的生态处理，抓好重点流域的污染防治工作；又要抓好退耕还林还草和植树造林工程；也要防治城市空气污染、危险废物污染，防止生态破坏；还要加快自然保护区、环境优美城市和生态县（市、区）的创建工程；最后要在鼓励使用可再生资源的同时，控制可再生资源的利用率不能超过其再生和自然增长的限度，提倡少用或不用不可再生资源，防止资源骤减，力争全面推进生态环境的保护和治理。

四是完善社会主义生态文明建设的政策体系和法律体系。社会主义生态文明建设不仅需要道德力量的推动，也需要政府和权力机关出台必要的政策、制定相关法律法规来进行硬约束。要建立综合决策制度，用政府的权威保证生态环境免遭破坏。要适时出台相关政策，用宏观调控手段引导生态建设的积极性。包括：

引导生态型项目开发的扶持性政策，防止和遏制破坏性经营的刚性约束政策，旨在快速恢复生态植被的资源补偿性政策，以及旨在为社会主义生态文明建设提供智力支持的科技投入政策。要充分发挥环境和资源立法在经济和社会生活中的约束作用。要加大执法检查的力度，努力做到有法必依，执法必严，违法必究，切实维护法律的尊严。